데일 카네기
인간관계론

How to Win Friends & Influence People

데일카네기 인간관계론

차례

차례

서문

이 책은 어떻게 쓰여졌고 왜 쓰여졌는가?

지난 35년간 미국의 출판사들은 20만종 이상의 책을 발간했다. 대부분의 책들은 끔찍하게 지루하고 많은 책이 상업적으로 실패했다. 내가 "많이"라고 했는가? 세계 최대 출판사의 사장이 자신의 회사가 출판을 시작한 지 75년이나 되었지만 아직도 출판하는 책 8권 중 7권이 적자를 기록한다고 고백했다.

사정이 이런데도 왜 나는 무모하게 또 다른 책을 썼을까? 왜 당신은 또 이 책을 돈 들여 사서 읽을까? 이제 그 질문에 대한 답을 하고자 한다.

나는 1912년부터 뉴욕의 직장인과 전문직 종사자들을 위한 강의를 해오고 있다. 처음에는 대중연설에 대한 강의만 했다. 실제 경험을 바탕으로 면접이나 대중 앞에서 좀더 명확하게 효과적으로 침착하게 자신의 생각을 전달할 수 있도록 수강생들을 훈련시켰다.

하지만 강의가 계속될수록 효과적인 화술 뿐 아니라 일상 업무와 사회적 교제를 하는데 있어 사람들과 잘 지내기 위한 훈련이 필요하다는 것을 깨닫게 되었다.

내 자신부터가 이런 훈련이 필요하다는 것을 절감했다. 지나온 세월을 돌이켜 보니 사람을 사귀는 능력과 이해심이 부족했다는 것에 깜짝 놀란다. 20년 전에 이 책을 읽었으면 얼마나 좋았을까! 정말 큰 도움이 되었을 텐데……. 정말 아쉽다.

대인관계는 아마 여러분이 접하는 가장 큰 문제일 것이다. 특히 여러분이 사업을 하고 있다면 더욱 그럴 것이다. 여러분이 가정주부이거나 건축가, 엔지니어인 경우에도 인간관계는 어렵다는 것을 느낄 것이다.

몇 년 전 카네기 교육진흥재단의 후원으로 이루어진 조사에서 아주 중요한 사실이 밝혀졌다. 이 사실은 카네기 기술연구소의 추가 연구를 통해서도 재확인되었다. 조사결과에서 엔지니어링 같은 기술적인 분야에서도 기술적 지식이 성공에 기여하는 것은 15%이고 나머지 85%는 인간관계기술이 좌우한다고 한다.

나는 오랫동안 필라델피아 기술자 모임과 미국 엔지니어 연구소 뉴욕지부에서 강의를 해왔다. 내 강좌에 참여한 엔지니어가 약 천 오백 명은 넘을 것이다. 그들은 오랜 관찰과 경험을 통해 급여를 많이 받는 사람은 기술에 대해 가장 잘 알고 있는 사람이 아니라는 사실을 깨달았기 때문에 내 강의를 들으러 왔다.

예를 들어 엔지니어링, 건축, 회계 분야에 기술적인 지식을 가지고 있는 사람을 고용하는 데는 주당 25에서 50달러만 주면 된다. 구직 시장에서 이런 사람들은 널려있다. 하지만 기술적인 지식에다가 자신의 생각을 표현하는 능력, 리더십이 있어서 다른 사람들의 열정을 고취시킬 수 있는 능력을 가진 사람에게는 더 보수가 높은 일자리가 기다리고 있다.

왕성한 활동을 하던 시절에 록펠러는 매튜 브러쉬에게 이런 말을 했다. "사람을 다루는 능력도 커피나 설탕 같은 상품이야. 나는 그 능력에 세상 다른 어떤 것보다 더 많은 돈을 지불할거야."

가장 값비싼 능력을 계발하는 강좌라면 세상 모든 대학이 개설하지 않을까? 하지만 이런 실용적이고 유용한 강좌가 대학에 개설되어 있다면 내가 이 글을 쓰지 않았을 것이다.

시카고 대학과 YMCA 연합학교는 성인들이 원하는 과목에 대해 조사했다.

이 조사에는 2만 5천 달러가 들었고 2년의 기간이 소요되었다. 조사가 마지막으로 실시된 지역은 코네티컷의 메리덴이라는 도시였다. 그곳은 미국의 전형적인 도시인데 메리덴의 모든 성인이 156개의 설문에 답변하고 면접조사를 실시했다. 설문의 내용은 다음과 같다. "당신의 직업은 무엇입니까? 당신의 학력은? 취미는 무엇입니까? 수입은 얼마입니까? 당신의 야망은 무엇입니까? 당신의 고민은 무엇입니까? 가장 공부하고 싶은 분야는 무엇입니까?"

조사 결과 성인들의 주된 관심사는 건강이고 두 번째 관심사는 어떻게 하면 인간관계를 잘 맺을 것인가? 어떻게 하면 사람들이 나를 좋아하게 만들 것인가? 어떻게 하면 다른 사람을 설득할 것인가 하는 것이었다.

이 조사를 실시한 위원회에서는 메리덴의 성인들을 대상으로 그런 과정을 개설하기로 했다. 그들은 이용할 수 있는 교재를 찾아보았으나 단 하나도 찾을 수 없었다. 위원회는 성인 교육 권위자를 찾아 적합한 교재를 문의했다. 그는 이렇게 대답했다. "성인들이 원하는 것을 알지만 그들이 원하는 책은 현재 존재하지 않습니다."

내 자신도 인간관계에 대한 실용서를 오랫동안 찾았지만 찾을 수 없었다.

그런 책이 없었기 때문에 나는 내가 내 강의에 쓸 수 있는 책을 직접 쓰기로 했다. 그 결과가 이 책이다. 여러분이 이 책을 좋아하기를 바란다.

이 책을 준비하면서 관련 주제에 대한 모든 책을 읽었다. 도로시 딕스와 이혼 재판기록, 〈페어런츠 매거진〉, 오버스트릿교수, 알프레드 아들러, 윌리엄 제임스에 이르기까지 모든 기록과 인쇄매체를 읽었다. 더불어 자료조사 전문가의 도움을 받아 일 년 반 동안 전국 각지의 도서관을 뒤져 내가 놓친 글을 읽고 심리학 서적을 통독했다. 잡지기사를 찾고 수많은 전기문을 찾아 모든 시대의 위인이 어떻게 사람들을 다루었는지 찾아보았다. 율리우스 카이사르부터 토머스 에디슨에 이르기까지 모든 위대한 사람들의 생애에 관한 이야기를 읽었다. 루즈벨트 한 사람만 해도 백 권 이상의 글을 읽은 것 같다. 우리는 친구를 사귀고 사람들을 설득하는 데 쓰였던 실제적인 방법을 찾기 위해 시간과 비용을 아끼지 않았다.

개인적으로도 수십 명의 성공한 사람들을 면담했다. 마르코니 같은 발명가, 루즈벨트, 사업가 오웬 영, 영화배우 클라크 케이블, 영화배우 메리 필포드, 탐험가 마틴 존슨 같은 유명인을 인터뷰하며 그들이 인간관계에 사용한 기술을 찾아내려 애썼다.

이 자료를 토대로 나는 짧은 강연을 준비하고 그 강연을 "친구를 사귀고 사람을 설득하는 법" 이라고 이름 붙였다. 처음에는 짧았지만 강의를 계속하면서 내용이 늘어나 결국 1시간 30분의 강의가 되었다. 수년 동안 뉴욕에 있는 카네기 연구소의 강좌에서 성인들을 대상으로 이 강의를 진행하고 있다.

강의를 한 후 나는 사람들에게 가정이나 일터에서 실제 적용해보고 다음 강의에 그 경험을 발표해달라고 요청했다. 얼마나 재미있는 과제인가! 자기 계발을 갈망하는 사람들은 새로운 종류의 실험에 참여하고 있다는 생각을 좋아했다. 성인을 대상으로 인간관계 실험을 하는 최초의 유일한 실험이기 때문이다.

이 책은 보통의 방식과는 다르게 쓰여졌다. 이 책은 아이가 자라듯이 많은 사람들의 실험과 경험을 토대로 성장하고 개발되었다.

몇 년 전에 우리는 엽서만한 종이에 인쇄된 일련의 규칙으로 시작했다. 하지만 강의가 계속되면서 내용이 늘어나서 이제 15년의 연구와 실험의 결과물로 책 한권이 완성되었다.

이 책에 나온 규칙들은 막연한 이론이나 추론이 아니라 마법 같은 효과가 있다. 이 원칙들을 사용해서 말 그대로 인생에 혁명과도 같은 변화가 생긴 사람들을 많이 목격했다.

예를 들어보겠다. 지난 강의에 직원이 314명인 회사를 운영하는 사람이 강좌를 들었다. 오랫동안 그는 직원들을 몰아세우고 비난하고 야단쳤다. 친절함, 감사의 말, 격려는 그와는 거리가 먼 단어들이었다. 이 책에 나온 원칙들을 공부하고 나서 이 사람은 인생관을 바꿨다. 그의 회사는 다시 충성심, 열의, 팀워크가 되살아났다. 314명의 적이 이제는 친구가 되었다. 그는 강의에 앞서 강단에 나와 다음과 같은 발표를 했다.

"예전에는 제가 회사에서 지나가도 직원들 중 아무도 인사하는 사람이 없었습니다. 직원들은 제가 보이면 다른 쪽을 쳐다보는 척하며 지나쳤지요. 하지만 이제 직원들은 제 친구가 되어 회사의 경비원도 저의 이름을 부르며 친하게 지냅니다."

이 사람은 예전에 비해 더 많은 수익을 내고 더 많은 여가시간을 즐기고 있다. 사업과 가정생활에서 더 없이 행복을 느끼고 있다.

수없이 많은 영업사원들이 이 원칙을 적용하여 판매 실적을 올렸다. 많은 사람들이 예전에 실패했던 거래처와 계약을 성사시켰다. 중역들은 회사 내에서 더 확고한 위치를 확보하고 월급도 인상되었다. 지난학기에 강의를 들었던 중역은 이 원칙을 적용한 후에 급여가 일 년에 5천달러나 인상되었다고 말했다. 필라델피아 가스회사의 임원은 65세에 직원들을 이끄는 능력이 부족하다는 이유로 강등 당했으나 이 강의를 들은 후에 승진하고 보수도 더 많이 받게 되었다.

강좌가 끝나면 파티를 여는데 거기에 참석한 부인들은 저마다 남편이 강의를 들은 후로 가정에 행복이 넘친다며 감사인사를 아끼지 않았다.

사람들은 종종 자신들이 거둔 새로운 결과를 보고 놀란다. 그들은 강의가 시작되는 월요일까지 기다릴 수가 없어서 일요일에 내 집으로 전화를 걸어 자신의 성공을 자랑한다.

지난 시즌 강의에 참석했던 사람은 강의의 내용에 너무 충격을 받아서 다른 수강생들과 강의의 내용에 대해 늦은 밤까지 토론을 했다. 새벽 3시가 되자 다른 사람들은 모두 집으로 돌아갔다. 하지만 그는 자신이 그동안 저지른 실수에 충격을 받고, 앞으로 자신에게 펼쳐질 새롭고 풍요로운 삶의 모습에 대한 기대로 잠을 이룰 수 없었다. 그는 그날 밤에도 다음날 낮에도 밤에도 잠을 잘 수 없었다.

그가 누구였을까? 자신이 접하는 새로운 이론이면 허겁지겁 달려드는 순진한 사람일까? 아니다. 그것과는 거리가 먼 사람이다. 그는 학식이 높은 미술품 수집가로 3개 국어에 능통하고 2개의 외국대학 학위가 있는 유명 인사였다.

서문을 쓰는 사이 호헨촐레른 왕가에서 대대로 직업 장교를 배출한 명문 귀족 집안 출신의 독일인에게 편지를 받았다. 그의 편지는 강의에서 접한 이론들을 실생활에 적용한 이야기들로 가득 차 있었고 그의 기쁨은 종교적인 열정에 가까웠다.

또 다른 사람은 뉴욕 출신의 하버드 졸업생으로 사교계에서 잘 알려진 카펫 공장을 운영하는 부유한 사람이었다. 그는 자신이 하버드 대학을 나왔지만 나의 14주 강의에서 배운 인간관계의 기술이 대학에서 4년간 배운 것보다 많다고 단언했다. 터무니없는 말 같은가? 우스운 소리 같은가? 허무맹랑한 소리인가? 어떻게 생각하든지 그것은 당신의 선택이다. 나는 그저 단순히 사실만을 나열하고 있다. 1933년 2월 23일 목요일 저녁 뉴욕 예일대 클럽에서 대단한 성공을 거둔 성공한 하버드대 출신 사업가가 6백여 명의 청중 앞에서 한 말을 옮길 뿐이다.

하버드 대학 교수인 윌리엄 제임스는 이렇게 말했다.

"우리가 가진 능력의 절반 정도만 깨어있습니다. 우리는 신체적 정신적 능력의 극히 일부만 사용하고 있습니다. 개념을 넓게 확장해서 본다면 인간은 자신의 능력에 훨씬 못 미치는 삶을 살고 있습니다. 인간은 생각보다 훨씬 많은 능력을 소유하고 있습니다.”

당신이 사용하지 못하고 있는 능력들을 발견하게 하고자 이 책은 쓰여졌다.

프린스턴 대학의 전직 총장인 존 G. 히번 박사는 다음과 같이 이야기한다.

“교육이란 살아가면서 부딪히는 다양한 상황에 대처하는 능력이다.”

당신이 이 책의 처음 3장까지 읽고 나서도 살아가면서 마주치는 상황에 대처하는 능력에 조금의 발전도 없다면 이 책이 완전한 실패작이라는 것을 인정하겠다.

허버트 스펜서의 말대로 “교육의 가장 큰 목적은 지식이 아니라 행동”이다. 이 책은 바로 행동의 책이다.

데일 카네기

이 책에서 최대의 효과를 얻으려면

1. 이 책을 통해 최대의 효과를 얻으려면 필수불가결한 요소가 하나 있다. 이 요건을 갖추지 못한다면 수천가지 규칙들이 전부 쓸모가 없을 것이다. 이 핵심 요건을 갖추게 된다면 책을 읽지 않고도 놀라운 성과를 이루게 될 것이다.

핵심 요건이 무엇인가? 바로 이것이다. 배우고자 하는 욕구, 대인관계 능력을 향상시키고자 하는 확고한 결심이다.

어떻게 해야 이런 욕구를 개발할 수 있을까? 이 책의 원칙들이 여러분에게 얼마나 중요한지 계속해서 떠올리면 된다. 그 원칙들을 마스터하는 것을 계속해서 머릿속으로 그려보아라. 그렇게 하면 경쟁사회에서 좀더 나은 사회적 경제적 지위를 얻을 수 있을 것이다. 계속해서 혼잣말해보아라. "내 인기, 나의 행복, 나의 수입은 나의 대인관계 능력에 달려있다."

2. 속독을 해서 이 책의 전체적 내용을 대략적으로 살펴보아라. 얼른 다음 장을 넘기고 싶을 것이다. 단지 재미만을 위해 읽고 있는 것이 아니니까 그렇게 하지 마라. 인간관계 능력을 향상시키고자 한다면 천천히 앞으로 돌아가 각 장을 꼼꼼히 다시 읽어라. 그렇게 하면 결과적으로 시간을 절약하게 될 것이고 소기의 목적도 달성할 수 있을 것이다.

3. 책을 읽으면서 자주 멈추고, 읽고 있는 내용에 대해 곰곰이 생각해보아라. 각각의 원리를 언제 어떻게 적용할 수 있을 지 자문해보아라.

4. 필기구를 손에 들고 읽어라. 실생활에서 사용할 수 있을 것 같은 원칙이 나오면 표시해 두어라. 아주 중요한 원칙이면 줄을 긋거나 형광

펜 표시하고 별표시를 해서 중요도를 표시해 두어라. 이렇게 표시를 하면 읽는 것이 더 재미있어지고 나중에 다시 읽을 때 편하다.

5. 내가 아는 사람 중에 대형 보험회사의 소장으로 15년째 근무하고 있는 사람이 있다. 그는 매달 회사가 판매하는 보험약관을 읽는다. 그는 똑같은 계약서를 계속 읽는다. 왜 그럴까? 경험이 가르치는 대로 그렇게 하는 것만이 계약서 조항을 명확하게 기억하는 유일한 방법이기 때문이다.

나는 대중연설에 관한 책을 쓰는 데 거의 2년이 걸린 적이 있다. 그런데 지금도 책의 내용을 기억하려고 가끔 책을 들춰보고는 한다. 망각의 속도는 정말 놀랍다.

당신이 이 책으로 오래 지속되는 효과를 보고 싶다면 한번 훑어본 것으로는 충분하지 않다. 찬찬히 읽은 후에 매달 몇 시간씩 복습해라. 책을 책상 위나 당신 가까운 곳에 두어라. 틈날 때마다 자주 들여다보아라. 아직 고쳐야 할 점이 많다는 것을 자신에게 끊임없이 상기시켜주어라. 이 원칙들이 몸에 배어 무의식적으로 나오려면 늘 내용을 살펴보며 현실생활에서 적용하는 것 외에는 다른 방법이 없다.

6. 버나드 쇼는 이렇게 이야기했다. "가르쳐 주기만 하면 사람은 절대 배울 수 없다." 쇼의 말이 맞다. 학습은 능동적인 과정이다. 직접 해봐야지 배우는 것이다. 당신이 이 책에서 공부하고 있는 원칙들을 완벽하게 마스터하고 싶으면 이 원리들을 실생활에서 직접 실천해보아야 한다. 기회가 있을 때마다 이 규칙을 적용해보아라. 실생활에서 써먹지 않으면 금세 잊어버릴 것이다. 실제로 사용한 지식만이 기억속에 오래 남는다.

항상 이 규칙들을 적용하기는 어려울 것이다. 내가 썼기 때문에 나는 이 책의 내용을 잘 알고 있지만 나도 이 모든 규칙을 적용하는 것이 어렵다고 생각할 때가 있다. 예를 들어 당신의 기분이 나쁠 때 다른 사람의 의견을 이해하려고 노력하는 것보다 다른 사람을 비난하고 욕하는 것이 훨씬 쉬울 것이다. 칭찬하는 것보다 비난하는 게 훨씬 쉽다. 상대가 원하는 것에 대해 이야기 하는 것보다 당신이 원하는 것을 이야기 하는 것이 훨씬 자연스러운 일이다. 그러니 당신이 이 책을 읽으면서 단순히 정보를 얻으려고 하는 것이 아니라는 점을 명심하자. 여러분은 새로운 습관을 만들려고 하는 중이다. 새로운 삶의 방식을 만들어 내려 하고 있는 것이다. 그렇게 하려면 시간과 인내심, 매일 실생활에서의 적용하는 것이 필요하다.

그러니 이 책을 자주 펼쳐보라. 이 책을 인간관계에 대한 지침서로 생각해라. 아이를 대하거나 배우자를 설득할 때 화가 난 고객의 기분을 맞춰주려 할 때와 같은 특정한 문제 상황에 봉착했을 때 충동적인 반응을 억제해라. 대신에 이 책을 펼쳐 당신이 표시해둔 단락을 복습해보고 여태까지와 다른 새로운 방법을 적용해보고 놀라운 마법이 작용하는 것을 지켜보아라.

7. 배우자, 자녀, 동업자에게 당신이 정한 규칙을 어길 때마다 벌금을 내겠다고 공언해라. 이 규칙을 익히는 것을 재미있는 게임으로 만들어라.

8. 월가의 대형은행의 사장이 그가 사용하는 효과적인 자기 계발 시스템에 대해 이야기해주었다. 이 사람은 정규 교육을 많이 받지 못했지만 현재 미국에서 가장 중요한 금융인 중 한명이다. 그는 그의 성공이

자신이 직접 고안한 시스템 덕분이라고 고백했다. 가능한 한 정확하게 그의 말을 옮겨 보겠다.

"저는 오랫동안 매일 그 날 있었던 모든 약속을 빠짐없이 수첩에 적었습니다. 저의 가족은 저를 위해서 토요일 저녁에는 어떤 계획도 잡지 않고 비워두었습니다. 제가 토요일 저녁마다 자신을 반성하고 칭찬할 것은 칭찬하는 자신만의 시간을 가진 다는 것을 알기 때문에 가족들은 저를 배려해 주었습니다. 저는 저녁식사 후에 혼자 수첩을 펴서 그 주에 있었던 모든 인터뷰, 토론, 회의에 대해 생각합니다. 그리고 자문합니다.

"이번에는 내가 무슨 실수를 했지?"

"내가 올바로 한 것이 무엇이지? 어떻게 했으면 더 잘 했을까?"

"그 경험에서 내가 얻는 교훈은 무엇인가?"

주말에 자기반성을 하면 기분이 울적해질 때도 많이 있습니다. 자신의 실수에 깜짝 놀랄 때도 많이 있지요. 물론 시간이 가면서 이 실수들은 줄어들었지요. 요즘은 이렇게 자기반성을 하고 나면 약간 우쭐해질 때도 있어요. 이런 자기분석, 자기 계발 시스템은 오랫동안 지속되었고 제가 시도해본 어떤 방법 보다 효과적이었습니다.

이 시간들은 제가 올바르게 결정을 할 수 있는 능력을 발전시키는데 도움을 주었습니다. 그리고 사람들과의 관계에 크게 도움을 주었습니다. 이 방식을 여러분에게도 권합니다.

이 책에 제시된 원리들을 적용해보면서 여러분도 자신만의 점검 시스템을 사용하는 것이 어떨까? 그렇게 하면 두 가지의 성과가 있을 것이다.

첫째, 당신은 재미있으면서도 돈이 들지 않는 교육과정에 참여하게 될 것이다.

둘째, 당신의 인간관계기술이 일취월장함을 발견하게 될 것이다.

9. 이 책의 맨 뒤에는 수첩이 있다. 이 수첩에 이 규칙을 적용하면서 이룬 성과를 기록해라. 구체적으로 작성해라. 이름, 날짜, 결과를 적어라. 그렇게 기록하면 좀더 나은 결과를 낳고 싶은 욕심이 생길 것이다. 몇 년이 지난 후 수첩을 우연히 펼쳐보면 얼마나 놀랍겠는가!

이 책에서 최대의 효과를 얻기 위한 9가지 방법

1. 인간관계의 규칙을 완벽하게 습득하겠다는 강렬한 욕구를 가져라.
2. 다음 장으로 넘어가기 전에 각 장을 두 번씩 읽어라.
3. 읽으면서 이 규칙을 어떻게 적용할지 생각하는 시간을 가져라.
4. 중요한 아이디어에 밑줄을 그어라.
5. 매달 책을 복습해라.
6. 모든 경우에 이 규칙들을 적용하려 노력해라. 매일 접하는 문제를 해결하는 핸드북으로 이 책을 활용해라.
7. 이 규칙을 어길 때마다 지인들에게 벌금을 내겠다고 함으로써 게임처럼 재미있게 만들어라.
8. 매주 발전상황을 체크해라. 어떤 실수를 하고, 어떤 진전이 있는지, 미래를 위해 어떤 교훈을 얻었는지 자문해라.
9. 이 책 뒤에 있는 수첩에 언제, 어떻게 규칙을 적용했는지 기록해라.

Section 1

인간관계의 기본규칙

1 꿀을 모으려면 벌집을 걷어차지 마라

1931년 5월 7일 뉴욕에서는 희대의 수색작전이 벌어졌다. 몇 주에 걸친 수색 끝에 '쌍권총 크로울리' 가 웨스트엔드의 내연녀 아파트에 은신하고 있다는 것을 알아냈다. 그는 술도 마시지 않고 담배도 피지 않지만 사람을 죽인 살인범이었다.

150명의 경찰과 형사들이 옥상 탈출구를 포위했다. 지붕에 구멍을 뚫어 최루탄으로 크로울리를 몰아내려했다. 경찰은 주변빌딩에 사수들을 배치했고 한 시간 이상 뉴욕의 고급주택가는 총소리가 울려 퍼졌다. 크로울리는 두툼한 의자 뒤에 쭈그려 앉아 계속해서 경찰을 향해 총을 쐈다. 뉴욕의 길가에서 이런 장관을 본 적이 없는 만 명의 흥분한 사람들이 그 싸움을 지켜보고 있었다.

크로울리가 잡혔을 때 경찰청장 멀루니는 이 쌍권총 무법자를 뉴욕 역사상 최악의 범죄자라고 공언했다. 경찰청장의 표현에 따르면 "크로울리는 마구잡이로 사람을 죽이는 놈"이었다.

그러나 이 '쌍권총 크로울리' 는 자기 자신을 어떻게 생각했을까? 경찰이 그의 아파트로 총을 쏘아대고 있는 와중에 그는 편지 한통을 썼다. 편지를 쓰면서 상처에서 피가 흘러 종이에 선명한 핏자국을 남겼다. 이 편지에서 크로울리는 말한다. “내 안에는 지쳐버린 연약한 마음이 있다. 어떤 누구도 해치고 싶어하지 않는 마음이다.”

잡히기 바로 전에 크로울리는 롱 아일랜드 시골길에 차를 세워놓고 내연녀와 애정행각을 벌이고 있었다. 갑자기 경찰이 주차된 차에 다가와 말했다.

“면허증 좀 봅시다.”

한 마디 말도 없이 크로울리는 총을 뽑아 경찰관을 죽여 버렸다. 경찰관이 쓰러지자 크로울리는 차에서 튀어나와 경찰관의 총을 뽑아 죽어가는 경찰관을 확인 사살했다. 이런 살인마가 “어떤 누구도 해치고 싶어하지 않는 마음” 운운하고 있었던 것이다.

크로울리는 사형을 선고 받았다. 씽씽교도소 사형집행실에 도착했을 때 그가 “사람을 죽였으니 당연하지.” 라고 말했을까? 아니다. 그는 “이것이 정당방위를 한 대가란 말인가?” 라고 말했다.

이 이야기의 요점은 다음과 같다. 악랄한 ‘쌍권총 크로울리’ 도 자기 탓은 하지 않았다는 것이다.

저것이 범죄자들 중에 특이한 태도라고 생각하는가? 그렇게 생각한다면, 이 이야기를 들어보라.

“나는 내 인생의 황금기를 사람들에게 기쁨을 주고 사람들이 인생을 즐길 수 있도록 돕는데 썼다. 그런데 그 대가로 나는 사람들에게 욕을 먹고 전과자가 되었다.”

바로 알 카포네가 한 말이다. 악명높은 미국의 공공의 적 1호, 시카고를 주름잡았던 가장 악명 높은 갱 두목. 알 카포네는 자기 자신을 비난하지 않았다. 그는 사실 자신을 제대로 평가받지 못하고 오해받은 자선 사업가로 생각했다.

뉴어크에서 갱의 총탄에 쓰러지기 전에 더치 슐츠도 그랬다. 뉴욕의 가장 악질 범죄자였던 더치 슐츠는 신문인터뷰에서 자신이 자선사업가라고 말했다. 실제로 그는 그렇게 믿고 있었다.

나는 씽씽 교도소장에게서 흥미로운 이야기를 들었다. 그는 씽씽교도소의 범죄자들 중 자신이 악인이라고 생각하는 사람은 거의 없다고 공언했다. 그들도 당신과 나처럼 인간이다. 그래서 그들은 자신을 합리화해서 설명한다. 그들은 자신이 왜 금고를 털고 방아쇠를 빨리 당겨야 했는지 그럴듯한 이유를 대서 설명한다. 대부분은 반사회적인 행동이 정당했다고 생각한다. 자신들은 결코 수감될 만한 행동을 한 적이 없는데도 수감되어 있다고 주장한다.

만약 알 카포네와 쌍권총 크로울리, 더치 슐츠 등 감옥에 수감되어 있는 범죄자들이 자신을 탓하지 않는다면 일반 사람들은 어떨까?

작고한 사업가 존 워너메이커는 이렇게 고백한 적이 있다. "나는 30년 전에 남을 꾸짖는 것을 어리석은 일이라는 것을 깨달았다. 나는 하나님이 지적인 능력을 왜 공평하게 주지 않았을까 한탄하느니 내 부족함을 이겨내는 데 더 많은 노력을 기울였다."

워너메이커는 이 교훈을 일찍 깨달았다. 그러나 나는 30년 동안 실수하다 이 사실을 서서히 깨닫기 시작했다. 어떤 사람도 자신을 비난하지는 않는다.

비판은 상대가 방어 태세를 띠고 자신을 변호하려 애쓰게 만들기 때문에 백해무익하다 . 비판은 사람의 소중한 자존심에 흠집을 내고 자아

존중감에 상처를 내고 분노를 불러일으키기 때문에 위험하다 .

독일군은 병사가 불미스러운 일이 일어나도 사건 발생 즉시 비판을 하고 불만을 재기하지 못하도록 했다. 병사는 하룻밤을 지내면서 자신의 분노를 다시 곰곰이 생각해보고 감정을 죽인다. 만일 그가 불만을 즉시 제기하면 그는 처벌을 받았다.

나는 평상시 사회생활에서도 이 법칙이 있어야 한다고 생각한다. 투덜대는 부모, 잔소리하는 아내, 꾸짖는 상사 등 잘못을 못 찾아서 안달하는 싫은 사람들은 이 법칙이 필요하다.

남을 비난하는 것이 얼마나 소용없는 짓인지 역사에서도 그 예를 수없이 찾아볼 수 있다. 예를 들어 루즈벨트 대통령과 테프트 대통령의 싸움은 아주 유명하다. 이 싸움은 공화당을 분열시키고 그 결과 윌슨이 백악관에 입성하여 1차 세계대전에 미국이 참전 결정을 내림으로써 역사의 흐름까지 바꾸게 되었다.

루즈벨트가 1908년에 대통령에서 물러나면서 차기 대통령으로 태프트를 지명했고 태프트가 다음 대통령이 되었다. 루즈벨트는 대통령직을 그만두면서 아프리카로 사냥여행을 다녀왔다. 여행을 다녀온 후 루즈벨트는 차기 대통령 후보 자리를 확보하기 위하여 새 대통령의 지나친 보수주의를 공공연히 비난했다. 곧 이어진 선거에서 태프트 대통령과 그가 속한 공화당은 버몬트와 유타 단 두 개 주에서만 의석을 확보하는데 그쳤다. 이는 공화당 창당이래 최악의 실패였다.
루즈벨트는 참패의 원인이 태프트라고 비난했다. 하지만 대통령이 자신의 잘못을 인정했을까? 물론 아니다. 눈물을 글썽이며 대통령은 이렇게 말했다. “그 상황에서는 그럴 수밖에 없었습니다.”

누구의 탓일까? 루즈벨트일까 태프트 대통령일까? 솔직히 알 수도 없고 알고 싶지도 않다. 내가 말하고자 하는 바는 루즈벨트가 아무리 태프트의 잘못을 지적해도 태프트가 자신의 잘못을 인정하도록 만들 수 없었다는 것이다. 루즈벨트의 공세는 태프트 대통령이 자신을 방어하는데 급급하게 만들고 눈물을 글썽이며 "그 상황에서는 그럴 수밖에 없었다."라는 말만 되풀이하게 할 뿐 이었다.

또 다른 경우로, 티포트 돔 유전 스캔들을 들여다보자. 이 사건은 오랫동안 신문 지상에 오르며 미국을 뒤흔들어 놓았다. 미국 역사에서 이 같은 사건은 없었다. 이 사건은 아직 많은 사람의 뇌리에 남아 있을 것이다.

하딩정부에서 내무장관을 맡고 있던 앨버트 B. 펄은 정부 소유였던 엘크 힐과 티포트 돔 유전지대의 임대 권한을 쥐고 있었다. 이 유전지대는 향후 해군이 사용할 목적으로 보존되어 있었는데 펄은 공개 입찰 절차도 없이 친구인 에드워드 L. 도헤니에게 대여해주었다. 도헤니는 그 대가로 무엇을 주었을까? 그는 펄 장관에게 대여금 명목으로 10만 달러를 주었다. 펄 장관은 해병대를 시켜 엘크 힐 유전지대의 유전 업자들을 몰아냈다. 강제로 쫓겨난 유전업자들이 법원으로 달려가 이 사건은 세상에 알려지게 되었다. 이 사건은 하딩 정부뿐만 아니라 공화당까지 위기에 빠뜨렸고 당사자인 앨버트 B. 펄은 투옥되었다. 그리고 펄은 현직 관료로서는 유례를 찾기 힘든 무거운 형을 받았다.

그가 죄를 뉘우쳤을까? 천만에! 몇 년 후 후버 대통령은 연설에서 하딩 대통령의 죽음이 측근으로부터의 배신으로 인한 충격 때문이라고 말했다. 펄 부인이 그 이야기를 듣고 자리에서 벌떡 일어나 울면서 주먹을 불끈 쥐고 소리 질렀다.

"뭐라고! 하딩이 펄에게 배신을 당했다고? 내 남편은 누구도 배신하지 않았어요. 누가 이 집을 가득 채울 황금을 준다고 해도 남편은 나쁜 짓을 할 사람이 아니에요. 희생양은 오히려 남편입니다."

인간은 원래 그렇다. 실제로 인간은 아무리 나쁜 짓을 해도 자신을 제외하고 모든 사람을 비난한다. 우리 모두도 마찬가지다. 당신이나 내가 누군가를 비난하고 싶어질 때는, 알 카포네와 '쌍권총' 크로울리, 앨버트 펄을 기억하면 된다.

비난이란 집비둘기와 같다. 집비둘기는 언제나 자기 집으로 돌아오는 법이다. 우리가 바로잡아 주려고 하거나 비난하려고 하는 사람은 아마도 자신을 정당화하고 우리를 비난하려 할 것이다. 아니면 태프트처럼 이렇게 말할 것이다. "그 상황에서는 그럴 수밖에 없었다."

1865년 4월 15일 토요일 아침에 링컨은 저격당한 포드 극장의 길 건너편에 있는 싸구려 여관의 침실에서 죽어가고 있었다. 침대는 가운데가 푹 꺼져있었고 링컨에게는 짧아 그는 대각선으로 누워있어야 했다. 로자 보뇌르의 유명한 그림 '마시장'의 싸구려 복사판이 벽에 걸려있고 노란 빛을 뿌리는 가스등이 깜빡거리고 있었다.

대통령의 임종을 지켜보면서 스탠튼 국방장관은 말했다.

"세상에서 인간 마음을 가장 잘 움직인 사람이 여기에 누워있다."

사람의 마음을 움직이는데 있어서 링컨이 거둔 성공의 비결은 무엇일까? 나는 10년 동안 링컨의 삶을 연구했고 〈우리가 모르는 링컨〉이라는 책을 저술하고 수정하는데 3년의 시간을 들여왔기 때문에 링컨의 인간성과 가정사를 어느 누구보다 자세하고 철저하게 연구했다. 나는 특히 링컨의 사람 다루는 법을 심층적으로 연구했다. 그도 남을 비판하기를 좋아했을까? 그렇다. 인디애나 주의 피전 크리크 밸리에서 살던 젊은 시절에 그는 다른 사람을 비난했을 뿐 아니라 사람들을 조롱하는 편지나 시를 써서 길에 놓아두곤 했다. 이런 편지들로 평생 그에게 증오를 품은 사람도 있었다.

일리노이주 스프링필드에서 변호사로 개업한 후에도 반대편 인사에 대한 비판을 신문지상에 기고하곤 했는데 이것이 지나쳐 한번은 큰 위기가 닥쳤다.

1842년 가을, 링컨은 허세를 잘 부리고 시비걸기를 좋아하는 아일랜드 출신 정치인 제임스 쉴즈를 조롱하는 익명의 투고를 스프링필드 저널지에 보냈다. 글이 신문에 실리자 사람들이 쉴즈를 비웃었다. 예민하고 자존심이 강한 쉴즈는 화가 머리끝까지 났다. 링컨이 편지를 쓴 것을 알아내서 그에게 달려가 결투를 신청했다. 링컨은 싸우고 싶지 않았지만 피할 방법이 없었다.

링컨은 무기를 선택해야 했다. 팔이 길었던 링컨은 기병대용 장검을 선택하고 사관학교 졸업생에게 개인교습까지 받았다. 그리고 약속한 날 그와 쉴즈가 미시시피 강 모래사장에서 만나 결투를 시작하려는 순간 입회인의 중재로 결투는 중지되었다.

그것은 링컨의 인생에서 가장 끔찍한 사건이었다. 그 사건으로 그는 사람을 대하는 방법에 있어 귀중한 교훈을 배우게 되었다. 그 후로 링컨은 남을 모욕하는 편지를 쓰지 않았고 남을 비웃지도 않았다. 이후로 어떠한 일이 있어도 남을 비난하지 않았다.

그로부터 훨씬 뒤에 남북전쟁 당시 링컨은 몇 번씩이나 포토맥 지구의 전투사령관으로 새로운 장군을 임명하지 않으면 안 되었는데, 매클레런, 포프, 번사이드, 후커, 미드 같은 장군들이 참패를 거듭해 링컨은 참담한 마음을 감출 수 없었다. 온 국민이 무능한 장군들을 맹렬히 비난했다. 하지만 링컨은 "어느 누구에게도 악의를 품지 말고 모두를 사랑하자"는 마음으로 침묵을 지켰다. 그가 가장 좋아한 문구는 "남의 비판을 받고 싶지 않으면 남을 비판하지 말라."였다.

링컨은 자기 부인과 다른 사람들이 남부 사람들을 나쁘게 이야기하면 이렇게 말했다. "그 사람들을 비난하지 마십시오. 우리도 같은 상황에 놓였다면 같은 행동을 취했을 것입니다."

사실 남을 비판할 일이 많은 사람이 있었다면 그것은 바로 링컨이었다. 예를 들어 보자.

게티즈버그 전투는 1863년 7월 1일부터 3일간 계속되고 있었다. 7월 4일 리 장군은 폭풍이 몰려오자 남쪽으로 후퇴하기 시작했다. 리 장군이 패배한 군대와 함께 포토맥에 도착했을 때 건널 수 없을 정도로 강물이 범람해있었고 기세가 오른 북군이 뒤에서 추격해오고 있었다. 그는 탈출할 곳이 없었다. 링컨의 생각에는 리 장군을 생포함으로써 전쟁을 끝낼 수 있는 하늘이 보내준 기회였다. 링컨은 미드 장군에게 작전회의로 시간을 끌지 말고 즉시 리 장군을 공격하라는 지시를 내렸다. 링컨은 자신의 명령을 전보로 보내고 즉시 전투에 임하라는 특사까지 미드 장군에게 보냈다.

그런데 미드 장군은 어떻게 했는가? 그는 명령과는 정반대의 행동을 취했다. 그는 바로 작전회의를 소집하고 시간을 지연시켰다. 이런 저런 핑계를 전보로 보냈다. 리 장군을 공격하라는 명령을 정면으로 거부한 것이다. 마침내 강물은 줄어 리 장군은 무사히 퇴각했다.

링컨은 격노하여 "이게 어찌된 일이냐?" 하고 곁에 있던 아들 로버트에게 소리쳤다. "어떻게 이럴 수가 있나? 손만 뻗으면 잡을 수 있었는데. 그런 상황이면 어떤 장군이라도 리의 군대를 무찔렀을 것인데. 내가 거기에 있었어도 리 장군을 생포했을 거다."

낙심하여 링컨은 책상 앞에 앉아 미드에게 다음과 같은 편지를 썼다. 이 시기에 링컨은 언사에 극도로 조심스러웠음을 기억해라. 그러나 1863년에 쓰여진 이 편지는 링컨이 화가 많이 나서 쓴 것임에 틀림없다.

친애하는 장군께

리 장군을 놓친 것이 얼마나 큰 불행인지 장군이 인식하지 못하고 있는 것 같습니다. 리 장군은 거의 다 잡은 것이었는데, 북군의 최근 승전을 보면 리 장군을 잡기만 했으면 전쟁은 끝났을 것입니다.

이 좋은 기회를 놓쳤으니 전쟁은 언제 끝날지 알 수 없게 되었습니다. 장군은 지난 월요일에 공격을 효과적으로 하지 못했는데 남부군 진지에서는 어떻게 전투를 치를 수 있겠습니까? 앞으로 장군의 활약을 기대한다는 것은 무리한 것으로 여겨지며 나 또한 이를 기대할 수 없습니다. 장군은 천재일우의 기회를 놓쳤습니다. 그로 인해 나는 더 할 수 없는 실망을 느끼고 있습니다.

이 편지를 읽고 미드 장군은 어떤 생각을 했을까?

미드 장군은 그 편지를 받지 못했다. 링컨이 그 편지를 보내지 않았기 때문이다. 그 편지는 링컨이 죽은 뒤 그의 서류함에서 발견되었다.

이것은 나의 추측이지만 이 편지를 쓴 후에 링컨은 창문 밖을 바라보며 혼잣말을 했을 것이다. "잠깐만. 이렇게 서두르지 않는 게 좋겠어. 조용한 이곳 백악관의 방에 앉아 미드 장군에게 공격 하라고 명령을 내리는 것은 쉬운 일이지. 내가 게티즈버그에 실제로 가서 미드 장군이 지난주에 본 것과 같은 참상을 보고, 부상자와 죽어가는 사람들의 비명소리를 들었다면 나도 공격할 마음이 생기지 않았을 거야. 미드 장군과 같은 소심한 성격이라면 나도 그랬을 거야. 이미 지난일이야. 내가 편지를 보내면 내 마음은 누그러지겠지만 미드 장군은 자신을 정당화하려고 나를 비난하겠지. 이 편지를 읽으면 서운한 마음이 들어서 사령관직을 제대로 수행하지 못할 테고 그렇게 되면 군을 떠날지도 몰라."

그래서 내가 앞에 말한 것처럼 링컨은 편지를 보내지 않았던 것이다. 링컨은 경험을 통해 비난과 힐책은 대개의 경우 아무 소용이 없음을 깨달았기 때문이다.

시어도어 루즈벨트는 대통령 재임시절 난관에 부딪히면 의자를 뒤로 기대고 벽에 걸린 링컨의 초상화를 보면서 이렇게 묻곤 했다고 한다.

"이 상황에서 링컨이라면 어떻게 했을까? 그는 어떻게 이 문제를 해결할까?"

다음에 누군가를 질책하고 싶어지면 지갑에서 링컨의 초상화가 그려져 있는 5달러 지폐를 꺼내 그의 얼굴을 쳐다보면서 자문해보자. "링컨이라면 어떻게 했을까?"

주위에 누군가를 변화시키고 개선시키고 싶은가? 좋다! 하지만 우선 당신 자신을 먼저 바꿔보는 게 어떨까? 순전히 이기적인 관점에서 봐도 다른 사람을 바꾸려고 하는 것보다 자신을 바꾸는 것이 훨씬 이득이 많을 것이다. 또한 덜 위험한 일이기도 하다.

브라우닝은 "사람은 자기 자신과의 싸움을 시작할 때 가치 있는 사람이 된다." 고 말했다. 자신을 완성하는데는 시간이 오래 걸릴지 모르지만 보람된 일이고 다른 사람에게 훈계를 하고자 할 때도 당당하게 할 수 있다.

공자는 "내 집 앞이 더러운데 옆집 지붕에 눈 쌓인 것을 탓하지 말라." 고 했다.

내가 젊었을 때 나는 다른 사람에게 깊은 인상을 주기 위해 노력했다. 그러다가 한번은 미국의 유명한 문학가인 리처드 하딩 데이비스에게 편지를 쓴 적이 있다. 그 당시 나는 그 작가에 대한 잡지 기사를 준비하고 있었는데 데이비스에게 작가의 작법에 대한 글을 써달라고 부탁했다. 그 편지를 쓰기 몇 주 전에 지인으로 받은 편지의 말미에 "쓰기는 했지만 읽어보지는 않았음."이라는 글귀가 마음에 들었다. 그 구절은 인상적이었다. 보낸 사람이 굉장히 바쁘고 거물급 인사라는 느낌이 들게 하는 문구였다. 나는 바쁜 것과는 거리가 멀었지만 리차드 하딩 데이비스에게 깊은 인상을 주고 싶어서 내 짧은 편지 말미에 "쓰기는 했지만 읽어보지는 않았음." 이라는 구절을 적었다.

데이비스는 답장을 쓰지는 않았지만 돌려보낸 편지 하단에 "무례하기 짝이 없군." 이라고 휘갈겨 썼다. 내가 무례한 짓을 한 것은 사실이고 비난받아야 마땅하지만 나도 인간인지라 화가 났다. 어찌나 원망스러웠던지 10년 후에 리처드 하딩 데이비스의 부고를 읽고 가장 처음 든 생각은 그에게서 그 당시 받은 상처였다.

누군가를 비난해서 그가 상처를 받았다면 그 상처는 쉽게 없어지지 않고 죽을 때까지 지속된다. 비판이 정당한가는 중요한 것이 아니다.

사람을 대할 때 인간은 논리의 동물이 아니란 것을 명심하자. 인간은 감정의 동물이며 더구나 편견에 가득 차 있고 자존심과 허영심에 의해 움직인다는 사실을 알고 있어야 한다.

다른 사람을 비난하는 것은 위험한 불꽃이다. 그 불꽃은 자존심이라는 화약고를 건드려 폭발하게 하기 쉽다. 폭발은 죽음을 재촉하게 하기도 한다. 예를 들어 레오나드 우드 장군은 단명했는데 그에게 쏟아진 비판과 프랑스 출정에 참가하지 못하게 된 상처가 원인이 아니었나 싶다.

영국 문학을 풍성하게 한 훌륭한 소설가 토머스 하디도 신랄한 비판이 원인이 되어 절필하게 된다. 영국의 시인 토머스 채터튼은 혹평을 받고 자살했다.

젊었을 때 사교적이지 않았던 벤자민 프랭클린은 후에 외교적 수완과 능숙하게 사람을 대하는 기술로 프랑스 주재 미국대사가 되었다. 그의 성공비결은 무엇일까? "나는 어떤 누구도 비난하지 않습니다. 사람들의 좋은 점만 이야기하지요." 라고 그는 말한다.

어떤 바보라도 비판하고 욕하고 불평할 수 있다. 대부분의 바보가 그렇게 한다.

다른 사람을 이해하고 용서하는 것은 뛰어난 품성과 참을성을 가진 사람만이 할 수 있다.

"위대한 사람의 위대함은 평범한 사람들을 대하는 태도에서 나타난다.” 라고 칼라일은 말했다.

사람들을 비난하는 대신에 이해하려고 노력해보자. 사람들이 무슨 이유로 그런 행동을 하는지 이해하려고 노력해보자. 이것이 비판보다 훨씬 더 유익하다. 또한 이해하려고 하면서 우리는 사람들을 공감하고 관용을 보일 수 있게 된다. “모든 것을 알게 되면 용서하게 된다.”

“하나님도 죽기 전까지는 사람을 심판하지 않는다.” 라고 존슨 박사가 말했다.

2 인간관계의 비결

사람을 움직이게 하는 방법은 하나밖에 없다. 그것이 무엇인지 생각해본 적이 있는가? 그것은 스스로 마음이 동해서 움직이게 하는 방법이다.

명심해라. 다른 방법은 없다.

물론, 상대의 가슴에 총을 겨누고 시계를 달라고 협박할 수는 있다. 해고하겠다고 협박하여 직원이 당신이 있는 눈앞에서만 일하는 척하게 할 수 있다. 회초리나 위협으로 아이가 당신이 원하는 대로 행동하도록 만들 수 있다. 하지만 이런 어설픈 방법에 사람들은 반항하게 된다.

사람을 움직이게 하는 유일한 방법은 상대가 원하는 것을 주는 것이다. 사람들은 무엇을 원하는가?

20세기 저명한 심리학자중 한명인 프로이드는 인간의 모든 행동은 성적 욕구와 위대해지고 싶은 욕망 이 두 가지 동기에서 비롯된다고 한다.

미국에서 가장 유명한 심리학자 존 듀이 교수는 이를 약간 다르게 설명한다. 듀이박사는 인간 본성에서 가장 깊은 자극은 "인정받는 인물이 되고자 하는 욕망" 이다. 이 책에서 아주 많이 언급되는 자아존중감 은 아주 중요하다.

당신은 무엇을 원하는가? 모든 것을 바랄 수는 없지만, 자신이 정말로 바라는 것은 아무도 막을 수 없다. 보통 성인들이 바라는 것은 다음과 같다.

1. 건강과 장수
2. 음식
3. 수면
4. 돈과 돈으로 살 수 있는 것
5. 내세의 삶
6. 성적 욕구의 충족
7. 자녀들의 행복
8. 자아 존중감

한 가지를 제외한 대부분의 욕구는 충족되어 질 수 있다. 음식이나 수면에 대한 욕구만큼이나 기본적이지만 좀처럼 채워지지 않는 욕구가 있다. 그것은 프로이드는 "위대한 사람이 되고자 하는 욕구" 라고 하고 듀이는 "중요한 사람이 되고자 하는 욕구" 라고 표현하는 자아 존중감이다.

링컨은 "모든 사람은 칭찬을 좋아한다" 는 말로 편지를 시작한 적이 있다. 윌리엄 제임스는 "인간본성 중에 가장 기본적인 원리는 인정받고자 하는 갈망이다." 라고 했다. 주의할 것은 그가 인정받고자 하는

"욕구" "바람" "소망" 이라 하지 않고 "갈망" 이라고 한 점이다.

이것이야말로 절대 없어지지 않는 인간의 욕구이다. 사람들의 이런 욕구를 채워주는 사람은 사람을 좌지우지 할 수 있고 심지어 장의사도 그의 죽음에 슬퍼할 것이다.

자신의 가치를 인정받고자 하는 욕구가 인간과 동물을 구분 짓는 중요한 특징이다. 나는 어렸을 때 미주리의 농장에서 아버지의 일을 도왔다. 아버지는 듀록 저지종 돼지와 혈통이 좋은 흰머리 소를 키우고 있었다. 우리는 가축품평회에 돼지와 소를 출품해 1등상도 많이 받았다. 아버지는 1등 상인 파란 리본을 하얀 천에 붙여두었다가 손님이 집에 오면 천을 꺼내서 자랑했다. 아버지가 파란 리본을 꺼내면 나는 다른 한 쪽 끝을 잡았다.

돼지들은 상에는 관심이 없었지만 아버지는 그렇지 않았다. 상을 통해 아버지는 자신이 인정받는 느낌을 받았다.

조상들이 인정받는 존재가 되고 싶은 욕구가 없었다면 인류에 문명은 없었을 것이다. 문명이 없으면 인간도 동물과 다를 바 없다.

인정받고자 하는 욕구가 없었다면 못 배우고 가난한 식료품 가게 점원이 우연히 손에 들어온 법률책을 가지고 공부에 몰두하지도 않았을 것이다. 그 식료품 가게 점원은 바로 링컨이다.

찰스 디킨스가 불멸의 소설을 쓰게 한 것도 인정받고 싶은 욕구 때문이었다. 크리스토퍼 랜 경이 위대한 건축물을 만들게 했던 것도 바로 인정받고 싶은 욕구 때문이었다. 이 욕구는 록펠러가 평생 쓸 수도 없는 돈을 벌게 했다. 이 욕구가 여러분의 동네에 가장 부자인 사람이 필요 이상으로 큰 집을 짓게 한다.

최신 유행의 옷을 입고, 유행하는 차를 타고 자식자랑을 하는 것도 이 욕구 때문이다.

이 욕망이 많은 청년들이 갱단에 가입하게 한다.

"요즘 젊은 범죄자들은 자아가 강해서 잡히면 제일 먼저 요구하는 것이 자신을 영웅처럼 그려놓은 신문을 달라는 것이다. 자신이 신문 지면에 배우나 정치가와 같은 유명인들과 나란히 실린 것을 보면서 전기 의자에 앉을 지도 모르는 미래는 생각하지도 않는다." 라고 전직 뉴욕 경찰국장인 멀루니는 말한다.

당신이 언제 자신의 존재가치를 느끼는지 나에게 말해주면 나는 당신이 어떤 사람인지 말해줄 수 있다. 그것이 당신의 성격을 결정짓는다. 존 D. 록펠러는 중국 베이징에 병원을 세워 그가 만난 적도 없고 만날 일도 없는 수많은 사람들을 돕도록 돈을 기부하는데 자신의 존재가치를 느꼈다.

반면에 딜린저는 은행 강도짓을 하고 살인하는 데서 자신의 존재가치를 느꼈다. 수사관들이 그를 추적하자 그는 미네소타의 농가에 달려 들어가 외쳤다. "나는 딜린저다!" 그는 자신이 공개수배 인물이라는 사실이 자랑스러웠다. "나는 당신을 해치지 않을 거야. 하지만 나는 딜린저야." 그는 이렇게 외쳤다.

딜린저와 록펠러를 구분 짓는 가장 큰 차이점은 그들이 자신의 존재가치를 어떻게 느꼈느냐 하는 것이다.

유명인들이 자신의 존재를 인정받기 위해 애를 썼다는 흥미로운 역사적 기록들이 많다. 조지 워싱턴도 "미합중국 대통령 각하" 라고 불리길 원했다. 콜럼버스는 "해군제독 겸 인도 총독" 이라는 호칭을 바랬으며, 예카테리나 여제는 "여왕 폐하"라는 칭호를 사용하지 않은 편지는 읽어보지도 않았다. 영부인 시절 링컨 여사는 그랜트 장군의 부인에게 이렇게 소리를 질렀다고 한다. "내 허락도 없이 마음대로 앉다니!"

버드 제독이 남극 탐험을 나설 때 백만장자들은 빙산에 자신들의 이름을 붙여준다는 조건으로 탐험비용을 지원했다. 빅토르 위고는 파리의 이름을 자신의 이름으로 바꾸려는 욕심을 부렸다고 한다. 셰익스피어조차 가족을 위한 문장(紋章)을 얻으려 노력했다고 한다.

사람들은 관심과 동정을 받고자 아픈척하기도 한다. 매킨리 여사의 예를 들어보자. 매킨리 여사는 자신이 중요한 사람이라는 것을 실감하기 위해 미국 대통령인 남편이 중요한 회의에 참석하는 것도 막고 자신의 침대 옆에서 몇 시간이고 간호하게 했다. 또한 그녀는 치과 치료를 받는 동안에도 남편을 잡아두었다. 남편이 존 헤이와의 약속에 가려고 하자 한바탕 소동을 벌이기도 했다.

메리 로버츠 라인하트는 주목을 받으려고 건강한 젊은 여성이 환자가 된 경우를 이야기해주었다.

"어느 날 이 여성은 어떤 문제에 부딪쳤습니다. 아마도 그녀의 나이겠지요. 나이가 많아 결혼도 힘들고 살 날은 많은데 기대할 것이 별로 없었어요. 그녀는 몸져눕고 말았어요. 10년 동안 노모는 음식접시를 들고 3층을 오르락내리락 하며 그녀를 돌보았어요. 그런 어느 날 그녀의 어머니는 지쳐 쓰러져 죽고 말았어요. 그녀는 괴로워하다가 갑자기 옷을 챙겨 입고 일어나 새로운 삶을 시작했답니다."

전문가에 따르면 사람들은 각박한 현실에서 자신의 존재를 인정받지 못하면 환상에서라도 인정받으려고 미쳐버리는 경우가 있다고 한다. 미국에서 다른 질병으로 아픈 환자를 합친 것보다 정신 질환으로 고통 받고 있는 환자들이 더 많다고 한다.

정신이상의 원인은 무엇일까?

아무도 정확한 답을 제시하지는 못하지만 우리는 매독이 뇌세포를 파괴하여 정신병을 유발한다는 것은 안다. 사실 모든 정신 질환의 절반 정도는 뇌 조직 장애, 알코올, 독극물 그리고 외상 같은 신체적 원인에 의해 발생한다. 그러나 나머지 절반은 놀랍게도 뇌조직에는 아무런 이상이 없다고 한다. 사후 부검을 해도 그들의 뇌세포는 정상인들의 뇌세포와 다름없이 건강하다고 한다.

왜 이런 사람들은 미치게 될까?

나는 유명 정신과의사에게 이 질문을 해보았다. 이 의사는 이 방면의 최고 권위를 가지고 있고 많은 상을 받았지만 자신도 사람들이 왜 미치는지 그 원인은 정확히 알 수 없다고 했다. 하지만 그에 따르면 정신이상이 되는 사람들은 현실에서 얻지 못하는 자신의 존재감을 정신이상 상태에서는 느낀다고 한다. 그러면서 의사는 다음과 같은 이야기를 들려주었다.

"지금 제가 맡고 있는 환자 중 결혼생활이 실패로 끝난 사람이 있었습니다. 그녀는 사랑, 성적만족, 자녀와 사회적 지위를 원했습니다. 하지만 실제 삶에서는 아무것도 이루어지지 않았습니다. 그녀의 남편은 그녀를 사랑하지 않았습니다. 그는 심지어 그녀와 식사하는 것조차 거부했습니다. 그리고 그녀에게 2층에 있는 자기 방으로 식사를 가지고 오게 했습니다. 그녀는 아이가 없었고 사회적 지위도 없었습니다. 그녀는 미쳤습니다. 상상속에서 그녀는 남편과 이혼하고 처녀적 이름을 되찾았습니다. 그녀는 지금 자신이 영국 귀족과 결혼했다고 믿고 있어서 자신을 스미스 부인이라고 불러달라고 하네요. 자녀에 관해서는 그녀는 지금 자신이 매일 아기를 낳는다고 생각하고 있습니다. 회진을 돌때마다 그녀는 '선생님, 제가 어젯밤에 아기를 낳았어요.' 이렇게 이야기를 합니다."

그녀의 꿈을 가득 실은 배는 암초에 부딪혀 부서졌지만 정신이상에 걸린 후에 따듯한 상상의 섬에서는 모든 범선이 바람에 돛을 펄럭이며 항구로 들어오고 있다.

비극적인가? 잘 모르겠다. 그녀의 의사는 이렇게 말했다.

"내가 뛰어난 의사여서 그녀의 의식이 제대로 돌아오게 할 수 있어도 그렇게 하지 않겠습니다. 그녀는 지금이 훨씬 행복하니까요."

정신이상에 걸린 사람들이 당신이나 나보다 행복하다. 많은 사람들은 정신이상에 걸린 상태에 만족한다. 왜 그럴까? 그들은 자신들의 문제를 해결했다. 그들은 당신에게 백만 달러짜리 수표도 끊어줄 수 있고, 이슬람 교주인 아가 칸에게 추천장을 써줄 수도 있다. 그들은 꿈속에서 자신의 존재감을 발견한 것이다.

자신의 존재감을 느끼기 위해서 미치는 사람들이 있다면, 실제 정신이 온전한 사람들에게 칭찬을 하면 어떤 기적이 일어날지 생각해봐라.

역사상 백만 달러의 연봉을 받은 사람은 내가 알기에 월터 크라이슬러와 찰스 슈왑 단 두 명이다.

왜 앤드류 카네기는 슈왑에게 연봉 100만 달러를 주었을까?

슈왑이 천재여서? 아니다. 그가 다른 어떤 사람보다 철강 제조를 가장 잘 알고 있어서? 천만에. 그는 내게 자기보다 철강 제조 공정을 잘 아는 사람이 회사에 많다고 말했다.

슈왑은 자신이 연봉을 많이 받는 것은 자신이 사람을 잘 다루기 때문이라고 말했다. 나는 그 비결이 무엇이냐고 물었다. 그가 한 말을 동판에 새겨 모든 가정, 학교, 가게 사무실에 걸어두어야 한다. 학생들은 라틴어 동사 변화나 브라질의 연간 강우량을 외우는 대신에 이 말들을 외워야 한다. 이 말대로만 하면 나와 당신의 삶은 변할 것이다.

"사람들의 열정을 불러일으키는 능력이 제가 가진 최고의 자산인 것 같습니다. 열정을 불러일으키는 비결은 칭찬과 격려입니다. 상사의 비난만큼 사람의 의욕을 꺾는 것은 없습니다. 나는 결코 사람들을 비난하지 않습니다. 그보다는 사람들에게 동기를 부여하는 것이 효과적입니다. 그래서 나는 칭찬하려고 애쓰고 결점을 찾아내지 않으려고 노력합니다. 어떤 일이 마음에 들면 나는 진심으로 인정하고 아낌없이 칭찬합니다."

슈왑은 이렇게 하는데 보통사람은 어떻게 할까? 정확히 반대로 한다. 어떤 일이 마음에 안 들면 화를 내지만, 마음에 들면 아무 말도 하지 않는다.

"세계의 많은 훌륭한 사람을 만났지만 지위가 아무리 높은 사람이어도 인정받을 때보다 비난받을 때 일을 더 잘하고 더 기운차게 일하는 사람을 본 적이 없습니다."

사실 앤드류 카네기의 경이적인 성공의 원인 중에 하나도 이것이다. 카네기는 사석에서나 공석에서나 동료를 칭찬했다.

카네기는 심지어 묘비에도 직원의 칭찬을 새기고 싶어 했다. 그가 작성한 칭찬은 다음과 같다.

"자기보다 현명한 사람을 주변에 모이게 하는 법을 안 현명한 사람 여기에 잠들다."

진심으로 칭찬한 것은 록펠러의 성공 비결 중의 하나였다. 예를 들어 그의 동업자인 에드워드 T. 베드포드가 남미에서 물건을 잘못 구매해서 회사에 백만 달러의 손해를 끼쳤다. 록펠러는 그가 최선을 다한 것을 알았고 이미 상황은 종료된 상태였다. 그래서 록펠러는 칭찬할 거리를 찾았다. 그는 베드포드가 투자한 돈에서 60퍼센트를 회수한 것을 축하해주었다. "그만큼 회수한 것도 대단해."

플로렌즈 지그펠트는 브로드웨이의 유명한 제작자였다. 그는 평범한 소녀를 스타로 만드는 뛰어난 능력으로 유명해졌다. 그는 아무도 두 번 볼 것 같지 않은 평범한 소녀를 무대에서 신비롭고 고혹적인 여성으로 변신시켰다. 칭찬과 자신감의 힘을 알고 있었기에 그는 몇 마디 칭찬과 배려로 평범한 여자들이 스스로 아름답다고 생각하게 만들었다. 그는 현실적이었다. 그는 주당 30달러였던 코러스 걸의 급여를 175달러까지 인상했다. 그는 기사도 정신을 발휘하여 공연이 시작되는 날에는 주연배우에게 축전을 보내고 코러스 걸에게 아름다운 장미를 선물해 주었다.

단식이 유행했을 때 나도 6일 밤낮을 먹지 않은 적이 있었다. 어렵지는 않았다. 6일이 지날 무렵에는 오히려 단식 다음날보다 배가 덜 고팠다. 사람들은 가족이나 직원에게 6일 동안 음식을 주지 않으면 죄책감을 느낀다. 하지만 사람들은 음식만큼이나 필요한 칭찬을 6일이나 6주, 심하게는 6년 이상이나 해주지 않고도 아무런 생각이 없다.

"빈에서의 재회"라는 영화에서 주연이었던 알프레드 런트는 "나에게 가장 필요한 것은 내 자존감을 채워줄 수 있는 칭찬의 말이다."고 말했다.

우리는 아이들과 친구들, 직원의 몸에 영양분을 주지만 그들의 자존감은 얼마나 채워주고 있는가? 그들에게 쇠고기와 감자를 주어 힘을 나게 하지만 오랫동안 샛별들이 불러주는 노래처럼 기억에 남을 따듯한 칭찬의 말은 인색하게 한다.

몇 몇 독자는 아마 이 부분을 읽으면서 이렇게 말할 지도 모른다.

"진부한 이야기야! 아첨하라고? 나도 해봤지. 하지만 똑똑한 사람들에게는 씨도 먹히지 않던데."

물론 아첨은 분별력 있는 사람에게 통하지 않는다. 아첨은 저급하고 이기적이고 진실하지 않다. 아첨은 실패해야 하고 대부분 실패한다. 하지만 굶주린 사람이 풀이든 지렁이든 가리지 않고 먹는 것처럼 칭찬에 굶주리고 목마른 나머지 어떤 칭찬이든 좋아하는 사람도 있다.

결혼 전력이 많았던 엠디바니 형제가 결혼 식장에서 인기가 많은 이유가 무엇일까? 그들은 어떻게 두 명의 미인과 유명 여배우들, 세계적 성악 가수, 그리고 백만장자 바바라 허튼 같은 여자들과 결혼할 수 있었을까? 그들은 어떻게 했을까?

〈리버티〉지에 기고한 글에서 아델라 로저스 세인트 존은 이렇게 말하고 있다.

"여자들이 엠디바니 형제들에게 매력을 느끼는 이유는 오랫동안 많은 사람들에게 미스터리였다. 뛰어난 예술가이며 사교계의 여왕인 폴라 제그리가 언젠가 이렇게 말한 적이 있다. 그들은 내가 아는 한 최고로 아첨을 잘 하는 사람들이야. 아부의 기술은 요즘 같은 현실적이고 유머가 넘치는 세상에서 잊혀진 기술이지만 이 기술이 엠디바니 형제들이 여자들을 유혹하는 무기인 셈이지."

심지어 빅토리아 여왕도 아첨에 약했다. 디즈레일리는 여왕을 만날 때 아첨을 많이 했다고 고백했다. 그의 말을 그대로 옮기면 "흙손으로 벽에 흙을 바르듯" 여왕에게 아첨을 했다. 하지만 디즈레일리는 광대한 대영제국을 통치하는 수상으로 가장 명민하고 빈틈이 없는 사람이었다. 그는 자신의 방법을 만들어 사용한 천재였다. 그에게 효과적인 방법이 우리에게 반드시 효과적이라는 보장이 없다. 길게 보면 아첨은 득보다는 실이 많다. 아첨은 위조지폐와 같아서 나중에 당신을 곤란하게 만들 수도 있다.

그러면 아첨과 칭찬의 차이는 무엇일까? 그것은 간단하다. 칭찬은 진심으로 하는 말이고 아첨은 진심이 담겨져 있지 않다. 칭찬은 마음에서 우러나오는 것이고 아첨은 입술에서 나올 뿐이다. 칭찬은 이기적이지 않지만 아첨은 이기적이다. 칭찬은 모든 사람이 좋아하지만 아첨은 모든 사람이 비난한다.

나는 최근에 멕시코시티에 있는 차폴테펙 궁정에서 오브레곤 장군의 흉상을 보았다. 흉상 아래에는 장군의 철학이 담긴 문구가 새겨져 있다.

"너를 공격하는 적을 두려워말라. 너에게 아첨하는 자들을 경계해라."

나는 아첨하라고 제안하는 것이 아니다. 그것과는 정반대로 새로운 삶의 방식을 제안하고 있다.

조지 5세는 버킹엄 궁에 그의 서제 벽에 6개의 격언을 걸어 놓았다.

그중 하나는 이것이다.

"값싼 칭찬을 받지도 주지도 말게 하라."

아첨은 바로 값싼 칭찬이다. 전에 아첨에 대한 정의를 해놓은 글을 읽은 적이 있다.

"아첨이란 상대방이 자신을 생각하는 대로 정확하게 일치하는 말을 해주는 것이다."

랄프 왈도 에머슨은 이렇게 말했다.

"당신이 하는 말은 당신이 어떤 사람인지 말해준다."

아첨을 해서 만사가 다 해결되면 모든 사람들이 아첨을 하려할 것이다. 그렇게 되면 모든 사람이 인간관계의 전문가가 될 것이다.

사람들은 대부분의 시간은 자신에 관한 생각을 하면서 보낸다. 이제 잠시 자신에 대해 생각하는 것을 멈추고 다른 사람의 장점에 대해 생각하기 시작한다면 입에서 나오기도 전에 천박하고 거짓인 아첨에 의지하지 않아도 된다.

"내가 만나는 모든 사람이 어떤 면에서든지 나보다 나은 점을 가지고 있다. 나는 다른 사람에게서 배움을 얻는다." 라고 에머슨은 말했다.

에머슨이 이렇게 생각한다면 우리 같은 평범한 사람들에게는 몇 천 배 더 진리일 것이다. 우리 자신의 업적, 자신이 원하는 것을 그만 생각하자. 다른 사람의 장점을 생각해보자. 그러면 아첨 따위는 잊게 될 것이다. 진실하고 정직한 칭찬을 하자. 진심으로 인정하고 아낌없이 칭찬하면 사람들이 그 말을 가슴 깊이 간직하고 평생을 두고 되풀이 할 것이다. 당신이 칭찬했던 것을 잊어도 당사자는 오랫동안 두고두고 되풀이 할 것이다.

3 이렇게 하면 세상을 얻지만 하지 못하면 외로운 길을 간다

나는 메인 주로 매년 여름마다 낚시를 하러 간다. 나는 개인적으로 딸기빙수를 매우 좋아한다. 하지만 물고기들은 이상하게도 벌레를 좋아한다. 낚시를 갈 때는 내가 좋아하는 것은 생각하지 않는다. 물고기들이 좋아하는 것만 생각한다. 그래서 내가 좋아하는 딸기빙수를 낚시 미끼로 하지 않고 벌레나 여치를 미끼로 낚싯대에 드리우고 "맛있는 먹이 먹고 싶지 않니?" 라고 말한다.

사람을 낚을 때에도 같은 방법을 쓰는 게 어떨까?

이 방법이 전직 영국 총리 로이드 조지가 사용한 방법이다. 로이드 조지는 같은 시기에 활동한 미국의 윌슨, 이탈리아의 올란도와 프랑스의 클레망소처럼 실각하거나 잊쳐지지 않고 어떻게 그 지위를 유지하는 지 비결에 대한 질문을 받았다. 그는 자신이 아직도 최고의 자리에 앉아 있는 단 하나의 이유는 아마도 낚싯바늘에 물고기가 좋아하는 먹이를 달아두는 것을 알기 때문이라는 답을 했다.

왜 자신이 원하는 것에 대해서만 말하는가? 이것은 참으로 미숙한 행동이다. 물론 인간은 자신이 원하는 것에만 관심이 있다. 죽을 때까지 영원히 그럴 것이다. 그러나 다른 사람은 당신이 원하는 것에 관심이 없다. 모든 사람이 당신처럼 자신이 원하는 것에만 관심이 있다.

그래서 세상에서 다른 사람을 움직일 수 있는 유일한 방법은 상대가 원하는 것에 대해 말하고 상대가 원하는 것을 얻는 방법을 보여주는 것이다.

내일 당신이 누군가에게 어떤 일을 시키려고 할 때 이것을 기억해라. 예를 들어 당신이 아들을 금연시키고자 할 때 설교를 하지 말고 당신이 원하는 것에 대해 말하지 마라. 그 대신에 담배를 피우면 농구팀에 못 들어갈지 모르고 백 미터 달리기에서 질지도 모른다는 것을 알려주어라.

당신이 아이들이나 송아지 또는 침팬지 중 무엇을 다루던지 이것을 기억해두면 좋다. 어느 날 랄프 왈도 에머슨은 아들과 함께 송아지를 우리로 몰고 들어가려고 했다. 하지만 그들은 자신이 원하는 것만 생각하는 실수를 저질렀다. 그래서 에머슨은 송아지를 밀고 아들은 잡아끌고만 있었다. 하지만 송아지도 에머슨 부자처럼 똑같이 자신이 원하는 것만 생각하고 있었다. 그래서 그는 네 다리로 버티며 목초지를 벗어나지 않으려고 안간힘을 썼다.

아일랜드 출신 하녀가 이 광경을 보았다. 그녀는 에머슨처럼 수필을 쓰고 책을 쓸 수는 없었지만 이런 상황에서는 주인보다는 말이나 송아지에 대해 더 많이 알고 있었다. 그녀는 송아지가 원하는 것이 무엇인지를 생각하고 그녀의 손가락을 송아지의 입속에 집어넣어 송아지가 손가락을 빨게 하면서 아주 평화롭게 송아지를 외양간으로 끌고 들어갔다.

당신이 태어난 날부터 해 온 모든 행동은 당신이 무엇인가를 원했기 때문에 한 것이다. 당신이 적십자에 백 달러를 기부한 것은 어떻게 해석할 것인가? 그렇다. 기부행위에도 이 법칙의 예외는 아니다. 당신이 적십자에 기부한 것은 당신이 도움을 주고 싶어서 한 것이다. 당신이 아름답고, 신성한 행동을 하고 싶어서 그렇게 행동한 것이다.

기부를 함으로써 느끼는 행복보다 돈이 좋은 사람은 기부를 하지 않을 것이다. 물론 거절하는 것이 창피하거나 고객이 기부하라고 요구했기 때문에 기부를 했을 수도 있다. 하지만 명백한 사실은 당신이 원해서 기부를 한 것이다.

해리 A. 오버스트리트 교수는 그의 유명한 저서 〈인간의 행동을 지배하는 힘〉에서 이렇게 말한다.

"인간의 행동은 마음속에 내재한 욕구에서 생긴다. 따라서 장차 리더가 되려고 하는 사람에게 줄 수 있는 최고의 충고는 다음과 같다. 첫째, 다른 사람의 마음에 강렬한 욕구를 불러일으키라는 것이다. 이렇게 할 수 있는 사람은 온 세상을 가질 수 있을 것이다. 그렇게 할 수 없는 사람은 외로운 길을 걷는다."

한 시간에 2센트 받는 일에서 시작하여 마침내 3억6천5백만 달러를 기부한 가난했던 스코틀랜드 청년 앤드류 카네기는 사람을 움직이는 유일한 방법은 다른 사람이 원하는 것을 이야기하는 것이라는 사실을 어려서 깨달았다. 정규교육을 받은 것은 4년에 불과하지만 그는 사람 대하는 법은 누구보다 잘 알았다.

한 가지 예를 들어보자. 카네기의 형수는 두 아들을 항상 걱정했다. 아들들은 예일 대학교에 다니고 있었는데 자신들의 일에 너무 바빠 집에 편지를 잘 쓰지 않았다. 안달하는 어머니의 편지에도 그다지 신경을 쓰지 않았다.

카네기는 답장 보내라고 간청하지 않고서도 자신은 답장을 받을 수 있다며 백 달러 내기를 제안했다. 누군가 내기에 응하자 그는 신변잡기를 다룬 편지를 쓰며 추신에 지나가는 말로 5달러씩 동봉하겠다고 썼다.

하지만 돈은 동봉하지 않았다.

그의 편지에 감사하는 답장이 곧바로 왔다. "친애하는 숙부님께……" 나머지 내용은 독자 여러분이 생각해보시라.

내일 당신이 누군가를 설득하여 당신이 바라는 대로 하게 하고 싶다면 말하기 전에 멈춰 서서 자신에게 물어라. "어떻게 하면 그가 이 일을 하고 싶어 하게 만들까?"

이런 질문은 우리가 바라는 것을 쓸데없이 주구장창 늘어놓지 않게 해 줄 것이다.

나는 강의를 위해 매 시즌 20일 동안 밤에만 뉴욕 한 호텔의 대강당을 빌렸다. 갑자기 사용료를 3배 가까이 올리겠다는 통보를 받았다. 이미 티켓은 인쇄되어 배부되고 강연광고가 다 나간 뒤였다.

당연히 나는 인상분을 지불하고 싶지 않았다. 하지만 내가 원하는 것을 호텔 측에 이야기한들 무슨 소용이 있겠는가? 호텔은 그들이 원하는 것에만 관심이 있을 뿐이었다. 한 이틀 지난 후에 나는 지배인을 만나러갔다.

"편지를 받고 약간 놀랐습니다." 나는 말했다. "하지만 지배인님을 비난하고 싶지는 않아요. 당신의 입장이라면 저 역시 비슷한 내용의 편지를 썼을 것입니다. 호텔 지배인으로서 당신의 임무는 가능하면 큰 이득을 남기는 것이니까요. 당신이 그렇게 하지 않으면 해고를 당할 것이니까요. 당신이 임대료를 올리겠다면 이 종이에 당신에게 생길 이익과 손해를 써 주십시오."

그러고 나서 나는 종이에 세로로 선을 긋고 한쪽에는 이익, 다른 한쪽에는 손해라고 적었다.

나는 이익 란의 첫 머리에 "대강당 비었음" 이라는 말을 쓰고 말을 계속 이어나갔다. "당신은 대강당이 비었으니 대강당을 댄스모임이나 집회에 대여해줄 수 있을 것입니다. 이것은 큰 이익이지요. 왜냐하면 그런 모임은 당신에게 강연회에서 얻을 수 있는 돈 보다 큰돈을 벌게 해줄 테니까요. 제가 매 계절 20일 밤을 차지한다면 당신은 이익이 훨씬 많이 나는 사업을 놓치게 될 것입니다.

자, 그럼 손해를 생각해볼까요. 첫째 나에게서 나오는 돈이 줄어들기 때문에 수입이 줄어들 것입니다. 사실 줄어드는 것이 아니라 아예 없을 것입니다. 저는 호텔 측이 제시하는 임대료를 지불할 수 없기 때문입니다. 저는 이 강연을 다른 장소에서 열 수 밖에 없습니다.

당신에게는 또 다른 손해가 있습니다. 제 강연은 많은 지식인과 문화인들이 듣습니다. 이것은 호텔 측에게도 이익입니다. 자연스럽게 호텔 홍보가 되니까요. 5천 달러를 들여 신문에 호텔 홍보를 해도 제 강연에 오는 사람들만큼 많은 수의 사람을 호텔로 불러들일 수 없을 것입니다. 그것만 해도 호텔 측으로서는 상당한 이익이죠, 그렇죠?"

이야기를 하면서 나는 손해 란에다가 이 두 가지를 적어서 지배인에게 종이를 주었다.

"장점과 단점 두 가지를 면밀히 살펴보시고 저에게 최종 결정을 알려주십시오."

다음날 나는 300퍼센트 대신 50퍼센트만 임대료를 올리겠다는 내용의 편지를 지배인으로부터 받았다.

내가 원하는 것은 한마디도 하지 않고 원하는 것을 얻어냈다는 사실에 주목하기를 바란다. 나는 상대가 원하는 것과 어떻게 그것을 얻을 수 있는지에 대해서만 이야기했다.

내가 보통 사람들이 하는 대로 행동을 했다고 가정해보자. 나는 사무실로 뛰어 들어가 말할 것이다. "티켓은 이미 인쇄되었고 광고도 끝났는데 어떻게 임대료를 300퍼센트나 올리십니까? 300퍼센트 나요! 말도 안 됩니다! 그 돈을 내지 않겠어요!"

그렇게 되면 무슨 일이 일어날까? 격한 논쟁이 오갈 것이고 당신은 논쟁이 어떻게 끝을 맺을지 짐작할 수 있을 것이다. 매니저가 자신이 틀렸다고 생각해도 그는 자존심 때문에 물러서지 않을 것이다.

훌륭한 인간관계를 위한 최고의 충고가 있다. "성공의 유일한 비밀은 다른 사람의 생각을 파악하고 자신의 관점에서만 아니라 상대의 관점에서 사물을 볼 줄 아는 능력이다." 라고 헨리 포드는 말했다.

이 말이 참 좋아서 나는 반복해서 말하고 싶다. "성공의 유일한 비밀은 다른 사람의 생각을 파악하고 자신의 관점에서만 아니라 상대의 관점에서 사물을 볼 줄 아는 능력이다."

이 말은 너무나 간단하고 명료해서 누구나 즉시 이 말의 진의를 파악할 수 있지만 지구상의 90퍼센트의 사람이 대부분 이를 무시하고 살아간다.

예를 들어볼까? 내일 아침 책상위에 놓인 편지를 봐라. 그러면 편지의 대부분이 중요한 상식을 벗어나고 있음을 발견할 것이다. 전국에 지사를 둔 광고 대행사의 라디오 광고 국장이 보낸 편지를 예를 들어보겠다. 이 편지는 전국의 라디오 방송국장들에게 보낸 편지다. (편지의 각 단락마다 나의 생각을 괄호 속에 적어 넣었다.)

○○ 귀하

저희 회사는 라디오 광고 분야에서 독보적인 위치를 유지하고자 합니다.

(당신 회사가 바라는 게 나랑 무슨 상관이야? 나는 내 문제만으로도 골치가 아프다고. 은행은 집살 때 받은 대출을 갚으라고 난리지, 우리 집 접시꽃이 벌레 먹어 죽어가고 있고, 어제 증권시장이 곤두박질쳤어. 오늘 아침에는 8시 15분 통근차를 놓쳤고, 어젯밤 존의 댄스파티에는 초대받지도 못하고 의사는 고혈압, 신경통, 비듬까지 있다고 하네. 그리고 무슨 일이 있었지? 오늘 아침에 뒤숭숭해서 출근했는데 뉴욕에서 건방진 애송이가 자기가 원하는 것만 줄줄이 늘어놓고 있네. 흥! 자기 편지가 어떤 인상을 주는지 알면 당장 광고계를 떠나 비누나 만드는 게 낫겠다.)

저희 회사의 수많은 광고주를 고객으로 하고 있습니다. 광고시간은 업계 최고를 항상 유지하고 있습니다.

(당신네 회사가 크고 업계 정상이라고? 그래서 뭐? 당신네 회사가 GM이나 GE 미국 합동참모본부 보다 크다고 해도 신경도 안 쓴다고. 벌새 반만이라도 똑똑하면 당신네가 얼마나 큰 게 아니라 내가 얼마나 큰 존재인지가 중요하다는 것을 알아야지. 당신네가 크다고 떠벌이니 내가 참 작고 하찮은 존재처럼 느껴지는군.)

저희는 광고주들에게 라디오 방송 편성과 관련된 최신 정보를 제공하고 싶습니다.

(바란다고? 실컷 바라기만 해라! 이 바보야. 난 너희 회사가 뭘 바라는지, 무솔리니[이탈리아의 대통령], 빙 크로즈비[미국의 유명 연예인]가 뭘 바라는지 신경 쓰지도 않는다고. 내가 관심 있는 것은 내가 바라는 것뿐이야. 당신이 보낸 편지에는 내가 뭘 바라는 지 한 마디도 안하잖아.)

주간 방송 정보를 제일 먼저 저의 회사에 알려주시겠습니까? 모든 상세한 정보는 저희 회사가 광고 방송시간을 예약하는데 유용하게 쓰일 것입니다.

("우선순위?". 참 뻔뻔하기도 하지! 자기 회사에 대해 허풍을 떨면서 나를 기죽이더니 이제 자기네 회사를 우선순위에 넣어 달래? 부탁하면서도 "제발" 이라는 말은 죽어도 넣지 않냐?)

귀사의 최신 정보를 저희에게 곧바로 회신해주시면 큰 도움이 되겠습니다.

(너 바보 아니냐? 가을철 낙엽처럼 흔해빠진 싸구려 복사본 편지나 보내는 주제에 뻔뻔하게 회신을 보내달라고? 난 한가한 사람이 아니라고 은행대출, 접시꽃, 혈압 걱정으로 머리가 복잡한 판국에 답장 쓸 일 있냐? 거기에 "빨리" 보내라고? 나도 당신 못지않게 바쁘다고. 아니 적어도 바쁘다고 생각하고 싶다고. 당신이 뭔데 나를 이래라 저래라 명령하는데? 서로 도움이 된다고? 이제야 내 입장을 이해하기 시작했군. 하지만 당신은 어떻게 해야 내게 이익이 되는지 모르는 것 같군.)

그럼 이만 줄입니다.

존 블랭크

라디오부 국장

추신. 동봉한 블랭크빌 저널이 귀하의 관심을 끌 것으로 생각되고 방송국에서 방송하셔도 좋을 듯합니다.

(편지 끝머리에 와서야 내 문제들을 해결하는 데 도움이 될 것들을 말하기 시작하는군. 편지를 시작할 때 진작 하지 그랬어? 이런 실수를 끊임없이 되풀이하는 당신 같은 광고장이들은 숨골에 뭔가 병이 있는 게 틀림없어. 당신네들한테 필요한 것은 최근 광고방송 현황이 아니라 갑상선 치료에 쓰이는 요오드겠지.)

평생을 광고계에서 일하며 사람들에게 물건을 구매하도록 설득하는 전문가들도 편지를 이렇게 쓰는데 정육점, 제과점, 인테리어 가게에서 일하는 사람들에게서는 무엇을 기대할 수 있을까?

대형 화물 터미널 소장이 강좌에 참가한 적이 있는 에드워드 버밀렌 씨에게 쓴 편지를 소개해 보겠다. 에드워드 버밀렌 씨는 편지를 어떻게 느꼈을까? 읽어보고 내가 하는 이야기를 들어보라.

에드워드 베밀린 씨께

물류가 오후 늦게 들어와서 화물터미널의 물류 발송 작업이 지연되고 있습니다. 그 결과 업무 지연이 일어나고 인부들의 연장근무, 배차의 지연 그리고 일부 경우에 운송이 지연되는 상황까지 일어나고 있습니다. 11월 10일 오후 4시 20분에 510개의 귀사 물건을 받았습니다. 화물 접수가 늦어짐에 따라 발생한 문제를 해결 하는데 귀사의 협조를 요청하는 바입니다. 화물을 보내실 때 트럭을 일찍 보내시던지 물량의 일부라도 오전 중에 보내주십시오.

협조해주시면 귀사의 트럭 대기 시간도 줄 것이고 배송도 정시에 이루어질 것을 확신합니다.

이만 줄입니다.

J.B. 소장 드림

이 편지를 읽고 제레가즈 선즈 주식회사의 영업부장인 베밀렌 씨는 다음의 의견을 보내왔다.

"이 편지는 의도한 것과는 다른 역효과를 가져왔습니다. 편지는 우리가 관심도 없는 운송터미널의 애로사항으로 시작하고 있습니다. 우리 회사의 어려움은 고려하지 않고 협조만 요구하고 마지막 단락에 와서야 우리가 협조하면 트럭대기 시간이 줄어들고 배송이 빨라지는 이익에 대해 언급하고 있습니다. 다시 말해 저희가 관심을 갖고 있는 부분을 맨 마지막에 언급해 협조보다는 반발심만 일으키는 역효과를 일으켰습니다."

이 편지를 다시 한 번 고쳐 써 보자. 문제를 이야기함으로써 시간을 낭비하지말자. 헨리 포드가 강조한대로 우리 입장에서 뿐만 아니라 다른 사람의 입장에서도 상황을 살펴보자.

다음은 수정된 편지이다. 최상은 아니지만 좀더 괜찮은 편지라고 생각한다.

베밀렌 씨께

귀사는 14년 동안 저희의 우수고객이셨습니다. 당연히 저희 회사는 귀사의 성원에 감사드리며 귀사에 신속하고 정확한 서비스를 드리고자 노력하고 있습니다. 하지만 귀사의 트럭이 11월 10일 오후 늦게야 화물을 배송해주셔서 신속한 서비스를 제공할 수 없게 됨을 알려드려 송구스럽게 생각합니다. 다른 회사들도 오후 늦게 배송을 하기 때문입니다. 당연히 체증이 빚어집니다. 이 때문에 귀사의 트럭이 불가피하게 하역부두에 묶여있게 되고 가끔 배송이 지연되기도 합니다.

아주 바람직하지 않은 일이지요. 어떻게 이 사태를 막을 수 있을까요? 트럭을 아침에 하역부두로 보내주시면 작업이 순조롭게 이루어져 화물이 곧바로 선적될 것이고 인부들은 일찍 퇴근해서 가정에서 맛있는 저녁식사를 할 수 있을 것입니다.

제가 편지를 보내는 것이 불평을 쏟아내기 위한 것이나 귀사의 운영에 간섭하고자 하는 것이 아님을 꼭 알아주십시오. 단지 귀사에 좀더 나은 서비스를 제공하기 위해 심사숙고해서 보내는 편지입니다.

귀사의 물류가 언제 도착하던지 간에 저희 회사는 기꺼이 온힘을 다해 신속하게 서비스해드리도록 할 것입니다.

바쁘시니 답장까지 하는 수고는 안하셔도 됩니다.

이만 줄입니다.

J.B. 소장 드림

많은 세일즈맨들이 충분한 수입도 얻지 못하고 피곤에 찌들고 낙심한 채 거리를 돌아다니고 있다. 왜일까? 그들은 항상 자신이 원하는 것만 생각하고 있기 때문이다. 그들은 당신이나 내가 어떤 것도 사기를 원하지 않는 것을 깨닫지 못하고 있다. 우리는 물건을 사고 싶으면 밖으로 나가 물건을 산다. 우리는 모두 자신의 문제를 해결하는 데 끊임없는 관심을 갖고 있다. 만약 세일즈맨이 우리에게 그들의 서비스나 상품이 우리의 문제를 해결하는 데 도움이 된다는 것을 보여준다면 그는 물건을 팔러 돌아다니지 않아도 된다. 우리가 직접 살 것이기 때문이다. 그리고 고객은 자신이 직접 사는 그 느낌은 좋아하지 강매당하는 느낌은 싫어한다.

그러나 많은 세일즈맨들이 고객의 입장에서 보지 않고 물건을 팔러 다니느라 인생을 보낸다. 나는 뉴욕 중심부의 포레스트 힐의 개인 주택 구역에 산다. 어느 날 내가 기차역으로 달려가는데 수 년 동안 롱 아일랜드에서 부동산을 거래하는 부동산 중개업자를 만났다. 그는 포레스트 힐을 잘 알아서 나는 급하게 그에게 나의 집이 메탈 라스로 지어졌는지 속빈 타일로 지어졌는지 물었다. 그는 잘 모른다고 답하고 포레스트 힐즈 주택협회로 전화하면 알 수 있다고 했다. 누가 그걸 모르나? 다음날 아침 나는 그에게서 편지를 받았다. 내가 알고 싶어 했던 정보를 편지가 담고 있었을까? 전화해보면 일 분 안에 내 질문에 답을 얻었을 텐데 그는 전화를 해보지 않았다. 그는 나에게 다시 협회에 전화해보라고 말하고 내 보험을 자신에게 맡겨달라고 부탁해왔다.

그는 나를 돕는 일에는 관심이 없었다. 그는 자기 자신을 돕는 일에만 관심이 있었다.

나는 그에게 배쉬 영의 책 〈주는 기쁨〉과 〈나누는 행운〉이라는 책을 주었다. 만일 그가 책을 읽고 책이 주장하는 대로 행동하면 내 보험을 처리하면서 얻는 이익보다 수천 배의 이익을 얻을 수 있을 것이다.

전문직에 있는 사람들도 같은 실수를 한다. 몇 년 전에 나는 필라델피아에 있는 유명한 이비인후과에 갔다. 그는 내 편도선을 보기도 전에 내가 무슨 일을 하는 지 물었다. 그는 내 편도선의 크기에는 관심도 없었다. 그는 내가 얼마나 버는지에 관심이 있었다. 그의 주된 관심사는 그가 나를 얼마나 도울 수 있는 가가 아니라 나에게서 얼마나 얻을 수 있는 지였다. 결과는 그는 아무것도 얻지 못했다는 것이다. 나는 의사의 성품에 경멸하며 병원을 나섰다.

세상은 자기 것만 생각하는 이기적인 사람들로 가득 차 있다. 그래서 자신을 버리고 남을 도우려고 애쓰는 소수의 사람에게는 엄청난 이익이 따른다. 그런 사람들은 경쟁자가 없다. 오웬 영은 말했다. "다른 사람의 입장에 서서 다른 사람의 마음을 읽는 능력을 가지고 있는 사람은 미래를 걱정할 필요가 없다."

이 책을 읽고 다른 사람의 관점에서 생각하고 다른 사람의 관점에서 사물을 보려는 이 단 한 가지만 얻어도 당신 경력의 밑거름이 될 것이다.

대부분의 사람은 대학에 들어가 버질의 작품을 읽고 미적분학을 배우면서도 타인의 마음읽기라는 중요한 덕목은 배우지 않는다. 나는 언젠가 에어컨 제조회사인 캐리어 회사의 신입사원들에게 "효과적인 대화법" 이라는 강연을 한 적이 있다. 젊은이들 중 한명이 농구가 하고 싶어서 다른 사람들에게 이렇게 말했다. "나가서 농구를 하고 싶습니다. 몇 번 체육관에 가보았는데 농구를 할 수 있을 정도의 인원을 모을 수가 없었습니다. 지난밤에는 두세 명이 공 던지기를 했는데 공을 눈에 잘못 맞아 멍이 들었네요. 여러분들 내일 밤에는 꼭 와서 함께 농구를 합시다."

그가 당신이 원하는 것에 대해 이야기했는가? 아무도 가지 않는 체육관에 가고 싶지 않을 것이다. 당신은 그가 원하는 것은 신경 쓰지도 않는다. 눈에 멍이 들고 싶지도 않다.

당신이 체육관을 이용하면 얻게 되는 이점을 그가 이야기했는가? 원기회복, 식욕증진, 맑은 두뇌, 재미, 농구 등을 이야기하면 더 효과적이었을 것이다.

오버스트리트 교수의 현명한 충고를 다시 한 번 되풀이해보자. "우선 다른 사람의 욕구를 불러일으켜라. 이것을 할 수 있는 사람은 온 세상을 얻을 수 있고 이렇게 못하는 사람은 외로운 길을 걸을 것이다."

나의 강좌에 참가하고 있는 학생들 중 한명이 아들 걱정을 하고 있었다. 아이는 저체중인데도 제대로 먹으려 하지 않았다. 그의 부모는 다른 부모들이 쓰는 방법을 썼다. 그들은 혼내거나 잔소리를 했다. "엄마는 네가 이것을 먹었으면 좋겠어." "아빠는 네가 자라서 튼튼하고 키 큰 어른이 되었으면 좋겠어."

아이가 부모의 간청에 귀를 기울였을까? 당신이 이슬람교 축제에 관심을 주지 않는 것과 마찬가지일 것이다.

제대로 된 판단력을 가진 사람이라면 아무도 세 살짜리 어린애가 서른 살 아빠의 생각에 제대로 따를 것이라고 생각하지 않을 것이다. 아이의 아빠는 그렇게 기대하고 있었던 것이다. 그는 마침내 이 사실을 깨닫고 혼자 말했다. "아이가 바라는 게 뭘까? 어떻게 하면 내가 원하는 것과 아이가 원하는 것을 하나로 연결할 수 있을까?"

그가 관점을 바꾸자 문제는 쉽게 풀렸다. 그의 아들은 브루클린에 있는 집 앞 도로에서 세발자전거를 타는 것을 좋아했다. 하지만 같은 동네에 사는 말썽쟁이가 소년의 자전거를 빼앗아 타곤 했다.

당연히 소년은 울면서 엄마에게 뛰어갔다. 그러면 엄마는 나와서 아이의 자전거를 되찾아와서 아이를 다시 자전거에 앉혔다. 이런 일이 매일 되풀이되었다.

소년이 원하는 것이 무엇이었을까? 셜록 홈즈가 아니어도 알 만큼 답은 간단하다. 아이의 자존심, 분노, 자기 중요감-내면의 이런 강렬한 감정이 복수심을 불러일으켜 말썽장이의 코를 멋지게 한방 먹이고 싶은 욕구를 불러일으키기만 하면 되는 것이었다. 아빠는 엄마가 먹으라는 음식만 잘 먹으면 개구쟁이를 혼내줄 수 있다고 말해주었다. 그 말을 하자 더 이상 음식 문제로 부부가 고민하는 일은 없어졌다. 아이는 자기에게 그렇게 자주 모욕을 주던 덩치 큰 녀석을 이기기 위해 시금치, 양배추 초무침, 절인 고등어든 가리지 않고 잘 먹었다. 이 문제가 해결되자 아빠는 다른 문제에 맞닥뜨렸다. 아이에게 밤에 이불을 적시는 나쁜 버릇이 생긴 것이었다.

아이는 밤에 할머니와 함께 잤다. 아침에 할머니는 아이를 깨우다가 이불이 젖은 것을 보고 말했다. “조니야 간밤에 무슨 짓을 한 거냐?” 라고 말했다.

아이는 “아니야, 내가 안했어. 할머니가 했잖아요.” 하고 말했다.

혼내고, 엉덩이를 찰싹찰싹 때리고, 무안을 주기도 하면서 오줌 싸지 말라는 말을 되풀이하기도 했지만 어떤 것도 아이가 오줌 싸는 것을 막지는 못했다. 그래서 부모는 물었다. “우리가 어떻게 하면 아이가 밤에 오줌 싸지 않게 할 수 있을까?”

아이가 원하는 게 무엇일까? 첫째, 아이는 할머니와 같은 잠옷이 아니라 아빠 같은 파자마를 입고 싶어 했다. 할머니는 아이가 밤마다 오줌 싸는 일에 진저리가 나서 아이가 버릇을 고치기만하면 기꺼이 아이에게 파자마를 사주겠노라 약속했다. 둘째로 아이는 자신만의 침대를 원했다. 할머니는 반대하지 않았다.

엄마는 아이를 데리고 브루클린의 백화점에 가서 점원에게 눈짓을 보내며 말했다. "여기 도련님이 쇼핑을 하고 싶다네요."

판매원은 "도련님, 무엇을 보여드릴까요?" 라고 말하면서 아이가 중요한 사람이라는 느낌이 들게 해 주었다.

아이는 키가 조금이라도 더 커보이게 똑바로 서면서 말했다. "제 침대를 사고 싶어요."

점원은 아이에게 침대를 하나씩 보여주었다. 엄마 마음에 드는 침대를 보자 엄마는 점원에게 눈짓을 보내 그 침대를 아이가 고르도록 했다.

다음날 침대가 배송되었다. 그날 밤 아빠가 집에 오자 아이는 "아빠! 아빠! 위층에 가서 제가 산 침대 좀 보세요!" 라고 소리 지르며 달려 나왔다.

아빠는 침대를 보면서 찰스 슈왑의 권고대로 "진심으로 찬사를 보내고, 아낌없이 칭찬" 을 했다.

"이불에 오줌 안 쌀 거지?" 아빠가 물었다.

"네! 절대로 이불에 오줌 안 쌀 거예요." 소년은 자신의 자존심이 달려 있었기에 약속을 지켰다. 자신이 직접 선택한 자기 침대였기 때문이었다. 그는 신사처럼 파자마를 입고 있었다. 그는 어른처럼 행동하고 싶었다. 그래서 그는 어른처럼 이불에 오줌 싸는 행동은 하지 않았다.

내 강좌를 듣고 있던 전화 엔지니어인 K.T. 더치맨도 3살짜리 딸에게 아침을 먹이는 일로 골치 아파 하고 있었다. 평소대로 꾸짖고, 간청하고, 달래보아도 모두 허사였다. 그래서 부모는 자문해보았다. "어떻게 하면 아침을 먹고 싶은 마음이 들게 할까?"

아이는 엄마처럼 행동하기를 좋아했다. 그래서 어느 날 그들은 아이가 아침식사를 준비하도록 시켰다. 아이가 아침 식사를 준비하고 있을 때 아빠가 부엌에 들어왔다. "아빠 보세요. 내가 오늘 아침식사를 만들었어요." 아이는 의기양양해하며 말했다.

그날 아침 아이는 먹으라고 간청하지 않고도 씨리얼을 두 그릇이나 먹었다. 아이가 음식에 흥미를 갖고 있었기 때문이다. 아이는 식사를 준비하면서 자기 중요감을 성취했고 자신을 표현할 수 있는 기회를 얻게 된 것이다.

윌리엄 윈터는 언젠가 "자기표현 욕구는 인간 본질의 중요한 요소"라고 언급한 적이 있었다. 우리는 어째서 이런 심리를 사업에 사용하지 않는가? 우리에게 멋진 생각이 떠오를 때 그 생각이 우리가 한 것이라고 하지 말고 상대가 멋진 생각을 한 것으로 하고 그 생각을 자신의 것으로 여기게 하라. 그는 그것을 좋아하게 되고 그 생각을 직접 실행할 것이다.

기억해라. "먼저 다른 사람의 마음에 욕구를 불러 일으켜라." 이렇게 할 수 있는 사람은 온 세상을 자기편으로 만들 수 있고, 그렇지 못한 사람은 외로운 길을 걷는다.

인간관계의 기본 규칙

1. 상대방에게 비난, 비평, 불평하지 말라.
2. 솔직하고 진지하게 칭찬하라.
3. 다른 사람들에게 간절한 욕구를 불러일으켜라.

Section 2

사람들의 호감을 얻는 6가지 방법

1 어디에서나 환영받는 방법

친구를 사귀는 방법을 알아내기 위해서 왜 이 책을 읽고 있는가? 왜 세상에서 친구를 가장 잘 사귀는 사람의 기술을 연구하지 않는가? 그는 누구인가? 내일 당신은 길거리에서 그를 만날지 모른다. 당신이 다가가면 그는 꼬리를 흔들기 시작할 것이다. 멈춰 서서 쓰다듬어 주면 얼마나 당신을 좋아하는 지 보여주려고 펄쩍펄쩍 뛰며 좋아할 것이다. 어떤 속셈을 가지고 예컨대 당신에게 부동산을 팔거나 당신과 결혼하고자 당신에게 애정을 표시하는 것이 아니다.

개는 살기 위해 일하지 않아도 되는 유일한 동물이라는 것을 생각해 본 적이 있는가? 암탉은 알을 낳아야 하고, 암소는 우유를 생산하고, 카나리아는 노래를 불러야 한다. 하지만 개는 인간에게 사랑을 주기만 하면 된다.

내가 다섯 살이었을 때 아버지는 50센트를 주고 노란 털북숭이 강아지를 사왔다. 강아지는 내 유년시절의 기쁨이었다. 매일 오후 4시 반쯤 되면 강아지는 앞마당에 앉아 예쁜 눈을 길 쪽으로 주시하다 내 목소리가 들리거나 내가 도시락 통을 흔들며 오는 모습이 보이면 총알같이 나와 언덕까지 헐떡거리며 달려 나와 기뻐 날뛰고 짖으며 나를 맞아주곤 했다.

티피는 5년 동안 변함없는 친구였다. 내가 절대로 잊을 수 없는 어느 비극적인 밤에 강아지는 벼락에 맞아 죽었다. 티피의 죽음은 내 유년시절의 비극이었다.

티피야, 너는 심리학책을 읽어 본 적이 없지? 읽을 필요도 없었지. 2년동안 얻을 수 있는 친구보다 다른 사람에게 관심을 가지면 2 달 안에 더 많은 친구를 만들 수 있다는 것을 너는 본능적으로 아니까. 다시 한 번 반복하면 2년 동안 다른 사람이 나에게 관심을 갖게 하는 것보다 내가 다른 사람에게 관심을 가지면 2달 안에 더 많은 친구를 사귈 수 있다. 하지만 사람들은 다른 사람이 자기에게 관심을 가지게 하려고 헛수고를 한다.

물론 아무 소용없는 일이다. 사람들은 당신에게 관심이 없다. 하루 종일 오로지 자신에게만 관심이 있을 뿐이다.

뉴욕 전화회사에서 전화통화 중에 가장 많이 쓰이는 말을 조사했는데 추측대로 일인칭 대명사인 '나'라는 말이 가장 많이 쓰였다. 500건의 전화통화에서 이 단어는 무려 3990번이나 쓰였다.

당신이 찍힌 단체사진을 볼 때 누구를 가장 먼저 찾는가?

사람들이 당신에게 관심이 있다는 생각이 들면 이 질문에 답해보아라. 당신이 오늘밤 죽으면 과연 몇 명이나 당신의 장례식에 올 것인가?

당신이 사람들에게 먼저 관심을 갖고 있지 않는데 왜 사람들이 당신에게 관심을 가질까? 연필을 잡고 내 질문에 대한 당신의 대답을 여기에 적어라.

우리가 단순히 사람들에게 강한 인상을 주어 사람들이 우리에게 관심을 갖도록 한다면 진정한 친구를 만들 수 없다. 진짜 친구는 그런 식으로 만들어 지는 것이 아니다.

나폴레옹은 조세핀을 마지막으로 만났을 때 이렇게 말했다. "조세핀, 나는 지금까지 이 세상에서 누구보다 운이 좋은 사람이었소. 하지만 지금 이 순간 당신은 내가 의지할 수 있는 유일한 사람이오." 역사가들은 나폴레옹이 조세핀에게조차 의지할 수 있었는지 의문을 품는다.

비엔나의 저명한 심리학자 알프레드 아들러는 〈인생의 의미는 무엇인가〉라는 저서를 썼다. 그 책에서 저자는 말한다. "인생에서 가장 큰 어려움을 겪는 사람은 타인에게 관심이 없는 사람이고, 타인에게도 큰 해를 끼치게 된다. 인간의 모든 실패는 이런 유형의 인간에게서 비롯된다."

심리학책을 아무리 읽어봐도 이보다 더 의미심장한 글귀를 찾을 수 없다. 나는 반복은 싫어하지만. 아들러의 발언은 너무 심오해서 한 번 더 강조하고자 한다.

"인생에서 가장 큰 어려움을 겪는 사람은 타인에게 관심이 없는 사람이고, 타인에게도 큰 해를 끼치게 된다. 인간의 모든 실패는 이런 유형의 인간에게서 비롯된다."

나는 뉴욕 대학에서 단편 소설 창작에 관한 강좌를 들은 적이 있다. 강사는 〈콜리어〉지의 편집자이었다. 그는 매일 책상에 올라오는 기사들 중 하나를 잡고 몇 단락만 읽어도 글을 쓴 사람이 사람들을 좋아하는 지 아닌지를 느낄 수 있다고 말했다. "글 쓴 사람이 사람들을 싫어

하면 사람들도 그의 이야기를 싫어하죠."

냉철한 편집장은 소설 창작 강의에서 두 번이나 말을 멈추고 설교조로 말하는 것에 사과했다. "정말로, 자꾸만 설교하듯이 강의가 흘러가네요. 하지만 명심하십시오. 여러분이 작가로 성공하고 싶다면 사람들에게 흥미를 가져야 합니다."

소설을 쓰는데 이것이 필요하다면 사람과 직접 대면하고 있을 때에도 이 규칙은 적용이 된다.

나는 하워드 써스톤이라는 유명한 마술사가 브로드웨이에 마지막 출연을 하는 저녁에 그의 분장실에 있었다. 40년 동안 그는 전 세계를 여행하며 환상을 만들어내고 관중을 매혹시켰다. 6천만 명 이상의 사람들이 그의 마술쇼를 보러왔고 그는 2백만 달러 이상의 수익을 올렸다.

나는 그에게 성공의 비밀을 물었다. 학교교육은 그의 성공과는 상관이 없었다. 그는 어려서 가출해서 부랑자가 되어 화차를 타고 건초 더미에서 자고 집집마다 돌아다니며 음식을 구걸하고 간판을 보며 글을 익혔다.

그렇다면 그는 뛰어난 마술 실력을 가지고 있는가? 그는 마술에 관한 책이 많이 나와 있고 많은 사람들이 그가 하는 정도의 마술 실력을 가지고 있다고 했다. 하지만 그는 다른 마술사가 가지고 있지 않은 두 가지가 있었다. 하나는 그는 자신의 개성을 무대에 올리는 능력이 있었다. 그는 흥행의 대가였다. 그는 인간 본성을 잘 알았다. 그가 하는 모든 행동, 목소리톤, 모든 눈썹의 움직임이 모두 미리 치밀하게 연습된 것이고, 그의 행동은 초단위로 계획된 것이었다. 그러나 이런 것과 더

불어 그는 인간에 대한 진실한 관심이 있었다. 그는 나에게 말했다. 많은 마술사들은 관중을 보고 "바보들이 많이 왔군. 저런 멍청이들을 속이는 건 식은 죽 먹기지."라고 말한다. 하지만 써스톤의 방법은 다른 마술사들과 완전히 달랐다. 그는 나에게 매번 무대에 오를 때마다 스스로 이런 말을 한다고 말했다. "많은 사람들이 내 쇼를 보러와줘서 참 감사한 일이야. 내가 잘 살 수 있는 것도 관중 덕분이지. 내가 할 수 있는 한 최선의 공연을 보여줘야겠어."

무대에 나가기 전에 몇 번이고 되풀이하는 말이 있다고 한다. "나는 관중들을 사랑해." 우습다고? 바보 같다고? 물론 당신은 당신 마음대로 생각할 수 있다. 나는 그저 이 시대의 유명한 마술사중의 한명이 가진 비법을 여러분께 알려줄 뿐이다.

슈만 하잉크도 나에게 써스톤이 한 말과 비슷한 말을 한 적이 있다. 배고픔과 시련, 자살 시도를 할 정도로 비극적인 삶이었지만 그녀는 노래를 불러 관객을 매료시키는 가장 뛰어난 바그너 가수가 되었다. 그녀도 또한 그녀의 성공 비결 중의 하나는 자신이 진심으로 사람들에게 관심을 가진 것이었다고 말했다.

루즈벨트 대통령이 놀랄만한 인기를 누린 비결도 바로 여기에 있다. 그의 하인들도 그를 사랑했다. 그의 시종인 제임스 아모스는 〈시종의 영웅, 루즈벨트〉라는 책에서 감동적인 일화를 소개했다.

언젠가 내 아내가 대통령에게 메추리에 대해 물어본 적이 있었다. 그녀는 메추리를 본 적이 없어서 대통령은 최대한 상세하게 아내에게 메추리에 대해 설명했다. 얼마 후에 우리 집으로 전화가 걸려왔다.(아모스와 그의 아내는 오이스터 베이에 있는 루즈벨트의 저택안의 작은 집에 살고 있었다.) 루즈벨트가 직접 전화를 걸어서 창문밖에 메추리가 있으니 창문 밖을 지금 내다보라고 말했다. 사소한 것까지 배려하는 이가 바로 루즈벨트였다. 우리 집 옆을 지날 때마나 우리가 보이지 않아도 그가 우리를 부르는 소리를 들을 수 있었다. 지날 때마다 그렇게 다정하게 인사를 하시는 거였다.

고용인들이 어떻게 그와 같은 사람을 좋아하지 않을 수 있겠는가? 사람들이 어떻게 그를 좋아하지 않을 수 있겠는가?

루즈벨트는 어느 날 태프트 대통령 부부가 자리에 없을 때 백악관으로 전화를 했다. 루즈벨트가 자신이 대통령 시절 함께 있었던 하인들 심지어 식모까지도 이름을 부르면서 인사하는 것을 보면 그가 평범한 사람들에게도 얼마나 큰 애정을 가지고 있는 지를 볼 수 있다.

아치 버트는 이렇게 썼다.

"그 분이 주방 하녀인 엘리스를 만났을 때 그는 그녀가 여전히 옥수수 빵을 만드는 지 물었습니다. 앨리스는 가끔 하인들을 위해 만들기는 하지만 윗분들은 드시지 않는다고 대답했습니다. '진짜로 뭐가 맛있는지 모르는구먼. 대통령을 만나면 옥수수 빵을 먹어보라고 말하겠네.' 루즈벨트는 큰 목소리로 대답했습니다. 엘리스가 빵을 쟁반에 담아 드렸더니 그 빵을 드시면서 걸어가며 만난 정원사와 일꾼들에게 반갑게 인사를 건네셨습니다. 그분은 예전에 그랬던 것처럼 사람들 이름을 부르셨습니다. 그들은 아직도 서로 그 일에 관해 이야기합니다. 아이크 후버는 눈물을 글썽이며 말했습니다. 2년 동안 이렇게 기쁜 날은 없었습니다. 백 달러를 준다고 해도 아무도 이날과 바꾸지는 않을 것입니다."

가장 성공한 대학 총장의 한명인 찰스 W. 엘리엇 박사도 루즈벨트 대통령과 마찬가지로 다른 사람의 문제에 깊은 관심을 기울인데 성공의 비결이 있다. 엘리엇 박사는 남북전쟁이 끝난 4년 후부터 1차 세계대전이 일어나기 5년 전까지 하버드 대학 총장직에 있던 사람이다. 앨리엇 박사의 일화를 소개하고자 한다. 어느 날 그랜든이란 신입생이 학생 융자금 50달러를 빌리기 위해 총장실을 방문했다. 융자는 허가되었는데. 그랜든은 그때를 이렇게 회상한다.

"감사 인사를 드리고 총장실을 나서려는데 총장님이 잠시 앉으라고 하셨다. 그러고는 다음과 같이 말씀하셨다. '자네 자취를 하고 있다고 들었네. 음식을 골고루 잘 해먹게. 충분히 배부르게 먹으면 나쁠 것은 없지. 내가 대학을 다닐 때 나도 자취를 했지. 송아지 요리를 만들어 본 적이 있나? 송아지를 충분히 잘 삶기만 하면 아주 훌륭한 요리가 되네. 내가 그렇게 자주 해먹곤 했지.' 그리고서 총장님은 고기를 고르는 법과 국물이 젤리처럼 될 때까지 천천히 조리해야 한다는 요리의 팁과 고기 자르는 법, 먹는 법까지 상세히 설명해주셨다."

나는 아무리 바쁜 사람이라도 진심으로 관심을 가지면 그들로부터 협조를 얻을 수 있다는 직접적인 경험을 한 적이 있다.

몇 년 전 나는 브루클린의 예술 과학 연구소에서 소설 창작법을 강의한 적이 있다. 캐슬린 노리스, 패니 허스트, 아이다 타벨, 앨버트 페이슨 터훈, 루퍼트휴즈와 같이 저명한 작가들을 강사로 모시려고 했다. 나는 작가들에게 그들의 작품을 엄청나게 좋아하고 성공의 비결을 가르쳐 달라는 내용의 편지를 보냈다.

각각의 편지에 수강생 150명의 학생들이 서명을 했다. 우리는 그들이 너무 바빠 강의를 준비할 시간이 없을 것을 충분히 알고 있다고 덧붙였다. 그래서 우리는 그들이 자신만의 창작 기법에 대해 대답해 줄 수 있도록 일련의 질문을 동봉했다. 그들은 이 아이디어를 좋아했다. 누군들 싫어하겠는가? 그들은 기꺼이 브루클린까지 와서 우리에게 강의를 해주었다.

같은 방법을 이용하여 루즈벨트 내각의 재무장관 레슬리 M. 쇼, 태프트 내각 법무장관인 조지 W. 위커샴, 윌리엄 제닝스 브라이언, 루즈벨트 대통령 등 많은 저명인사를 초대해서 대중연설 강의를 듣는 학생들의 위한 강연을 부탁했다.

우리 모두는 노동자든 왕이든 누구든 우리를 존경하는 사람을 좋아하게 마련이다. 독일 황제 빌헬름의 예를 들어보자. 1차 세계대전이 끝날 무렵 그는 세계에서 가장 비난받는 인물일 것이다. 그의 조국조차도 그에게 등을 돌려 그는 목숨을 부지하기 위해 네덜란드로 도피해야 했다. 황제에 대한 증오심이 너무나 커서 사람들은 그를 갈기갈기 찢어 죽이거나 화형 시키고 싶어 했을 것이다. 이런 격렬한 분노 속에서 한 소년이 황제에게 진심이 담긴 편지를 보냈다. 소년은 다른 사람이 황제를 어떻게 생각하던지 자신은 빌헬름 황제를 자신의 황제로 영원히 사랑할 것이라고 썼다. 황제는 소년의 편지에 깊이 감화되어서 소년을 초대했다. 소년과 그의 어머니가 함께 황제를 만나러 갔는데 그 후 황제는 소년의 어머니와 결혼했다. 소년은 〈친구를 사귀고 사람을 설득하는 법〉에 대한 책을 읽을 필요가 없었다. 그는 본능적으로 알고 있었다.

친구를 사귀고 싶으면 자신을 버리고 타인을 위해 무슨 일이든 해주어라. 이를 위해서는 시간과, 노력, 희생 그리고 사려 깊은 마음이 필요하다. 윈저 공이 영국의 황태자였을 때 그는 남미로 여행할 예정이었다. 그는 남미로 떠나기 전에 그 나라말로 연설하기 위해 몇 달 동안 스페인어를 배웠다. 그 결과 남미사람들은 모두가 그를 좋아했다.

오랫동안 나는 친구들의 생일을 기억해왔다. 어떻게 그렇게 하느냐고? 나는 점성술을 믿지 않지만, 생일이 성격이나 기질과 연관이 있는지 친구들에게 물어보는 것으로 이야기를 시작해 친구들의 생일을 자연스럽게 물었다. 예를 들어 그가 생일이 11월 24일이라고 하면 나는 혼자 되뇌다가 친구가 뒤를 돌아보자마자 그의 이름과 생일을 적어서 나중에 생일을 적어 놓은 수첩에 옮겨 적었다. 새해가 되면 생일을 달력에 표시해둔다. 생일이 오면 편지를 보내거나 축전을 보냈다. 이것은 아주 효과적이었다. 어떤 때는 생일을 기억해주는 사람이 나 뿐 일 때도 있었으니 말이다.

친구를 사귀고 싶으면 생기 있고 열정적으로 사람들을 맞이하자. 전화를 받을 때도 마찬가지다. 그 사람의 전화를 받게 되어 얼마나 기쁜지 상대가 느낄 수 있게 아주 밝은 목소리로 전화를 받아라. 뉴욕 전화회사는 전화교환원이 고객의 전화에 기쁘게 응대할 수 있는 훈련을 실시하고 있다. 내일 전화를 받으면 이것을 기억해라.

이 규칙이 사업에도 똑같이 적용될까? 수없이 많은 예가 있지만 지면관계상 두 개의 예시만 들겠다.

뉴욕의 대형은행의 직원인 찰스 R. 월터스 씨는 어떤 회사에 대한 기밀서류를 작성하는 업무를 맡았다. 그에게 필요한 정보를 알고 있는 사람이 있었다. 월터스 씨는 대기업 중역인 그 사람을 만나러 갔다. 중역의 방에 안내를 받아 들어갔는데 비서가 고개를 내밀고 그날은 우표가 없다고 말했다.

"12살 먹은 아들을 위해 우표를 수집하고 있어요." 사장이 월터스에게 말했다.

월터스는 용건을 말하고 질문을 시작했다. 사장은 관심이 없는 듯이 보였다. 사장이 인터뷰를 원하지 않는 눈치라 더 이상 인터뷰의 진전이 없었다. 인터뷰는 짧게 끝나버렸다.

"사실 어떻게 해야 좋을지 몰랐습니다. 갑자기 비서가 사장에게 한 말이 생각이 나더군요. 우표, 12살 난 아들……. 그리고 우리 은행 외환부서가 전 세계의 우표를 수집하고 있다는 사실이 갑자기 생각났어요. 다음날 오후 다시 사장을 찾아가 아들에게 줄 우표를 갖고 왔다고 말했죠. 제가 환대를 받았을까요? 물론 열렬히 환영을 받았습니다. 그가 국회의원 선거에 출마했어도 이렇게 악수를 할 수는 없을 것입니다. 사장은 활짝 웃으며 저에게 호의를 보였습니다. '조지가 이 우표를 정말 좋아할 거요.' 그는 우표를 쓰다듬으며 계속 이렇게 말했습니다. '이것 좀 봐요! 정말 진귀한 우표네요.'

우리는 우표 얘기를 나누고 아들 사진을 보면서 30분을 보냈습니다. 그러고 나서 사장은 한 시간을 할애하여 제가 필요한 정보를 자세히 들려주기 위해 노력했습니다. 자신이 알고 있는 것을 다 말하자 직원을 불러 모르는 것은 더 물어보고 지인에게까지 전화를 걸었습니다. 그는 제가 필요로 하는 사항들, 보고서, 숫자 그리고 서신을 제공해주었습니다. 그야말로 특종을 건진 셈이죠."

여기에 다른 예가 있다.

필라델피아에 사는 C. M. 크내플은 대형 체인점에 석탄을 팔려고 수년 동안 애를 썼다. 그러나 그 체인점은 멀리 떨어진 업자에게서 연료를 구입해서 크내플 씨가 보라는 듯이 크내플 씨 사무실 앞으로 연료배송 트럭이 지나다녔다. 크내플 씨는 어느 날 밤 수업시간에 강단에 서서 자신의 그 체인점에 대한 분노를 쏟아냈다.

그때까지도 크내플은 자신이 그 체인점에 연료를 팔지 못하는 이유를 몰랐다.

나는 그에게 다른 방법을 써보라고 제안했다. 우리는 그 대형 체인점의 확장이 나라의 발전에 득보다는 실이 많다는 문제에 대해 토론을 벌였다.

크내플은 내 제안에 따라 그 체인점을 옹호하는 입장에 섰다. 그리고 체인점 중역을 곧장 찾아갔다. “오늘은 석탄을 팔러온 것이 아닙니다. 제 부탁 하나만 들어주십시오.”

그리고는 강좌에서 있었던 토론에 대해 이야기 한 후에 “제가 알고 있는 사람들 중에 제가 필요한 사실을 알려줄 수 있는 사람이 사장님뿐입니다. 이 토론에 꼭 이기고 싶습니다. 저를 도와주신다면 진심으로 감사하겠습니다.”

여기 크내플이 한 이야기를 그대로 옮기겠다.

“저는 이사에게 꼭 1분만 내달라고 하고 만났습니다. 제가 그를 만나러 온 이유를 이야기하자 그는 저를 의자로 청하더니 정확히 1시간 47분 동안 이야기를 했습니다. 그는 체인점에 대한 책을 쓴 다른 중역을 불렀습니다. 그는 전미 체인점 연합회에 연락해 저에게 이 문제에 대한 토론집 사본을 구해주었습니다. 그는 체인점이 사람들에게 진정한 서비스를 제공하고 있다고 생각하고 있었습니다. 그는 공동체를 위해 자신이 하고 있는 일에 대해 자부심을 느끼는 듯 했습니다. 그가 말하는 내내 그의 눈은 밝게 빛났습니다. 제가 한 번도 생각해본 적이 없던 일에 대해 제 시각을 넓혀 주었다고 단언합니다. 그는 저의 생각하는 방식을 완전히 바꾸어 놓았습니다. 제가 이사의 사무실을 나설 때 그는 문 앞까지 나와 저를 배웅하며 어깨에 손을 얹으며 토론에서 좋은 결과를 얻기를 바라고 언제 한번 들러 토론 결과를 알려달라고 말했습니다. 그가 제게 한 마지막 말은 다음과 같습니다. '봄에 한번 다시 들르세요. 그때쯤 당신에게 석탄을 주문하고 싶군요.'

그것은 제게 기적과도 같았습니다. 제가 부탁하기도 전에 제 석탄을 사겠다고 말하다니요. 제가 10년 동안 그토록 제 석탄에 관심을 가져달라고 애썼던 것보다 그와 그의 문제에 대해 진지한 관심을 가진 2시간이 일의 진척을 빠르게 했습니다."

예수님이 태어나기 백 년 전에 유명한 로마의 시인 퍼블릴리어스 사이러스는 다음과 같이 말했다. "우리는 우리에게 관심을 갖는 사람에게 관심을 갖는다."

사람들이 당신을 좋아하게 만들고 싶다면.

규칙 1

타인에게 진심으로 관심을 가져라.

좀더 명랑한 성격이 되고 싶으면, 인간관계에서 좀더 효과적인 방법을 찾고 있다면 헨리 링크 박사의 〈종교로의 회기〉라는 책을 꼭 읽어라. 책 제목에 주눅들 필요는 없다. 이 책은 저명한 심리학자가 쓴 책으로 성격문제로 그에게 상담하러 온 삼천 명 이상의 사람들을 면담하고 그에 대한 조언을 담은 책이다. 링크 박사는 나에게 이 책을 〈성격을 어떻게 고칠 것인가?〉라고 쉽게 제목을 달 걸 그랬다는 말을 했다. 이 책은 흥미롭고 큰 도움을 주는 책이다. 읽어보고 그의 제안대로 행하면 사람들을 대하기가 훨씬 수월해 질 것이다.

2 첫 인상을 좋게 하는 간단한 방법

나는 최근에 뉴욕에서 열린 만찬에 참석했다. 손님 중 막대한 유산을 상속한 여자가 있었다. 그녀는 모든 사람들에게 좋은 인상을 주려고 애쓰고 있었다. 그녀는 모피, 다이아몬드와 진주를 사는 데 많은 돈을 썼다. 그러나 그녀는 얼굴표정은 어쩌지 못했다. 얼굴 표정은 뚱하고 이기심으로 가득해보였다. 그녀는 얼굴의 표정이 입고 있는 옷보다 더 중요하다는 상식을 모르는 것 같았다. (그나저나 당신의 부인이 모피코트를 사고 싶어 하면 이 말을 하면 좋을 듯싶다.)

찰스 슈왑은 나에게 자신의 미소는 백만 불짜리라고 말했다. 아마 그는 그 사실을 아는 듯싶다. 그의 인격, 매력, 남들이 자신을 좋아하게 만드는 능력이 그가 이룬 성공의 토대였다. 슈왑의 가장 매력적인 면은 사람을 사로잡는 미소였다.

나는 모리스 슈발리에와 오후를 함께 보낸 적이 있었는데 솔직히 실망했다. 무뚝뚝하고 과묵한 남자로 내가 기대했던 것과 완전히 달랐다. 하지만 그가 미소 짓자 구름 사이에 햇살이 미치는 것 같았다. 그의 미소가 아니었다면 모리스 슈발리에는 아직도 파리의 뒷골목에서 대를 이어 장식장이나 만들고 있을 것이었다.

말보다는 행동이 더 설득력이 있다. 미소는 "나는 당신을 좋아해요. 당신은 나를 행복하게 해줍니다. 나는 당신을 만나게 되어 기쁩니다." 라고 말한다.

거짓 웃음? 그 웃음에는 아무도 속지 않는다. 그런 기계적인 웃음에는 오히려 화가 치민다. 내가 말하는 미소는 진정한 마음에서 우러나온 미소를 말한다.

뉴욕의 대형 백화점의 인사담당자는 근엄한 표정을 짓고 있는 철학박사 학위를 가지고 있는 직원보다는 학벌이 형편없어도 사랑스러운 미소를 가진 사람을 뽑겠다고 말했다. 미국에서 가장 큰 고무회사의 사장은 그가 관찰한 바에 따르면 일하는데 재미를 느끼지 않으면 절대로 성공 못한다는 말을 했다. 이 산업계의 거물은 "근면함만이 성공의 문을 여는 유일한 열쇠이다." 라는 오래된 격언을 그다지 믿지 않는다. "나는 자신의 일을 놀이처럼 너무 즐거워하여 성공한 몇 사람을 알고 있다. 그런데 이런 사람들이 일을 직업으로 생각하는 순간 일은 지겨워지고 일에 대한 흥미를 잃어 끝내는 실패해버렸다."

다른 사람이 당신과 만나는 것을 좋아하기를 바란다면 당신도 다른 사람과 만나는 것을 즐거워해야만 한다.

나는 많은 사업가들에게 어떤 사람을 정해놓고 일주일동안 그 사람에게 미소를 짓고 그 결과를 수업에 와서 이야기해보는 과제를 낸 적이 있다. 결과가 어떻게 되었을까? 뉴욕 증권거래소 직원인 윌리엄 B. 스타인하트가 보낸 편지를 소개하고자 한다. 그의 케이스가 특별한 것이 아니다. 사실 이런 예는 주위에 흔하다.

저는 결혼한 지 18년이 되었습니다. 그동안 아침에 일어나서 출근을 준비할 때까지 아내에게 웃어본 적도 몇 마디 말을 걸어본 적도 없었습니다. 브로드웨이로 통근하는 사람들 중 최고로 무뚝뚝한 사람들 중에 한 명일 것입니다. 선생님이 미소에 관한 경험을 이야기해보라고 하셨을 때 일주일 시도해봐야겠다고 생각했습니다. 그래서 다음날 머리를 빗으며 거울 속에 비친 무뚝뚝한 제 모습을 보며 혼잣말했죠. '빌, 너의 얼굴에서 뚱한 표정을 벗어버리자고. 오늘부터 웃어보자. 지금 당장 시작해보자고.' 저는 아침을 먹으려 식탁에 앉으면서 아내에게 '여보 잘 잤어?' 라고 웃으며 말했습니다.

선생님은 아내가 놀랄 거라고 제게 미리 말씀하셨죠. 아내를 과소평가하신 겁니다. 아내는 당황하고 충격을 받은 것 같았습니다. 저는 아내에게 앞으로 두 달 동안 매일 아침 웃으며 인사할 것이라고 말했습니다.

두 달 동안의 저의 달라진 태도가 저희 가정에 행복을 가져다주었습니다.

출근할 때 엘리베이터를 운전하는 소년에게도 반갑게 웃으며 인사합니다. 도어맨에게도 미소를 보내고 지하철 표 판매원이 거스름돈을 줄 때도 웃습니다. 객장에서 일할 때는 제가 웃는 것을 보지 못했던 사람들에게 미소를 보냅니다.

제가 웃으니까 다른 사람들이 웃음으로 저를 맞아준다는 것을 깨달았습니다. 제게 불평을 하는 사람들도 기분 좋게 대해주었습니다. 그들의 말을 웃으면서 들어주었더니 의견 조정이 훨씬 쉽게 되었습니다. 웃으니 돈도 생겼습니다.

다른 중개인과 공동으로 사무실을 쓰고 있는데, 직원들 중에 마음에 드는 사람이 있습니다. 제가 거둔 성과에 우쭐해져서 저의 새로운 인간 관계 철학을 그 직원에게 이야기했습니다. 그는 처음에 저를 무척 퉁명스러운 사람이라고 생각했는데 요즘에 생각을 바꿨다고 털어놓았습니다. 제가 미소를 지으니 이제야 인간적으로 보인다고 하더군요.

저는 남을 비난하는 버릇도 없애버렸습니다. 비난하는 것 보다는 감사와 칭찬을 많이 이야기합니다. 제가 원하는 것에 대해 이야기하는 것도 그만두었습니다. 이제 다른 사람의 관점을 이해하려고 노력하고 있습니다. 문자 그대로 제 삶에 혁명이 일어났습니다. 저는 예전과는 완전히 다른 사람이 되었습니다. 전보다 더 행복하고, 더 부유해지고 친구도 더 많아졌습니다."

이 편지를 쓴 사람이 뉴욕 주식 거래소에서 주식을 거래하는 세상 물정에 밝은 주식 거래인이라는 사실에 주목해라. 주식 중개는 100명중 99명은 실패하는 어려운 직업이다.

웃고 싶지 않은가? 그럴 땐 어떻게 할까? 두 가지 방법이 있다.

첫 번째, 억지로라도 웃어라. 혼자 있으면 휘파람을 불거나 콧노래를 해라. 두 번째, 당신이 행복한 사람인 것처럼 행동해라. 그러면 저절로 행복해질 것이다. 하버드 대학교수였던 윌리엄 제임스는 다음과 같이 말한다.

"행동이 감정을 따라오는 것 같지만 사실 행동과 감정은 동시에 일어난다. 더 직접적으로 의지의 통제를 받는 행동을 조절하면 의지가 통제할 수 없는 감정을 간접적으로 조절할 수 있다. 그러므로 유쾌해지기 위한 최고의 방법은 유쾌한 마음을 가지고 이미 기분이 좋은 것처럼 행동하고 이야기하는 것이다."

세상의 모든 사람들은 행복을 추구한다. 그런데 이 행복을 찾는 확실한 한 가지 방법이 있다. 그것은 바로 당신의 생각을 통제함으로 얻어진다. 행복은 외부 조건에 달려있는 것이 아니라 당신의 마음가짐에 달려있다.

재산, 지위, 거주지와 직업이 당신을 행복하고 불행하게 만드는 것이 아니다. 당신의 사고방식이 당신의 행복을 결정한다. 예를 들어 두 사람이 동일한 장소에 살고 같은 일을 하고 지위가 비슷하고 버는 돈도 같다고 가정해보자. 어떤 사람은 불행하고 다른 사람은 행복하다고 생각한다. 왜일까? 그것은 바로 다른 마음가짐 때문이다. 나는 적은 돈을 받으며 뜨거운 태양아래 일하는 중국인 노동자들 속에서도 뉴욕의 부촌인 파크 애비뉴의 사람들에게서 볼 수 있는 행복한 얼굴을 보았다.

"세상에는 좋고 나쁜 것이 없다. 사고방식이 그렇게 만들뿐이다." 라고 셰익스피어는 말했다.

에이브러햄 링컨은 이렇게 말한다. "대부분의 사람들은 마음먹기에 따라 행복해진다." 그의 말이 맞다.

나는 그런 예를 생생히 목격했다. 내가 뉴욕의 롱 아일랜드 역 계단을 올라가려고 애썼다. 바로 앞에 지팡이와 목발을 짚은 3,40명의 장애인 소년들이 계단을 오르려고 애를 쓰고 있었다. 한 소년은 업혀 있었다. 나는 그들의 웃음소리와 쾌활한 모습에 놀랐다. 나는 소년들의 인솔자에게 내 놀라움을 말했다. "아이들이 평생을 불구로 살아야 한다는 것을 깨달으면 처음에는 충격을 받습니다. 하지만 충격을 극복하고 나면 자신을 운명에 맡기고 평범한 소년들과 같이 행복해지게 됩니다." 라고 말했다.

나는 소년들에게 경의를 표하고 싶었다. 그 아이들은 내가 절대로 잊고 싶지 않은 교훈을 알려주었다.

메리 픽포드가 남편 더글라스 페어뱅크스와 이혼을 준비하고 있을 때 그녀를 만나 오후를 함께 보낸 적이 있었다. 세상 사람들은 그녀가 이혼으로 인해 지치고 불행했을 거라고 생각했을지 모른다. 하지만 그녀는 내가 만난 사람들 중 가장 침착하고 유쾌한 사람이었다. 그녀는 행복함으로 얼굴이 반짝였다. 그녀의 비밀이 무엇일까? 그녀는 35페이지의 작은 책에서 비밀을 알려주고 있다. 도서관에 가서 〈하나님께 의지하기〉라는 그녀의 책을 찾아봐라.

전직 세인트루이스 카디널스의 3루수였고 현재 성공한 보험사 직원인 프랭클린 베트거는 미소를 띠는 사람은 어디에서나 환영받는 사실을 오래전부터 알고 있었다고 말했다. 그래서 영업을 위해 사람을 찾아가기 전에 잠시 멈춰 서서 그가 감사해야 할 일을 생각하고 마음에서 우러나오는 환한 미소를 짓고 미소가 사라지기 전에 방으로 들어간다.

이 단순한 방법으로 대성공을 거두게 된 것이다.

앨버트 허버드의 말을 꼼꼼하게 읽어라. 행동으로 실천하지 않으면 읽는 것만 가지고는 소용이 없다.

집에서 나올 때는 턱을 당겨 머리를 똑바로 세우고 숨을 크게 쉬어 햇빛을 들이마셔라. 웃으며 친구와 인사하고 친구와 하는 악수에 영혼을 불어넣어 진심을 담아라. 오해받을 걱정은 말고 미운 사람을 생각하는데 시간을 낭비하지 마라. 하고 싶은 일을 마음속으로 굳게 정해라. 그런 후에 흔들리지 말고 목표를 향해 곧바로 나아가라. 크고 훌륭한 일을 하겠다고 다짐해라. 시간이 지나면서 무의식적으로 목표 달성을 위한 기회를 잡고 있음을 발견할 것이다. 이는 마치 산호초에 기생하는 곤충이 조류에서 자신이 필요한 영양소를 취하는 것과 같은 원리이다.

마음속에 당신이 되고 싶어 하는 유능하고 정직하고 쓸모 있는 사람을 그려보라. 그러면 당신이 품고 있는 생각이 시간이 흐름에 따라 당신을 그런 사람으로 만들어 줄 것이다. 생각의 힘은 엄청난 것이다. 올바른 마음가짐을 갖도록 노력해라. 용기, 정직, 긍정적인 마음가짐을 갖도록 노력해라. 올바르게 생각하는 것이 곧 창조하는 것이다. 모든 것은 무엇인가를 바라는 것에서 비롯되고 간절한 기도는 응답받는다. 우리는 우리의 마음가는대로 만들어진다. 턱을 안으로 당기고 고개를 꼿꼿이 세워라. 우리 인간은 신의 축소판과 같다.

옛 중국인들은 현명했다. 그들은 우리들이 기억해야 할 명언을 남겼다. "웃지 않는 사람은 장사를 해서는 안 된다."

프랭크 어빙 프레처는 오펜하임 콜린스 회사의 광고에서 다음과 같은 평범한 철학을 말하고 있다.

크리스마스에 보내는 미소의 가치

미소는 돈 들이지 않고도 많은 것을 이루어 냅니다.

미소는 주는 사람을 가난하게 만들지 않고 받는 사람의 마음은 풍족하게 해줍니다.

미소는 잠깐이지만 영원히 마음속에 남아 있습니다.

미소 없이 살 수 있는 부자는 없고 미소를 누리지 못할 만큼 가난한 사람도 없습니다.

미소는 가정에 행복을 주고, 사업에서는 호의를 만들어내고, 우정의 징표가 됩니다.

미소는 지친 자에게 위로를 주고, 낙심한 자에게 희망을 주고, 슬픈 사람에게는 태양이 되고, 아픈 사람에게는 자연의 해독제가 됩니다.

하지만 미소는 살 수 없고 구걸하거나 빌리거나 훔칠 수 없습니다.

왜냐하면 미소는 누군가에게 주기 전에는 아무 소용이 없기 때문이죠.

크리스마스 쇼핑의 막바지에 저희 직원이 너무 지쳐서 당신에게 미소 짓지 못하면 당신의 미소를 그들에게 보내주시지 않겠습니까?

왜냐하면 더 이상 지을 미소가 남아 있지 않은 사람에게 가장 필요한 것은 미소니까요.

규칙 2

웃어라

3 이것을 못하면 문제가 생긴다

1898년 뉴욕의 로크랜드 주에서 불행한 사건이 일어났다. 한 어린아이가 죽어 이웃들이 장례식에 갈 준비를 하고 있었다. 짐 팔리는 마구간에서 말을 끌어내고 있었다. 땅은 눈으로 덮여있었고 공기는 차고 매서웠다. 말은 며칠째 운동을 하지 않아 물통 쪽으로 끌고 가려하자 갑자기 난폭해져 짐을 걷어차 죽이고 말았다. 그래서 스토니 포인트 마을은 그 주에 장례식을 두 차례 치르게 되었다.

짐 팔리는 미망인과 세 아들 그리고 약간의 보험금을 남기고 죽었다.

10살짜리 큰 아들 짐은 벽돌공장에서 틀에 모래를 부어 햇볕에 말리는 일을 했다. 짐은 정규교육을 받을 기회가 없었다. 하지만 소년은 천성적으로 쾌활했고 사람들은 그를 좋아했다. 마침내 그는 정계에 입문했다. 세월이 지나면서 그는 사람들의 이름을 외우는 신비로운 능력을 갖게 되었다.

그는 고등학교 문 앞에도 가본 적이 없었지만 그가 46세 되기 전에 4개의 대학이 명예 학위를 그에게 수여했다. 그는 민주당 위원회의 의장과 미합중국 체신국장이 되었다.

나는 짐 팔리를 인터뷰하며 그의 성공비결을 물어본 적이 있었다. 그는 "열심히 일하는 것이요."라고 말했다. 나는 "농담이시죠?"라고 말했다.

그러자 그는 자신의 성공비결이 무엇이라고 생각하는지 나에게 되물었다. "의장님은 만 명의 이름을 기억하고 계신다고 들었습니다."

"아니오. 틀렸어요. 나는 5만 명의 이름을 기억할 수 있어요."

이것을 꼭 명심하기를 바란다. 팔리는 이런 능력으로 루즈벨트가 대통령이 되는 데 일조했다.

짐 팔리가 석고 영업사원으로 전국을 돌아다니고, 스토니 포인트 읍사무소 서기관으로 일하던 당시에 그는 이미 사람들의 이름을 기억하는 방법을 고안해냈다.

처음은 무척 간단한 것이었다. 새로운 사람을 만날 때마다 그는 사람의 성과 이름, 가족, 하는 일, 정치적 견해 등을 알아냈다. 이런 사실들을 마음속에 그림을 그리듯 새겨두었다가 다음번에 다시 그 사람을 만나면 일 년이라는 세월이 지났더라도 그는 반갑게 등을 치며 가족의 안부를 묻고 뒤뜰의 접시꽃에 대해 물었다. 지지자가 늘어나는 것은 당연한 일이었다.

루즈벨트의 선거유세를 시작하기 몇 달 전부터 짐 팔리는 하루에 몇 백통씩의 편지를 서부 및 서북부 사람들에게 보냈다. 그 후에 그는 기차를 타고 19일 동안 20개주를 방문했다. 1만 2천 마일의 여정으로 그는 기차, 마차, 자동차, 나룻배 등 온갖 교통수단을 이용했다. 그는 한 마을에 도착하면 식사나 차를 마을 사람들과 함께 하며 진심어린 대화를 나누었다. 그리고 나서 그는 또 다른 행선지로 떠났다.

동부에 도착하는 즉시 그는 방문했던 마을의 사람에게 편지를 써서 모임에 모였던 사람들의 명부를 보내달라고 부탁했다. 최종 목록에는 수만 명의 사람들의 이름이 올라있었다. 짐 팔리는 이 많은 사람들에게 편지를 보냈다. 이 편지는 "친애하는 빌에게" 또는 "친애하는 조에게"처럼 이름으로 시작해서 항상 끝에는 "짐"이라는 서명이 있어 친한 사람들이 주고받는 편지처럼 느껴졌다.

짐 팔리는 일찍부터 보통사람들이 세상의 어떤 다른 이름보다 자신의 이름에 관심을 가지고 있다는 사실을 깨달았다. 이름을 기억하고 자주 불러주면 상대에게 티는 안 나지만 효과적인 칭찬을 하는 셈이 된다. 하지만 이름을 잊어버리거나 잘못 부르면 역효과가 크다. 예를 들어 나는 예전에 파리에서 대중연설 강연을 기획하면서 파리주재 미국인들에게 편지를 보낸 적이 있었다. 영어를 잘 모르는 프랑스인 타이피스트가 이름을 잘못 타이핑하는 실수를 범했다. 파리주재 미국 은행장은 나에게 항의 편지를 보내왔다.

앤드류 카네기의 성공 비결은 무엇일까?

그는 철강 왕이라고 불렸다. 그러나 그는 강철 제조에 대해 아는 바가 거의 없었다. 그보다 강철 제조에 대해 많이 알고 있는 수백 명의 사람들을 고용할 뿐이었다.

그러나 그는 사람 다루는 법을 알았기 때문에 부자가 될 수 있었다. 어릴때부터 그는 조직을 운영하는 능력과 리더십에 있어 천재적인 재능을 보여 왔다. 그가 10살이 되었을 때 그는 사람들이 자신의 이름에 지대한 관심을 가지고 있다는 것을 간파하였다. 그래서 그는 사람들의 협조를 구하는데 이 원리를 사용했다. 예를 들어보자. 그가 소년시절 스코틀랜드에서 살 때 그는 새끼를 밴 어미 토끼 한 마리를 얻었다. 번식력이 엄청나서 순식간에 많은 수의 토끼를 기르게 되었는데 토끼를 먹일 것이 없었다. 그는 마을 소년들에게 토끼들에게 먹일 클로버와 민들레를 가져다주면 토끼들에게 아이들 이름을 붙여 주겠다고 말했다.

이 계획은 마법 같은 효과가 있었고 카네기는 그것을 한 번도 잊은 적이 없었다.

몇 년이 지나 그는 사업에서도 이 원리를 적용하여 수백만 달러를 벌었다. 예를 들어 그는 펜실베니아 철도회사에 강철 레일을 납품하고 싶었다. 그 당시 펜실베니아 철도회사의 사장은 J. 에드가 톰슨이었다. 그래서 카네기는 피츠버그에 거대한 철강 제련소를 짓고 그 제련소를 '에드가 톰슨 강철공장' 이라고 불렀다.

여기서 수수께끼를 하나 내겠다. 맞출 수 있는 지 한 번 생각해봐라. 펜실베니아 철도회사가 강철 레일이 필요하면 J. 에드가 톰슨 사장이 레일을 어디에서 구매할까? 시어스 백화점에서 구입할까? 아니다. 다시 한 번 생각해봐라.

카네기와 조지 풀먼이 침대 열차 시장을 선점하기 위해 경쟁할 때, 철강왕은 다시 토끼의 교훈을 기억해냈다.

카네기가 소유한 센트럴 철도회사는 풀먼이 소유한 회사와 경쟁을 하고 있었다. 두 회사 다 유니온 퍼시픽 철도회사의 침대 열차 사업권을 따내기 위해 입찰가를 깎아 내려 이익을 볼 수 없는 지경이었다. 카네기와 풀먼은 유니온 퍼시픽의 이사회 임원들과 면담을 위해 뉴욕에

갔다. 어느 날 저녁 세인트 니콜라스 호텔에서 두 사람은 만났다.

카네기가 말했다. "안녕하십니까, 풀먼 씨! 우리가 바보짓을 하고 있는 것 같습니다."

"무슨 말입니까?" 풀먼이 물었다.

그러자 카네기는 마음속으로 생각하고 있던 두 회사의 합병을 털어놓았다. 그는 서로 반목하지 않고 함께 힘을 합치면 일어날 수 있는 장밋빛 전망을 늘어놓았다. 풀먼은 아무 말 없이 조용히 들었다. 하지만 그는 완전히 확신할 수는 없었다. 마침내 그가 물었다. "새 회사의 이름은 무엇으로 할 것입니까?" 그러자 카네기는 즉시 답했다. "풀먼 팰리스사 어떻습니까?"

풀먼의 얼굴이 환해지면서 "내 방에 가서 이야기를 마무리합시다." 라고 말했다. 두 사람의 대화는 산업역사의 새 장을 열게 되었다.

앤드류 카네기가 친구와 사업 파트너의 이름을 기억하고 존중하는 것이 그의 리더십의 비결 중 하나였다. 그는 자신의 직원들의 이름을 기억하는데 자부심을 느끼고 그가 책임자로 있던 공장이 한 번도 파업한 적이 없는 것을 자랑했다.

파데레프스키는 그의 흑인 요리사를 요리사의 성인 "코퍼 씨" 라고 정중히 불러 상대에게 자기 존중감을 느끼게 했다. 파데레프스키는 15회나 전미 횡단 연주여행을 했다. 그때마다 그는 전용차를 탔는데 그의 요리사는 연주회가 끝난 한밤에 그를 위한 식사를 성심성의껏 준비했다. 그는 요리사의 이름을 미국식으로 "조지"라고 부르지 않고 예를 갖추어 "코퍼 씨" 라고 불렀고 요리사는 이렇게 불러주는 그에게 고마움을 느꼈다.

인간은 자신의 이름에 자부심을 가지고 있어서 무슨 수를 써서라도 이름을 영원히 남기고 싶어 한다. 서커스왕 P.T. 바넘은 이름을 이어줄 아들이 없어 실망한 나머지 손자인 C.H. 실리에게 "바넘 실리"로 개명하면 2만 5천 달러를 주겠다고 제안했다.

2백 년 전에 부자들은 책의 저자에게 돈을 주고 '이 책을 ○○에게 바칩니다.' 라고 쓰게 했다.

도서관과 박물관에 있는 값비싼 소장품들은 자신의 이름이 기억에서 사라질 것이라는 생각을 참을 수 없는 사람들이 기증한 것이다. 뉴욕 시립 도서관에는 애스터와 레녹스 소장품들이 있고, 메트로폴리탄 미술관에는 벤자민 알트만과 J. P. 모건의 기증품들이 있다. 그리고 거의 모든 교회마다 헌금을 낸 사람들의 이름을 새긴 스테인드글라스로 장식되어 있다.

대부분의 사람들은 다른 사람의 이름을 기억하지 않는다. 너무 바빠서 이름을 기억할 시간이 없다는 것이 그 이유이다.

하지만 프랭클린 D. 루즈벨트보다 바쁜 사람은 없을 것이다. 그는 그가 마주친 기계공의 이름까지 기억하고 있었다.

예를 들어보자. 크라이슬러 자동차회사는 루즈벨트를 위한 특별한 자동차를 만들었다. W. F. 챔벌린과 기술자가 직접 백악관으로 자동차를 배달했다. 챔벌린 씨가 이 때의 경험을 이야기한 편지를 여기에 소개한다.

"저는 루즈벨트 대통령에게 여러 특수 장치가 설치된 자동차를 운전하는 법을 가르쳐 드렸고 대통령은 저에게 사람을 대하는 방법에 대해 가르쳐 주셨습니다. 제가 백악관을 방문했을 때 대통령은 아주 유쾌해 보였습니다. 그는 제 이름을 불러 저를 편안하게 해 주셨습니다. 대통령이 저의 말과 행동에 집중하는 것에 깊은 인상을 받았습니다. 차는 손으로만 조작할 수 있도록 설계되었습니다. 사람들이 차를 보려고 몰려들었습니다. 대통령은 이렇게 말했습니다. '정말 멋져. 버튼만 누르면 움직이니 대단한 것 같아. 한번 속을 뜯어서 어떻게 작동하는 지 보고 싶군.'

대통령의 친구와 동료들이 자동차를 칭찬하자 그들이 있는 자리에서 대통령은 이렇게 말했습니다. '챔벌린 씨. 당신이 이 자동차를 개발하는데 들인 시간과 노력에 감사드리고 싶습니다. 정말 훌륭합니다.' 그는 라디에이터, 특별 제작된 후방 거울, 시계, 조명등, 실내장식, 운전석과 그의 이름이 새겨진 여행가방 등을 칭찬하셨습니다. 다시 말해 그분은 차의 모든 부분을 세세하게 놓치지 않고 보았던 것이지요. 대통령은 영부인, 노동부 장관과 비서에게 자동차의 새로운 장치를 구경시키며 설명하는 것을 잊지 않으셨습니다. 그는 짐꾼도 차에 데려와서 이렇게 말했습니다. '조지, 차에 있는 여행가방 관리를 잘 해주게.'

운전교육이 끝나자 대통령은 나를 돌아보며 말했습니다. '자, 챔벌린 씨, 연방준비위원회를 30분이나 기다리게 했군요. 이제 가서 일을 해야 할 듯합니다.'

나는 백악관에 기계공과 함께 갔는데 그를 대통령에게 소개했습니다. 그는 대통령에게 말을 하지 않았고 대통령은 그의 이름을 단 한번 들었습니다. 그는 수줍음을 많이 타서 내내 무리들 뒤편에서 서성이고 있었습니다. 떠나기 전에 대통령은 기계공을 찾더니 악수하며 그의 이름을 부르며 백악관에 와준 것에 감사했습니다. 그 인사는 형식적인 것이 아닌 진심에서 나온 감사였습니다.

뉴욕으로 돌아온 며칠 후 저는 대통령의 친필이 든 사진과 감사 카드를 받았습니다. 그렇게 바쁜 대통령이 이런 일을 할 시간이 있다는 것이 저에게는 신기할 따름이었습니다."

프랭클린 D. 루즈벨트는 다른 사람의 호의를 얻을 수 있는 가장 간단하고 확실한 방법이 상대의 이름을 기억하여 중요한 느낌이 들도록 하는 것이라는 사실을 알고 있었다. 과연 우리들 중에 그렇게 하는 사람이 얼마나 될까?

낯선 사람과 인사를 나눈 다음 몇 분 이야기하고 헤어질 때는 이름조차 기억하지 못하는 경우가 많다.

정치가가 배워야 할 첫 번째 교훈은 다음과 같다. "유권자의 이름을 기억하는 것이 정치가의 도리이다. 유권자의 이름을 잊어버리면 그들도 당신의 이름을 잊어버린다."

이름을 기억하는 능력은 정치에서 뿐만 아니라 사업과 사교활동에서도 중요하다.

프랑스의 황제이며 나폴레옹의 조카였던 나폴레옹 3세는 모든 국정을 살피는 와중에서도 만나는 사람들의 이름을 기억하고 있음에 자부심을 느꼈다.

그의 방법은 간단하다. 상대의 이름을 확실하게 듣지 못하면 "미안합니다. 이름을 제대로 못 들었어요." 만일 특이한 이름이면 이렇게 말한다. "이름 철자가 어떻게 되지요?"

대화를 하면서 몇 번이고 그 이름을 되풀이해서 말해 마음속에 이름과 그 사람의 특징, 표정과 전체적인 모습을 연관시킨다.

상대가 중요한 사람이면 나폴레옹은 더 많은 노력을 기울였다. 혼자 남게 되면 종이에 상대의 이름을 쓰고 집중해서 이름을 보고 이름을 완전히 기억한 다음 그 종이를 찢어 버렸다. 이런 식으로 그는 귀를 통해서 뿐만 아니라 눈을 통해서도 이름에 대한 인상을 간직했던 것이다.

이렇게 하는 것은 시간이 걸린다. 에머슨이 말한 것처럼 "좋은 습관은 소소한 희생으로 만들어진다."

규칙 3

사람들에게 자신의 이름이야 말로 가장 달콤하고 중요한 말임을 명심해라.

4 대화를 잘 하는 사람이 되려면

최근에 나는 브리지 게임에 초대를 받았다. 나는 브리지 게임을 하지 않는데 그 모임에 나처럼 게임을 하지 않는 금발여인이 있었다. 그녀는 내가 로웰 토마스가 라디오에 출연해서 유명해지기 전에 그의 매니저였던 것을 알고 있었다. 나는 그의 여행기 준비를 돕기 위해 유럽을 자주 여행했다. "카네기 씨, 당신이 방문했던 멋진 장소들과 당신이 본 아름다운 경치에 대해 이야기 해주세요." 라고 부탁했다.

그래서 이야기를 하려고 우리가 소파에 앉자마자 그녀는 자신의 남편과 최근 아프리카 여행을 다녀왔다고 말했다. "아프리카요!" 나는 큰 소리로 외쳤다. "정말 재미있었겠네요! 저는 항상 아프리카에 가보고 싶었지만 알제리에 하루 동안 머물렀을 뿐이에요. 정말 맹수들이 우글거리는 곳을 갔었나요? 운이 좋으십니다. 정말 부럽네요! 아프리카 이야기 좀 해주세요."

그녀는 45분 동안이나 이야기를 했다. 그녀는 나의 여행 이야기를 듣고 싶지 않았다. 그녀가 원하는 것은 자신을 과시하며 자신이 갔던 곳을 이야기 할 수 있도록 자신의 이야기를 들어주는 사람이었다.

그 여자가 이상하다고? 아니다. 많은 사람들이 그녀와 같다.

예를 들어 나는 최근에 저명한 식물학자를 뉴욕 출판업자 J. W. 그린버그가 주최하는 디너파티에서 만났다. 나는 식물학자와는 이야기를 나눠본 적이 없어서 그의 얘기에 완전히 빠져들었다. 나는 말 그대로 의자 끝에 걸쳐 앉아 대마초, 식물학자 루터 버뱅크, 실내정원과 감자에 대한 흥미로운 이야기를 들었다. 나는 집에 작은 실내 정원이 있다. 그와 이야기하면서 실내 정원에 대해 내가 가지고 있던 궁금증이 해결되었다.

수십 명의 다른 손님들도 있었지만 나는 예의는 잊고 다른 손님들은 무시한 채 식물학자와만 몇 시간이고 이야기했다.

자정이 되어 나는 모든 사람들에게 작별인사를 하고 떠났다. 식물학자는 파티의 주최자에게 내 칭찬을 늘어놓았다. 나중에는 내가 "가장 흥미로운 대화상대" 라는 칭찬으로 끝을 맺었다.

가장 흥미로운 대화상대라고? 내가? 나는 거의 말을 하지 않았다. 화제를 바꾸지 않고는 말을 하고 싶어도 아무 말을 할 수가 없었다. 나는 식물학에 대해 아는 바가 없었기 때문이다. 하지만 나는 주의 깊게 듣기는 했다. 나는 진심으로 재미있게 이야기를 들었다. 그리고 상대방은 그것을 알고 있었다. 당연히 자신의 말을 귀 기울여 들어주는 상대가 있으니 그는 기분이 좋았던 것이다. 이처럼 진심으로 경청하는 태도는 우리가 다른 사람에게 하는 최고의 찬사 가운데 하나이다.

잭 우드포드는 〈사랑의 이방인〉에서 이렇게 썼다. "자신의 이야기에 열중해서 이야기를 듣는 사람에 빠져들지 않는 사람은 없다."

나는 상대의 이야기에 열중해서 들었을 뿐 아니라 아낌없이 칭찬도해 주었다.

나는 그 식물학자에게 정말로 즐거웠고 많은 것을 배웠다고 말했다. 그리고 나도 그처럼 많은 지식을 갖고 싶다고 말했고 실제로 그랬다. 그와 함께 들판을 돌아다니며 채집을 하고 싶다고 말했는데 말뿐이 아니라 진짜 채집을 하고 싶었다. 그를 다시 만나고 싶다고 말했는데 실제로 만나고 싶었다.

나는 그저 그의 이야기를 들으며 그가 계속 이야기를 하도록 했을 뿐인데 그는 나를 최고의 대화상대로 생각한 것이었다.

사업상 면담의 성공 비결은 무엇일까? 찰스 W. 엘리엇에 따르면 "성공적인 사업 상담의 비결은 없다. 상대의 이야기에 집중하는 것이 중요하다. 경청이 상대에 대한 최고의 찬사이다."

뻔한 이야기인가? 명문대를 나오지 않아도 이것은 누구나 알고 있다. 비싼 임대료를 내고 좋은 물건을 구입해서 쇼윈도를 그럴듯하게 장식하고 많은 돈을 들여 광고해도 고객의 이야기를 가로 막고 고객을 화내게 해서 고객을 쫓아내는 직원을 고용하면 이 모든 노력이 허사가 된다.

J. C. 우튼의 경험을 예로 들어보자. 그는 나의 수업에서 이 이야기를 했다. 그는 뉴저지 뉴어크에 있는 어느 백화점에서 양복 한 벌을 샀다. 입어보니 옷감에서 색이 빠져서 와이셔츠 깃에 검게 묻었다.

백화점에 양복을 가지고 가서 직원에게 사정을 이야기했다. 아니 말하려했다. 하지만 말을 할 수 없었다.

"저희 백화점에서는 이 양복을 지금까지 몇 천 벌이나 팔아왔지만 옷감에서 색이 빠진다는 소리를 들어본 적이 없습니다."

점원의 말투는 너무나 공격적이어서 마치 "거짓말 마세요. 우리에게 뒤집어씌울 모양인데. 우리는 그리 만만하지 않답니다." 라고 말하는 듯 했다.

말싸움이 계속 되고 있는데 다른 점원이 끼어들었다. "어두운 색 양복은 처음에는 약간 염료가 배어나올 수 있어요. 그것은 어쩔 수가 없습니다. 그 가격의 양복은 다 그래요."

이쯤 되자 저는 완전히 화가 났어요. 첫 번째 점원은 저의 정직을 의심했고 두 번째 직원은 제가 싸구려 물건을 산 것처럼 말하는 것입니다. 저는 화가 났습니다. 제가 화가 나서 양복을 점원에게 팽개치려고 할 때 백화점의 지배인이 그 자리에 있었습니다. 그는 자신이 해야 할 일을 정확히 알고 있었습니다. 그는 저의 기분을 완전히 바꿔놓았습니다. 그는 화가 난 사람을 만족하는 손님으로 바꿔 놓았던 것입니다. 그가 어떻게 그렇게 할 수 있었을까요? 그는 다음 세 가지 방법을 썼습니다.

첫째, 그는 제 얘기를 처음부터 끝까지 잠자코 들었습니다.

둘째, 제가 이야기가 끝나자 점원들이 다시 그들의 의견을 말했는데 그는 제 입장에서 점원들과 논쟁을 벌였습니다. 와이셔츠 깃이 양복에서 나온 염료로 물들었고 고객을 만족시키지 않는 상품은 판매하면 안 된다는 이야기였습니다.

셋째, "이 양복을 어떻게 해드릴까요? 고객님이 원하시는 대로 해드리겠습니다." 그는 양복에 문제가 있는 줄 몰랐다고 솔직히 인정했습니다.

불과 몇 분전만 하더라도 저는 그 양복을 환불하고 싶었습니다. 하지만 이제 저는 이렇게 답하고 있었습니다. "지배인님의 충고를 듣고 싶습니다. 양복에서 물이 빠지는 것이 일시적인지, 물이 빠지지 않게 하려면 어떻게 해야 하는지 알려주십시오."

그는 1주일을 더 입어보면 어떻겠냐고 말했습니다. "1주일을 입어 보시고 그때도 만족하시지 않으시면 백화점에 가져오십시오. 새 상품으로 바꿔드리겠습니다. 불편을 끼쳐드려 죄송합니다."

저는 만족스럽게 백화점을 나왔습니다. 1주일이 지나자 양복에서는 물이 빠지지 않았습니다. 그 백화점에 대한 저의 신뢰는 완전히 회복되었습니다.

이 지배인은 이런 능력이 있으니 지배인의 자리에 오를 수 있는 것이다. 반대로 직원들은 계속 직원으로 머물러 있을 것이다. 아니, 점원들은 고객 응대를 할 필요가 없는 포장부서로 좌천될 것이다.

항상 불평하는 사람 심지어 가장 거친 비평가도 인내심 있게 동감하는 경청자 앞에서는 누그러지게 마련이다. 그가 코브라처럼 몸을 빳빳이 세우고 독을 내뿜는 동안 경청자는 조용히 침묵을 지키는 것이다. 뉴욕전화회사는 몇 년전에 교환원에게 악담을 퍼붓는 못된 고객을 상대해야 했다. 그는 욕을 하고 분노를 터뜨리고 전화선을 끊어버리겠다고 위협했다. 그는 요금청구가 잘못되었다며 요금납부를 거절했다. 신문사에 투서를 하고 공익사업위원회에 진정서를 내고 전화회사를 상대로 소송을 제기하기도 했다.

드디어 전화회사에서는 회사 내에서 가장 분쟁해결을 잘 하는 사람 중에 한명을 그 고객과 상담하도록 보냈다. 분쟁해결 전문가는 조용히 들으며 상대가 마음껏 울분을 터트리도록 내버려두었다. 그 직원은 계속 그의 말을 귀담아 듣고 그에게 동조하였다.

"그는 계속해서 화를 냈고 저는 거의 세시간을 듣기만 했습니다."

그 분쟁해결 전문가는 나의 수업에서 그의 경험에 대해 이야기했다.

"다시 한 번 그를 찾아가서 그의 이야기를 더 들었습니다. 나는 그와 세번의 면담을 했습니다. 그리고 네 번째 방문이 끝나기 전에 나는 그가 시작하려는 모임의 멤버가 되었습니다. 그는 이 모임을 '전화 가입자 보호협회'라고 불렀습니다. 나는 아직도 이 모임의 멤버입니다. 제가 아는 한 그 사람을 빼고는 세상에서 유일한 회원이 아닐까 싶습니다.

저는 그 사람이 하는 말을 듣고 공감을 했습니다. 그는 그에게 이런 식으로 말하는 전화회사 직원을 만난 적이 없었기에 점차 우호적으로 변했습니다. 제가 그를 방문한 목적은 한 번도 말한 적이 없었지만 세 번째 방문했을 때 저는 모든 문제를 완전히 해결했습니다. 그는 요금을 전부 납부했으며 자진해서 위원회에 그가 제기한 불만을 거두었습니다.

이 사람은 분명 자신을 시민들의 권리를 방어하는 성스러운 십자군으로 생각했을 것이다. 하지만 실제로 그가 원했던 것은 인정 받고 싶은 욕구였던 것이다. 그는 공격성을 보임으로서 자기 중요감이라는 감정을 느꼈다. 하지만 회사 직원에게서 자기 중요감을 얻게 되자 그의 망상이 빚어낸 불평은 사라져 버렸다.

몇 년 전에 화가 난 고객이 데트머 모직회사의 설립자 줄리안 데트머의 사무실로 쳐들어왔다.

"이 사람은 우리 회사에 15불의 돈을 빚지고 있었습니다. 그 고객은 부인했지만 우리는 그가 실수했다는 것을 알고 있었습니다. 우리 직원에게서 몇 통의 편지를 받은 후에 그는 짐을 싸서 시카고로 친히 방문한 것입니다. 우리 사무실로 뛰어 들어와서는 그 돈을 갚지 않을 것이고 우리 회사에서 나온 어떤 상품도 이제는 구매하지 않을 것이라고 말했습니다.

저는 그가 하는 말을 조용히 듣고 있었습니다. 중간에 끼어들어서 말을 하고 싶었지만 그렇게 하면 역효과가 날 것을 알고 있었습니다. 그래서 그가 이야기를 하도록 내버려두었습니다. 그가 화가 누그러지고 제 말을 들을 기분이 되자 저는 조용히 말했습니다. '친히 시카고까지 오셔서 말씀해주셔서 감사합니다. 신용관리부가 당신을 그렇게 기분 나쁘게 했다면 다른 고객들도 기분 나쁘게 했을 테니까요. 이런 문제라면 선생님이 오시지 않으셔도 제가 직접 가서 들었어야 했을 일입니다.'

그는 제가 이렇게 까지 말하리라고 기대하지 않았습니다. 그는 약간 실망한 듯이 보였습니다. 시카고에 따지러 왔는데 제가 그와 다투는 대신 그에게 고마워하고 있으니 말입니다. 저는 그에게 15달러를 장부에서 깨끗이 지워버리고 잊으라고 말했습니다. 그는 자신의 계좌만을 살피면 되지만 우리 직원들은 수천의 계좌를 거래하고 있으니 우리 직원이 틀릴 확률이 더 크다고 말했습니다.

저는 그에게 그의 기분을 정확히 이해하고 제가 그의 입장이라면 저라도 틀림없이 그처럼 행동했을 거라고 말했습니다. 그가 우리 회사의 물건을 더 이상 사지 않을 것처럼 보여 몇 개의 다른 모직물 회사를 추천해주었습니다.

예전에 우리는 그가 시카고에 왔을 때 함께 점심식사를 했었기 때문에 그날도 저는 그를 점심식사에 초대했습니다. 그는 마지못해 저의 제안을 받아들였습니다. 우리가 사무실에 돌아왔을 때 그는 예전보다 더 많은 주문을 했습니다. 그는 기분이 누그러져 집으로 돌아갔고 서랍에서 청구서를 찾아서 검토해보았더니 잘못 계산되었음을 발견했다며 사과편지와 함께 돈을 부쳐왔습니다.

나중에 그가 아들을 낳았을 때 아들의 이름을 데트머라고 짓고 그가 죽을 때까지 22년 동안 우리는 좋은 친구로 좋은 고객으로 지냈습니다."

오래전 네덜란드에서 이민 온 가난한 소년이 방과 후에 50센트를 받고 제과점의 창문을 청소하고 있었다. 그의 집은 가난해서 그는 양동이를 들고 거리에 나가 석탄 마차가 길에 흘리고 간 석탄 조각을 주우러 다녔다. 그 소년 에드워드 보크는 정규교육은 6년밖에 받지 못했지만 미국 언론 역사상 가장 성공한 잡지 편집자가 되었다. 그가 어떻게 성공할 수 있었을까? 그는 이 장에서 주장하고 있는 원리를 사용해서 성공의 발판을 마련했다.

그는 13살에 학교를 그만두고 주급 6달러 25센트를 받고 유니언 전보회사의 급사가 되었다. 그러나 그는 한순간도 공부하고 싶다는 생각을 버린 적이 없었다. 그는 독학을 시작했다. 그는 '미국 전기 전집'을 살 때까지 교통비를 절약하고 점심을 걸렀다. 그 전집으로 그는 전대미문의 일을 했다. 그는 유명인들의 전기를 읽고 그들에게 어린 시절 이야기를 들려달라는 편지를 썼다. 그는 뛰어난 경청가였다. 그는 유명인들에게 그들의 이야기를 더 들려달라고 부탁했다. 그는 대통령 선거에 출마한 제임스 가필드 장군에게 편지를 써서 장군이 운하에서 배를 끄는 인부로 일한 것이 사실이냐고 물었다. 가필드 장군은 답장을 보냈다. 그는 그랜트 장군에게 편지를 보내 장군이 치른 유명한 전투에 관해 질문했다. 그랜트 장군은 그에게 지도를 그려 보크에게 답장을 했고 열네 살 먹은 소년을 저녁식사에 초대했다. 그는 에머슨에게 편지를 써서 에머슨이 기꺼이 자신에 대한 이야기를 하게했다.

유니언 전보회사의 급사소년은 에머슨, 필립스 브룩스, 올리버 웬델 홈즈, 롱펠로우, 링컨 부인, 루이자 메이 알코트, 셔먼 장군과 제퍼슨 데이비스 등 많은 유명인사와 서신을 교환하는 사이가 되었다.

그는 유명인사와 편지를 교환할 뿐만 아니라 휴가 때에 그들을 찾아갔으며 극진한 대접을 받았다. 이 경험은 무엇과도 바꿀 수 없는 자신감을 그에게 심어주었다. 유명 인사들은 이 소년에게 꿈과 야망을 심어주었다. 그것은 여기에 기술한 원리를 적용함으로써 가능한 것이었다.

많은 저명인사들을 인터뷰했던 아이작 F. 마코슨은 많은 사람들이 상대의 이야기를 주의 깊게 듣지 않아서 좋은 첫인상을 주는데 실패한다고 말한다. "사람들은 다음에 무슨 말을 할 지 골몰해서 타인의 이야기에 귀를 열지 않습니다. 성공한 사람들은 말 잘하는 사람보다 잘 들어주는 사람을 좋아하고 잘 듣는 능력은 다른 어떤 재능보다 터득하기가 어렵습니다."

성공한 사람들 뿐만 아니라 보통 사람들 역시 잘 들어주는 사람을 좋아한다. 리더스 다이제스트 지는 이런 글을 실었다. "많은 사람들은 자기 이야기를 경청할 사람이 필요할 때 의사를 찾는다."

남북전쟁이 한창일 때 링컨이 일리노이 스프링필드의 옛 친구에게 워싱턴으로 와달라고 부탁했다. 링컨은 몇 가지 문제에 대해 그와 상의를 하고 싶다고 말했다. 오랜 친구는 백악관을 찾았고 링컨은 노예해방선언을 하는 것이 상책인지를 그와 몇 시간이고 이야기했다. 링컨은 노예 해방에 반대하는 것과 찬성하는 것에 대해 토론을 한 후 편지들과 신문기사를 읽어주었다. 몇 시간동안 이야기한 후에 작별인사를 한 뒤 그의 의견은 묻지 않고 그를 일리노이로 돌려보냈다. 링컨 혼자 이야기를 했다. 이것이 그의 생각을 정리하는 데 도움을 준 듯했다. "그는 이야기를 하고 나서 마음이 편해진 것 같았다." 고 옛 친구는 말했다. 링컨은 조언을 원하지 않았다. 그가 원한 것은 자신의 마음을 털어 놓을 수 있는 경청하는 사람이었던 것이다. 우리에게 문제가 생겼을 때 우리가 원하는 것은 바로 이것이다. 성난 고객, 불만을 터트리는 직원 또는 상심한 친구가 원하는 것이 이것이다.

사람들이 당신의 등 뒤에서 당신을 비웃고 조롱하고 심지어 경멸하게 하고 싶다면 여기에 방법이 있다. 사람들이 하는 말은 듣지 말고 끊임없이 너 자신에 대해 떠들어라. 다른 사람이 말을 하고 있을 때 생각나는 게 있으면 그가 말을 끝낼 때까지 기다리지 마라. 그는 너만큼 똑똑하지 않다. 왜 멍청한 사람이 하는 이야기를 듣는데 너의 시간을 낭비하는가? 말을 하는 중간에 끼어들어 말을 잘라라.

사람들이 실제로 이럴까? 불행히도 나는 이런 사람들을 알고 있다. 유명한 사람들 중에서도 이런 사람이 있다.

이런 사람들은 지루한 사람들이다. 자아에 도취해서 자신이 세상에서 가장 중요하다는 생각에 빠져있다.

이런 사람들은 자신만을 이야기하고 자신만을 생각한다. 콜롬비아 대학 총장인 니콜라스 머레이 버틀러 박사는 이렇게 말했다 : "자신밖에 생각하지 않은 사람은 교양이 없는 인간이다. 아무리 교육을 잘 받아도 교양이 없는 사람이다."

좋은 대화상대가 되고 싶으면 경청하는 사람이 되어라. 찰스 노담 리 여사는 다음과 같이 말한다. "상대방에게 재미있는 사람이 되고 싶으면 우선 내가 흥미를 가져야 한다."

다른 사람이 기꺼이 대답해 줄 질문을 해라. 그가 자신에 대해 이야기하고 자신이 이룬 업적을 말할 수 있게 부추겨주어라.

당신이 이야기를 나누고 있는 상대는 당신에 대하여 갖는 관심보다 자신에 대해 몇 백배나 더 관심을 가지고 있다는 것을 기억해라. 중국에서 백만 명이 굶어 죽는 기근보다는 자신의 치통이 더 중요하게 느껴진다. 목에 난 종기가 아프리카에서 지진이 40번 일어난 것보다 더 심각하다. 다음에 대화를 시작할 때에는 이 점만 생각해라.

규칙 4

경청해라. 다른 사람이 자신에 대해 이야기하도록 부추겨라.

5 사람들의 관심을 끄는 방법

오이스터 만에 있는 루즈벨트를 방문한 사람은 누구나 그의 해박한 지식에 놀란다. "방문객이 카우보이든 기병대이건 뉴욕의 정치가이건 외교관이건 상관없이 루즈벨트는 상대에게 적합한 대화거리를 가지고 있었다." 라고 가말리엘 브래드포드는 루즈벨트를 평했다. 어떻게 그렇게 풍부한 지식을 가지고 있었을까? 답은 간단하다.

루즈벨트는 방문객이 찾아오면 전날 밤 늦게까지 손님이 흥미 있어 할 주제에 관한 책을 읽었던 것이다.

모든 지도자들이 알고 있는 바와 같이 루즈벨트는 사람의 마음을 얻는 최고의 방법은 상대가 가장 좋아하는 것을 화제로 삼는 것임을 알고 있었다.

왕년의 예일대 문학부 교수였던 온화한 윌리엄 라이언 펠프스는 어렸을 때부터 이미 이 사실을 알고 있었다.

"내가 8살이었을 때 스트래트포드에 살고 있는 리비 린슬리 아주머니 댁에 가서 주말을 보낸 적이 있었다. 저녁에 한 신사분이 아주머니를 방문하셨다. 아주머니와 잠시 이야기하고 나를 상대로 열심히 이야기를 시작했다. 그 당시에 나는 보트에 엄청난 관심이 있었는데 그 신사분은 아주 흥미로운 태도로 보트에 대해 이야기 했다. 그가 떠난 후에 나는 그에 대해 입에 침이 마르도록 칭찬을 했다. '정말 멋진 분이예요! 보트에 대해 정말 관심 있는 분인가 봐요.' 아주머니는 그가 뉴욕의 변호사이고 그는 보트에는 별로 관심이 없다고 말씀하셨다. '그럼 왜 보트에 대해서 말씀하셨을까요?' "

'그분은 신사이기 때문이지. 네가 보트에 관심이 있다는 것을 알고 너를 기분 좋게 해줄 대화거리를 보트라고 생각하고 그 이야기만 한 거지. 대화주제를 너한테 맞춘 거야.' 그는 인간본성에 관한 그의 수필에서 이 일화를 소개했다.

현재 보이스카우트 지부에서 일하고 있는 에드워드 L. 채리프에게서 받은 편지를 소개하겠다.

"어느 날 저는 도움을 청할 일이 생겼습니다. 유럽에서 개최되는 대규모의 보이스카우트 잼버리가 열리는데 미국에서 가장 큰 기업체의 대표에게 그 잼버리에 참석하는 소년들 중 한명의 비용을 지원해달라고 부탁해야 했습니다.

운이 좋게도 내가 그 대표를 만나러 가기 직전에 그가 결제가 끝난 백만 달러짜리 수표를 액자에 담아 걸어두고 있다는 것을 들었습니다.

"대표의 사무실에 들어가자마자 한 일은 그 수표를 보여 달라고 한 일이었습니다. 백만 달러 수표라니요! 나는 이런 거액의 수표를 쓰는 사람을 본 적이 없다고 말했습니다. 그리고 보이스카우트 소년들에게 실제로 백만 달러 수표를 보았노라고 말하고 싶다고 말했습니다. 그는 기뻐하며 저에게 그 수표를 보여주었습니다. 저는 그 수표를 보고 감탄을 쏟아내며 어떻게 수표를 발행하게 되었는지 자세히 이야기해달라고 요청했습니다."

당신이 눈치 챈 것처럼 챌리프 씨는 보이스카우트나 유럽에서 열리는 잼버리 대회에 대한 이야기로 대화를 시작하지 않았다. 그는 상대가 좋아하는 이야기를 꺼내면서 대화의 실마리를 풀어나간 것이다. 그 대화의 결과는 다음과 같다.

"이야기를 이어나가던 중에 그 대표는 '오, 그런데 저를 찾아오신 용건이 무엇이지요?' 그래서 저는 그를 찾아온 용건을 이야기했습니다. 놀랍게도 그는 즉시 제가 요청한 것을 수락했을 뿐 아니라 예상하지 못했던 것까지 제공해주었습니다. 저는 소년 한 명만 유럽으로 보내달라고 말했는데 그는 다섯 명의 소년들과 저까지 보내 주겠다는 것이었습니다. 그는 천 달러를 주면서 유럽에서 7주 동안 묵고 오라고 말했습니다. 유럽 지점장에게 소개장을 써 주어 우리에게 도움을 줄 수 있도록 살펴주었습니다. 대표가 직접 파리에 와서 우리에게 파리 안내까지 해주었습니다. 그 이후로 집안 형편이 어려운 단원에게 일자리를 구해주는 등 보이스카우트의 활동을 도와주고 있습니다.

만일 제가 대표의 관심사를 몰랐다면 그에게 가까이 다가가기가 열 배는 힘들었을 것입니다."

이 방법이 사업에서도 유용할까? 뉴욕 일류의 제과회사인 듀버노이 앤 선즈의 헨리 G. 듀버노이를 예로 들어보자.

듀버노이는 뉴욕 어떤 호텔에 빵을 납품하려고 애를 쓰고 있었다. 그는 4년 동안 매주 대표를 찾아갔다. 그는 대표가 참석하는 사교모임에도 참석했다. 그는 심지어 호텔에 투숙하기도 했지만 아무 소용이 없었다.

인간관계에 대한 공부를 한 후에 듀버노이는 전략을 수정했다. 그는 대표가 흥미 있어 하는 것을 알아내기로 결심했다. 듀버노이는 대표가 전미호텔협회 회원이라는 것을 알았다. 그는 모임에 속해 있을 뿐 아니라 그 모임의 회장이었고 국제호텔협회 회장까지 겸하고 있었다. 협회의 모임이 어디에서 열리던지 대표는 비행기를 타고 산 넘고 바다를 건너 참석했다.

그래서 다음날 듀버노이는 대표를 찾아가 호텔협회에 대해 이야기를 시작했다. 그의 반응은 놀라웠다. 그가 30분 동안 협회에 대해 이야기하는 동안 흥분해서 그의 목소리는 높았다. 이 협회가 그의 취미이자 즐거움의 원천인 듯했다. 대표의 사무실을 떠나기 전에 그는 저에게 회원으로 가입하도록 했습니다.

그동안 저는 빵에 대한 이야기는 일절 하지 않았습니다. 하지만 며칠 후에 지배인이 전화해서 빵 샘플과 가격표를 가지고 오라고 전화를 하였습니다.

"어떻게 했기에 대표님이 당신에게 홀딱 빠져 있지요?" 그 지배인은 나를 맞이하며 말했다.

생각 해보세요. 4년 동안 호텔 대표를 쫓아다니며 납품을 하려고 했는데 대표가 관심 있어 하는 것을 알아내지 못했다면 아직도 고군분투하고 있었을 것입니다."

규칙 5

상대의 관심사에 대해 이야기하라

6 사람들이 나를 즉시 좋아하게 만드는 방법

나는 뉴욕 33번가와 8번가 사이의 우체국에서 편지를 부치기 위해 줄을 서있었다. 우편물 무게를 재고 우표를 팔고, 거스름돈을 주고, 영수증을 발부해주는 등 날마다 되풀이 되는 일이 싫증나는지 직원의 표정이 지루해보였다.

그래서 나는 혼잣말했다. "저 직원이 나를 좋아하게 만들어보자. 그가 나를 좋아하게 만들려면 내 일이 아니라 그에 대해 좋은 말을 해야 한다. 내가 진심으로 그 사람을 칭찬할 것이 뭐가 있지?"

그것은 때때로 대답하기 힘든 질문이다. 특히 처음 본 사람의 경우에 더욱 그렇다. 그런데 이번에는 우연히 아주 쉽게 해결되었다. 나는 즉시 그의 칭찬거리를 찾았다.

그가 나의 우편물 무게를 재는 동안 나는 경탄하며 말했다. "머릿결이 정말 좋으네요."

그는 놀라서 나를 올려다보았는데 그의 얼굴에 미소가 가득했다. "예전처럼 좋지는 않아요." 그는 겸손하게 말했다. 젊었을 때보다 덜할지 모르지만 그래도 여전히 멋지다고 나는 말해주었다. 그는 엄청나게 기분이 좋아보였다. 우리는 유쾌한 대화를 잠깐 이어나갔고 그가 나에게 마지막으로 한 말은 이것이었다. "많은 사람들이 제 머릿결에 감탄하죠."

장담컨대 그 사람은 그날은 밖에 나가서 점심을 먹었을 것이다. 그리고 그날 밤 집에 가서 아내에게 오늘 있었던 나와의 일을 말할 것이다. 그리고 거울을 보며 말하겠지. "머릿결 하나는 좋단 말이야."

나는 이 이야기를 강연에서 한 적이 있었다. 한 사람이 강연 후에 나에게 질문을 했다. "그 우체국 직원에게서 무엇을 얻어내려고 했습니까?"

내가 무엇을 얻으려고 했냐고? 만약 우리가 남에게 대가를 바라지 않고 남을 칭찬해서 행복하게 해줄 수 없다면, 우리의 마음이 그렇게 옹졸하다면 우리는 당연히 불행을 당하는 게 맞을 것이다.

내가 그 우체국 직원에게 뭔가를 바란 건 맞기는 맞다. 그리고 바랐던 것을 얻었다. 그를 기분 좋게 해주면서도 그에게 아무런 부담도 주지 않았다는 것이 바로 그것이다. 이런 일은 시간이 지나서도 기억 속에 남아 잔잔한 기쁨을 준다.

인간행동의 중요한 규칙이 있다. 우리가 이 규칙을 따르면 인간관계에서 곤란한 일은 피할 수 있을 것이다. 사실 이 규칙을 제대로 따르기만 하면 우리에게 많은 친구와 계속되는 행복을 줄 것이다. 하지만 우리가 이 규칙을 어기는 순간 우리는 곤란함을 당할 것이다. 규칙은 이것이다. "항상 다른 사람으로 하여금 자신이 중요하다는 느낌이 들게 하라." 존 듀이 교수는 중요한 존재가 되려는 소망은 인간의 가장 뿌리 깊은 욕구라고 말한다. 윌리엄 제임스 교수는 인간 본성의 가장 깊은 본질은 인정받고 싶어 한다는 것이라고 말한다. 내가 항상 지적한 것처럼 인간을 동물과는 다르게 만들어 주는 것이 이 욕구이다. 문명이 발전되어 온 것도 바로 이런 욕구에 의해서이다.

철학자들은 오랫동안 인간관계의 규칙에 대해 연구해왔는데 한 가지 중요한 규칙을 발견했다. 그 규칙은 새로운 것이 아니다. 페르시아의 조로아스터교는 3천 년 전에 그 추종자들에게 이 규칙을 가르쳤다. 중국에서 공자는 24세기 전에 이 규칙을 설파했다. 도교의 시조인 노자는 이 규칙을 제자들에게 가르쳤다. 석가는 예수보다 오백년 빨리 갠지스 강에서 이 규칙을 설교했다. 그보다 천 년 전에 힌두교의 성서는 이 규칙을 가르쳤다. 예수는 19세기 전에 유대의 석산에서 이것을 가르쳤다. 예수는 이것을 한 가지 사상으로 요약했다. 그것은 아마도 세상에서 가장 중요한 규칙일 것이다. "남에게 대접받고 싶은 대로 남을 대접하라."

당신은 주위 사람들에게서 인정을 받고 싶어 한다. 당신은 당신의 진정한 가치를 인정받고 싶어 한다. 당신은 세상에서 중요한 존재이기를 바란다. 당신은 경박하고 입에 발린 칭찬은 듣고 싶지 않지만 마음속에서 우러나오는 칭찬에는 목말라한다. 당신은 친구들과 지인들이 찰스 슈왑이 말한 것처럼 "진심으로 동의해주고 아낌없이 칭찬" 해주기를 바란다. 모든 사람이 그것을 바란다.

황금률을 따라서 당신이 대접받고 싶은 대로 남들을 대접해주자.

어떻게? 언제? 어디에서? 답은 어디에서나 항상 그렇게 해야 한다.

예를 들어 라디오시티(록펠러 센터에 위치한 대규모 극장)의 안내 데스크의 직원에게 헨리 수벤의 사무실 번호를 물었다. 깔끔한 제복을 입고 그 안내원은 자랑스러운 듯이 알려주었다. 명확하고 분명하게 그는 대답했다. "헨리 수베인……18층……. 1816호입니다."

나는 엘리베이터로 가다가 발길을 돌려 말했다. "당신이 내 질문에 답한 방식이 정말 멋지다고 말해주고 싶어요. 명확하고 정확했어요. 아주 독특한 방법이예요."

그는 기뻐하며 자신이 왜 그렇게 띄엄띄엄 말했는지 이유를 설명해 주었다. 내 몇 마디가 그의 기분을 좋게 만들었다. 나는 18층으로 올라가면서 그날 오후 인류의 행복 총량을 늘리는데 기여했다는데 뿌듯해 했다.

이 칭찬의 규칙을 사용하는데 당신이 프랑스 대사나 위원회의 위원장이 될 때까지 기다릴 필요는 없다. 당신은 거의 매일 이 규칙을 사용해서 마법 같은 효과를 거둘 수 있다.

만약 당신이 감자튀김을 주문했는데 종업원이 으깬 감자를 가져왔다면 말해보자. "죄송한데요. 저는 감자튀김이 더 좋은데요." 종업원은 기꺼이 감자튀김을 가져다 줄 것이다. 당신이 그녀를 존중했기 때문에 종업원은 기분 나빠 하지 않을 것이다.

"귀찮게 해드려 죄송하지만……", "죄송하지만 해주시겠습니까?" "감사합니다."와 같은 말은 단조로운 일상의 톱니바퀴에 기름을 쳐준다. 그리고 이러한 말은 좋은 교육을 받았다는 증거가 된다.

다른 예를 들어보자. 홀 케인의 소설 〈크리스찬〉 〈맨 섬의 재판관〉 〈맨 섬의 사나이〉를 읽어 본 적이 있는가? 수백만 명의 사람들이 그의 소설을 읽었다. 그는 대장간 집 아들로 태어나 정규교육은 8년 밖에 받지 못했다. 하지만 그가 사망할 당시 문학 역사상 가장 부유한 작가 중

하나였다.

홀케인은 소네트와 발라드를 좋아했다. 그는 단테 가브리엘 로제티의 시를 탐독했다. 그는 로제티를 경외하는 글을 썼다. 로제티는 매우 기뻐했다. "내 능력에 대해 이처럼 고상한 의견을 지닌 사람은 아주 뛰어난 사람일거야." 로제티는 아마 이렇게 생각했을 것이다. 그래서 로제티는 이 대장장이의 아들을 런던으로 오게 하여 비서로 고용했다. 이것이 홀 케인의 삶의 전환점이었다. 새로운 일자리에서 당시 유명 작가들과 만났다. 그들의 조언과 격려에 힘입어 그는 작가의 길을 걷게 되었다.

맨 섬에 있는 그의 집인 그리바 성은 전 세계의 관광객들의 메카가 되었다. 그는 250만 달러나 되는 유산을 남겼다고 한다. 만일 그가 유명한 시인을 예찬하는 글을 쓰지 않았다면 그는 아마도 가난하게 살다가 죽었을 것이다.

진심에서 나오는 칭찬은 이와 같이 엄청난 힘을 가지고 있다.

로제티는 자신을 중요하다고 생각했다. 그것은 당연한 것이다. 거의 모든 사람들은 자신을 중요하다고 생각한다.

미국인들 중에 자신이 일본인보다 뛰어나다고 생각하는 사람들이 있다. 일본인 중에서도 자신이 미국인보다 뛰어나다고 생각하는 사람들이 있다. 보수적인 일본인은 백인이 일본 여인과 춤추는 것만 봐도 분개한다.

힌두교도들은 외국인들보다 자신들이 우월하다고 느낀다. 그래서 외국인의 그림자가 조금이라도 스치면 음식이 더럽혀졌다고 생각해서 먹지 않는다.

에스키모인들은 백인에 대해 어떻게 생각할까? 에스키모인들 사이에서 게으르고 쓸모없다고 느껴지는 사람들을 그들은 "백인같은 놈"이라고 욕한다. 이것이 최고의 욕이라고 한다.

어느 나라 국민이든 모두 다른 나라 국민보다 우수하다고 생각한다. 이것이 애국심을 낳고 전쟁을 일으킨다. 사람은 누구나 자신이 남들보다 어느 면에서는 우수하다고 생각한다. 상대의 마음을 얻는 확실한 방법은 상대가 세상에서 중요한 인물임을 인정하고 그것을 상대방에게 잘 깨닫게 하는 일이다.

에머슨의 "누구든 나보다 어느 면에서는 우수해서 배울 점을 가지고 있다." 고 한 말을 기억해라.

그런데 남에게 내세울 것 없는 사람일수록 역겨울 정도로 요란하게 자신을 내세우려든다. 셰익스피어가 말한 것처럼 "인간, 오만한 인간이여! 얄팍한 권위를 앞세워 하늘을 앞에 두고 장난을 치고 있구나."

칭찬의 원리를 사용해서 성공을 거둔 세 사람의 이야기를 소개하고자 한다.

친척들 때문에 이름을 공개하기를 원하지 않는 코네티컷의 변호사를 예로 들어보자. 편의상 그를 R씨라고 부르겠다. 나의 강연을 들은 후에 그는 아내와 함께 아내 친척을 방문하러 롱 아일랜드에 갔다. 아내가 다른 친척들을 방문하기 위해 나간 사이 그는 고령의 이모님과 함께 있게 되었다. 칭찬의 규칙을 실생활에서 어떻게 적용했는지를 발표해야했기 때문에 그는 이모님과 이야기하면서 칭찬의 규칙을 사용하기로 했다. 칭찬할 수 있는 것이 없을까 하고 그는 집안을 둘러보았다.

"이 집은 1890년경에 지어진 집이죠?" 그는 물었다.

"그렇지. 바로 그해에 지어졌어."

"제가 태어난 집이 생각나는군요. 아름답네요. 잘 지어진 집이예요. 방도 넓고요. 요즘은 이렇게 지어진 집이 없어요."

"자네 말이 맞아. 요즘 젊은이들은 아름다운 집에는 관심이 없어. 젊은 사람들이 바라는 것은 작은 아파트에 냉장고를 사고, 자동차를 타고 돌아다니는 일만 좋아하지. 이집이야 말로 꿈의 집이야. 이 집은 사랑으로 지어진 집이네. 남편과 나는 집을 짓기 전 몇 년 동안 이런 집을 꿈꾸었지. 우리는 건축가의 손을 빌리지 않고 우리끼리 설계해서 집을 지었어."

그녀는 그에게 집 구경을 시켜주었고, 그는 이모님이 여행 중에 사온 기념품들(스코틀랜드에서 사온 숄, 영국제 찻잔세트, 프랑스산 침대와 의자, 이탈리아산 그림, 프랑스의 고성에 걸려 있던 커튼)을 보며 진심으로 감탄했다.

"집안 구석구석을 보여주신 뒤에 이모님은 저를 차고로 데려갔어요. 거기에 새것과 다름없는 패커드 자동차가 있었습니다." R씨는 말했다.

"남편이 죽기 직전에 산 차야. 남편이 죽고 차를 타본 적이 없어. 자네는 물건 보는 안목이 있어. 자네에게 이 차를 주고 싶어."

"이모님, 호의는 감사하지만 이 차를 받을 수 없어요. 저는 이모님 친척도 아닌데요. 저도 최근에 산 차가 있습니다. 이 패커드차를 가지고 싶어 하는 친척들이 많을 거예요."

"친척들!" 그녀는 소리쳤다. "이 차가 갖고 싶어서 내가 죽기를 기다리는 친척들은 있지. 하지만 그들에게는 이 차를 주고 싶지 않아."

"친척 분들에게 차를 주고 싶지 않으시면 중고차상에게 차를 팔면 되겠네요."

"팔라고!" 그녀는 외쳤다. "내가 차를 팔 거라고 생각하나? 낯선 사람이 내 남편이 나를 위해 사준 차를 타고 다니는 것을 내가 보고 견딜 수 있을 것 같나? 팔 생각은 추호도 없어. 자네에게 주고 싶어. 자네는 물건의 진가를 알아보는 사람이니까."

그는 받지 않으려고 사양했지만 이모님의 감정을 상하게 할 수 없었다.

넓은 집에 혼자 남겨져 스코틀랜드 숄, 프랑스산 골동품, 기억 속에 살고 있는 이 노인은 칭찬에 굶주려 있었다. 이모님은 한때는 젊고 아름다웠고 구애도 많이 받았다. 또 사랑이 가득 담긴 따뜻한 집을 짓고 집을 아름답게 꾸미기 위해 전 유럽을 뒤져 물건을 사 모으기도 했다. 이제 노년에 홀로 고독 속에 살고 있는 이모님은 인간적인 따뜻함과 마음에서 우러나온 칭찬을 갈망하고 있었던 것이다. 하지만 아무도 그녀에게 그것을 주지 않았다. 인간적인 따뜻함과 진솔한 칭찬을 받자 사막에 솟은 샘물처럼 그녀는 고마운 마음에 소중한 패커드 자동차를 선물로 선뜻 주려고 한 것이다.

다른 경우를 예로 들어보자. 뉴욕 주 라이의 루이스 앤 밸런타인 조경회사의 건축가 도날드 M. 맥마흔은 자신의 경험을 이야기했다.

"강좌에 참석한 직후 저는 유명한 법률가의 조경 일을 맡았습니다. 집주인이 나와서 철쭉과 진달래를 심고 싶은 장소에 대해 말했습니다."

저는 집주인에게 말했습니다. "판사님, 아주 좋은 취미를 가지고 계시네요. 판사님의 멋진 개를 보고 감탄했습니다. 매디슨 스퀘어 가든에서 열리는 강아지 콘테스트에서 매년 많은 상을 타셨다고 들었습니다."

"그래요. 개들 때문에 즐거워요. 개 사육장을 보여드릴까요?"

그는 거의 한 시간 동안 저에게 개를 보여주고 그들이 받아온 상들을 보여주었습니다. 심지어 족보를 가지고 나와 아름답고 영리한 개를 낳은 혈통에 대해 설명해주었습니다.

마침내 저를 돌아보며 물었습니다. "아들 있어요?"

"예 있습니다." 저는 대답했습니다.

"아드님이 강아지를 좋아하나요?" 판사님은 물었습니다.

"그럼요. 아주 좋아합니다."

"그럼 강아지 한 마리 드리죠."

그는 강아지 키우는 법을 설명하기 시작했습니다. 그러다가 갑자기 말을 멈추고는 "말만 하면 잊어버리겠죠? 내가 적어줄께요." 그래서 판사는 집으로 들어가서 강아지의 족보와 먹이를 주는 방법 등을 타이핑 해 가지고 나왔습니다. 그는 값비싼 강아지와 1시간 15분이라는 귀중한 시간을 주었는데 이는 제가 그의 취미를 칭찬했기 때문입니다.

코닥으로 유명한 조지 이스트먼은 투명필름을 발명하여 엄청난 재산을 모았다. 하지만 그 역시 보통사람처럼 사소한 칭찬에 크게 감동했다고 한다.

수년전에 이스트먼은 로체스터에 '이스트먼 음악학교' 와 어머니를 기리기 위해 '킬번 홀' 이라는 극장을 짓고 있었다. 뉴욕의 슈피리어 의자 회사 사장이던 제임스 애덤슨은 건물에 필요한 의자를 납품하고 싶었다. 건축가의 주선으로 애덤슨은 로체스터에서 이스트먼과 만날 약속을 했다.

애덤슨이 도착하자 건축가가 말했다. "당신이 납품하고 싶어 하는 것은 알고 있습니다. 하지만 당신이 이스트먼의 시간을 오 분 이상 빼앗게 된다면 성공할 승산이 없습니다. 그분은 엄격하고 바쁜 분이어서 빨리 용건을 말하고 가는 것이 상책입니다."

이스트먼의 사무실로 가자 이스트먼은 책상의 서류더미를 열중해서 보고 있었다. 건축가와 애덤슨이 들어가자 이스트먼은 안경을 벗고 그들에게로 걸어왔다. "안녕하십니까? 무슨 일로 오셨는지요?"

건축가는 애덤슨을 소개했고 애덤슨은 다음과 같이 말했다.

"기다리는 동안 사무실을 둘러보면서 감탄했습니다. 이런 방에서 일할 수 있으면 얼마나 좋을까요? 가구업계에 종사하지만 이렇게 아름다운 사무실을 본 적이 없습니다."

조지 이스트먼은 다음과 같이 답했다.

"제가 잊고 있었던 것을 상기시켜 주었군요. 아름다운 사무실이지요? 처음에 지었을 때는 정말 좋아했는데. 요즘엔 일이 많다보니 몇 주일이고 방을 둘러볼 틈이 없네요."

애덤스는 걸어가더니 벽의 판자를 손으로 문지르며 말했다. "이것은 영국산 떡갈나무 아닙니까? 이태리산 떡갈나무와는 결이 약간 다르지요."

"그래요." 이스트먼은 대답했다. "그것은 영국에서 수입해 온 떡갈

나무예요. 목재전문가인 친구가 나를 위해 골라준 거요."

그러고 나서 이스트먼은 그에게 방을 구경시켜주었다. 방의 구조와 색채, 조각한 장식 등 여러 가지를 애덤스에게 설명해 주었다.

방을 구경하고 목재에 대해 찬사를 하다가 그들은 창문 앞에서 멈추었다. 조지 이스트먼은 겸손하고 차분한 목소리로 사회사업으로 세운 여러 시설에 대해 이야기하기 시작했다. 로체스터 대학교, 종합병원, 아동병원, 동종요법병원, 양로원 등에 대해 설명했다. 애덤슨은 인간의 고통을 덜어주기 위해 큰돈을 쓰고 있는 이스트먼의 이상주의적인 태도에 진심으로 경의를 표했다. 그러자 이스트먼은 유리 상자를 열고 그가 처음으로 소유한 카메라를 꺼냈다. 영국인에게서 사들인 발명품이었다.

애덤슨은 이스트먼에게 사업초기에 겪었던 어려움에 대해 자세히 물었다. 이스트먼은 가난했던 어린 시절을 이야기하고 그가 보험회사에서 일급 59센트를 받으며 일하는 동안 어떻게 그의 홀어머니가 하숙집을 꾸려나갔는지 이야기했다. 가난의 두려움이 계속 그를 쫓아 다녔고 그는 어머니가 더 이상 하숙집에서 고생하지 않도록 돈을 많이 벌기로 결심했다. 이스트먼이 사진 건판 실험을 이야기하는 동안 애덤슨은 더 많은 질문을 해서 그의 이야기를 이끌어내고 그의 이야기를 경청했다. 이스트먼은 하루 종일 일하고 가끔 밤을 새워 실험하기도 했다. 화학약품이 작용하는 시간을 이용해 쪽잠을 자고 72시간동안 같은 옷을 입은 채로 일하며 잠을 잤다고 말했다.

제임스 애덤슨은 이스트먼의 사무실에 10시 15분에 들어갔는데 5분 이상 지체해서는 안 된다는 설명을 듣고 들어갔다. 한 시간이 지나고 두 시간이 지나도 그들은 계속 이야기를 했다.

마침내 조지 이스트먼은 애덤슨을 돌아보며 말했다. "지난번 일본에 갔을 때 의자를 사서 집에 가져 왔는데 햇볕이 드는 앞마루에 두었더니 페인트가 벗겨져서 시내에 나가 페인트를 사다가 내손으로 직접 칠했소. 내가 페인트 칠한 의자를 보여줄까요? 좋아요. 집에 가서 점심을 먹으면서 의자를 보여주지요."

점심 식사 후에 이스트먼은 애덤슨에게 그가 일본에서 사온 의자를 보여주었다. 몇 달러 밖에 안 되는 물건이지만 그는 자신이 직접 페인트칠을 했다는 이유로 의자를 애지중지했다.

공사의 의자대금은 9만 불에 달했다. 누가 납품을 하게 되었을까? 제임스 애덤슨 일까? 아니면 그의 다른 경쟁자일까?

이스트먼이 죽을 때까지 두 사람은 가까운 친구로 지냈다.

어디에서 이 마법의 칭찬의 규칙을 적용해볼까? 집에서 해보는 것은 어떨까? 집만큼 칭찬의 규칙을 필요로 하는 곳은 없고, 가정만큼 이 규칙이 소홀 한 곳이 없다. 당신의 아내는 좋은 점이 많은 사람일 것이다. 적어도 한번은 당신은 그녀가 장점이 많은 사람이라 생각했을 것이다 그렇지 않으면 그녀와 결혼 하지 않았을 테니까. 하지만 마지막으로 그녀의 매력에 대해 칭찬해 준 것이 언제인가?

몇 년 전에 나는 뉴브런즈윅의 미라미치 강의 상류에 낚시를 간 적이 있었다. 삼림 깊숙이 인가가 없는 곳에서 캠핑을 했다. 읽을 것이라곤 지방신문만 있을 뿐이어서 나는 그 신문을 구석구석 광고까지 정독을 했다. 그 신문에는 도로시 딕스가 쓴 칼럼이 있었는데 그녀의 글이 너무 훌륭해서 그 기사를 오려서 보관해두었다. 그녀는 신부에게 하는 충고는 많지만 신랑에게 하는 충고는 없다며 다음과 같은 충고를 남겼다.

블라니 돌(아일랜드의 입 맞추면 아첨을 잘하게 된다는 돌)에 키스할 때까지 결혼하지 마라. 결혼 전에 여성을 칭찬하는 것은 성향의 문제이지만 일단 결혼을 하면 필수조건이 된다. 솔직하게 이야기하는 것은 금물이다. 결혼생활은 외교의 장이다.

편안하게 살고 싶으면 당신 아내의 살림을 비평하지 말고 당신 어머니의 살림법과 비교하지 마라. 이와는 반대로 항상 아내의 살림법을 칭찬하고 재색을 겸비한 아내와의 결혼을 공공연히 기뻐해야 한다. 설사 스테이크가 질기고 빵이 타도 불평하지 마라. 지나가는 말로 '오늘은 예전만큼 잘되지 않았네' 라고 가볍게 넘겨라. 그러면 아내는 당신의 기대에 어긋나지 않도록 끊임없이 노력할 것이다.

이 방법은 너무 갑자기 시작해서는 안 된다. 그러면 아내가 이상하게 생각할 것이다.

오늘밤이나 아니면 내일 밤에 아내에게 꽃이나 초콜릿을 선물로 가지고 들어가라. "그렇게 하면 좋겠네." 라고 말하지 말고 당장 실천에 옮겨라! 선물을 주면서 환하게 웃으며 상냥하게 몇 마디 나누어라. 이것을 실천하는 아내나 남편이 늘어나면 이혼율이 많이 줄어들 것이다.

여성에게 사랑받는 법을 알고 싶은가? 비결이 있다. 분명히 효과가 있을 것이다. 그것은 내 생각이 아니라 도로시 딕스 여사에게서 배운 것이다. 그녀는 23명의 여성을 속이고 그녀들의 예금통장까지 손에 넣은 악명 높은 결혼사기범을 인터뷰한 적이 있었다. 여자들의 마음을 사로잡은 방법을 물었더니 큰 비밀은 없고 그저 상대방 이야기만 하면 된다는 간단한 답을 얻을 수 있었다.

이 방법은 남성에 대해서도 동일하게 적용된다. "상대 남자에 대해서만 이야기해라. 그러면 상대는 몇 시간이고 당신 말에 귀 기울일 것이다." 라고 영국의 정치가 디즈레일리가 말했다.

규칙 6

상대방으로 하여금 자신이 중요한 사람이라고 느끼게 하여라.

여기까지 읽었으면 많이 읽은 것이다. 책을 덮고 칭찬의 규칙을 당신과 가까운 사람에게 적용해보아라. 놀라운 효과를 체험해보시리라.

사람들이 당신을 좋아하게 만들려면

1. 다른 사람들에게 순수한 관심을 기울여라.
2. 웃어라.
3. 상대의 이름을 잘 기억해라.
4. 경청해라.
5. 상대의 관심사에 대해 이야기해라.
6. 상대방으로 하여금 자신이 중요하다는 느낌이 들게 하라.

Section 3

상대를 설득하는 12가지 방법

1 논쟁을 피하라

제1차 세계대전 직후의 일이다. 나는 런던에서 아주 소중한 교훈을 배웠다. 나는 그 당시 로스 스미스 경의 비서였다. 전쟁 중에 로스 경은 팔레스타인에서 공을 세운 호주인 조종사로 종전 직후 지구의 절반을 30일 만에 비행하여 세상을 놀래게 만들었다. 그때까지만 해도 이런 모험은 시도된 적이 없는 일로 커다란 센세이션을 일으켰다. 호주 정부는 그에게 5만 달러의 상금을 주었고 영국 왕실에서는 기사작위를 수여하였다. 한동안 그는 대영제국의 화제의 주인공이 되었다. 말하자면 영국의 린드버그(1927년 대서양횡단 비행에 성공한 미국인)였던 셈이다. 어느 날 저녁 로스 경을 축하하는 연회가 열렸고 나는 그 연회에 참석했다. 저녁 식사 때 내 옆에 앉은 사람이 "인간이 엉성하게 벌여놓은 일을 완성하는 이는 신이시다." 라는 말에 대해 재미있는 이야기를 했다. 그 사람은 이 말이 성경에 있는 문구라고 말했지만 그것은 틀린 말이었다. 그래서 나는 내 자존심을 만족시키기 위해서 그의 잘못을 지적했다. 그는 자신의 주장을 굽히지 않았다. "뭐라고요? 셰익스피어 작품에 나온 말이라고요? 말도 안 돼요. 그 인용구는 성경에서 나온 말이

오.”

그 사람은 내 오른쪽에 앉아 있었고, 내 왼쪽에는 내 오랜 친구 프랭크 가먼드가 앉아있었다. 가먼드는 오랜 세월 셰익스피어를 연구해왔다. 그래서 그 사람과 나는 가먼드의 의견을 들어보기로 했다. 그는 가만히 이야기를 듣더니 식탁 아래로 나를 치면서 말했다. “데일, 자네가 틀렸어. 이분이 옳아. 그 말은 성경 말씀이야.”

그날 밤 집에 가는 길에 나는 가먼드에게 말했다. “프랭크, 그 인용문은 셰익스피어의 작품에 나오는 말이잖아.”

“그럼, 물론이지.” 그가 대답했다. “햄릿의 5막 2장에 나오지. 하지만 우리는 잔치에 초대된 사람이야. 그 사람이 잘못 말했다고 말할 필요가 뭐가 있나? 그렇게 되면 그가 자네를 좋아하겠나? 그 사람 체면도 생각해야지. 그는 자네 의견을 물어본 게 아니야. 그 사람과 왜 다투나? 어떤 경우에도 모나는 짓은 하지 말게.”

그 친구는 죽고 없지만 그는 나에게 평생 잊을 수 없는 교훈을 알려주었다.

논쟁을 좋아하는 나에게 그 교훈은 정말 필요한 것이었다. 어린 시절 나는 매사에 형과 토론을 벌였다. 대학에 가서 나는 논리학과 변론을 공부했고 토론 대회에도 참가했다. 나중에 나는 뉴욕에서 토론법과 변론술을 가르쳤다. 그리고 부끄러운 이야기지만 토론법과 변론에 대한 책도 쓸 계획도 세웠다. 그 이후부터 토론을 경청하고, 토론을 나만의 관점에서 재해석해보기도 하고, 토론에 직접 참여하기도 하면서 토론 결과를 주의 깊게 살펴보았다. 그 결과 한 가지 결론을 이끌어냈는데, 논쟁에서 이기는 최선의 방법은 바로 논쟁을 피하는 것이라는 결론이었다. 방울뱀이나 지진을 피하는 것처럼 토론을 피해라.

십중팔구 논쟁은 참가자들이 자신이 절대적으로 옳다는 것을 더욱 확실하게 믿게 되는 것으로 끝난다.

논쟁에서 이길 수 없다. 왜냐하면 논쟁에서 지면 지는 것이고 이겨도 지는 것이다. 왜 그럴까? 설사 상대를 당신의 논리로 이기고 상대의 생각이 잘못되었다는 것을 증명했다고 치자. 그래서 뭐? 기분은 좋을 것이다. 상대는 어떨까? 상대는 열등감을 느끼고 자존심의 상처를 입었다. 그는 당신의 승리를 혐오할 것이다.

"인간은 억지로 설득시키면 더욱더 자신의 의견을 굳게 지킨다."

펜 생명보험회사는 직원들에게 다음과 같은 방침을 세워 철저히 교육시킨다. "논쟁하지 말라!"

진짜 영업을 잘하는 사람은 논쟁을 잘하지 않는다. 인간 마음은 그런 식으로 바뀌지 않는다.

몇 해 전 패트릭 J. 오헤어라는 논쟁을 좋아하는 아일랜드 인이 수업에 참가한 적이 있었다. 그는 학식은 별로 없었지만 토론을 좋아했다. 그는 한때는 개인운전사를 한 적이 있었고 지금은 트럭을 팔고 있으나 일이 잘 풀리지 않아 내 수업에 참가한 것이었다. 그는 트럭을 팔려는 고객과 끊임없이 싸우고 대립하는 사람이었다. 고객이 트럭에 대해 안 좋은 말을 하면 고객의 말을 반박했다. 패트릭은 항상 논쟁에서 이겼다. 패트릭은 나중에 나에게 이렇게 말했다. "고객의 사무실을 나오면서 항상 이렇게 말했죠. '내가 올바른 말을 하긴 했지. 헌데 차를 팔지 못했네.' "

내가 해결할 문제는 패트릭에게 말하는 법을 가르치는 것이 아니었다. 당장 할 일은 그가 말을 삼가고 언쟁을 피하도록 훈련시키는 일이었다.

패트릭은 화이트 자동차회사에서 잘나가는 판매 왕이 되었다. 어떻게 그렇게 되었을까? 여기 그가 직접 한말을 옮겨보겠다.

"제가 고객의 사무실에 갔는데 고객이 '화이트 트럭이요? 그 트럭은 안 좋아요. 거저 준다해도 안 가질 겁니다. 차라리 후지트 트럭을 살 겁니다.' 그러면 저는 이렇게 말하죠. '후지트 트럭도 훌륭합니다. 후지트 트럭을 사면 올바른 판단을 하신 겁니다. 후지트 트럭은 좋은 회사에서 만들고 훌륭한 사람들이 판매를 하고 있지요.'

그러면 고객은 할 말이 없어집니다. 논쟁의 틈이 없어지지요. 후지트 트럭이 최고다라고 말하면 저는 그 말에 동조를 하죠. 그러면 그는 거기서 말을 멈출 수밖에 없습니다. 제가 계속 그의 말에 맞장구를 치는데 후지트사 트럭이 최고라는 말을 계속 할 수는 없으니까요. 후지트 트럭 이야기를 그만하게 되면 그때 비로소 저는 화이트 트럭의 장점에 대한 이야기를 시작합니다.

고객이 하는 말에 화를 냈던 적이 있었지요. 후지트 트럭에 대한 논쟁을 하기도 했는데 논쟁을 할수록 고객은 후지트 트럭의 좋은 점만 계속 생각하고 그럴수록 고객은 경쟁사의 제품을 좋아해서 결국은 구입하게 되지요.

지금 돌이켜 보니 그렇게 해서 물건이 팔린다면 이상한 일이지요. 저는 싸우고 논쟁하는 일에 인생을 허비했습니다. 이제는 입을 다물고 삽니다. 그게 더 이익이 되네요."

벤자민 프랭클린은 다음과 같이 말했다. "당신이 논쟁을 하고 반박을 하면 당신이 이길 수도 있다. 하지만 상대방의 호감을 절대 얻지 못하니까 그것은 진정한 승리가 아니다."

생각해봐라. 논쟁에서 이겨서 똑똑하다고 증명하고 싶은가 아니면 상대의 호감을 얻고 싶은가? 둘 다가지기는 어렵다.

보스턴 트랜스크립트 잡지는 다음과 같은 의미심장한 풍자시를 실었다.

> 여기 윌리엄 제이가 잠들다.
> 평생 자기가 옳다고 고집하던 사람.
> 하지만 죽었는데 자기가 옳다고 주장한들 무슨 소용이 있으랴?
> 당신 말이 맞을지도 모른다. 하지만 상대의 마음은 바꾸지 못한다.

우드 로우 윌슨 내각의 재무장관 윌리엄 G. 매카두는 다년간의 정치생활에서 "무지한 사람을 논쟁으로 이기기는 불가능하다." 고 말하고 있다.

"무지한 사람이라?" 매카두 씨는 에둘러 말하고 있지만 지능지수가 높던 낮던 간에 말로 사람의 생각을 바꾸는 것은 불가능하다.

프레드릭 S. 파슨스는 한 시간째 세무서 직원과 논쟁을 하고 있었다. 9천 달러의 돈이 걸려있는 일이었다. 파슨스는 그 9천 달러가 받을 수 없는 악성 채무여서 세금을 매길 수 없다고 주장했다.

"악성 채무라뇨? 말도 안 돼요? 세금을 매겨야 합니다."

"그 세무서 직원은 냉정하고, 오만하고 고집불통이었습니다. 논리적으로 말하는 것은 소용이 없었습니다. 우리가 논쟁을 하면 할수록 그의 고집은 더욱더 굳어졌습니다. 논쟁은 하지 않고 주제를 바꾸어 그를 칭찬하기로 했습니다.

'제가 생각하기에 당신이 해야 할 중요하고 어려운 일들에 비하면 이 일은 매우 사소한 일인 듯하다. 저도 세법 공부를 하고 있지만 책에서 얻은 지식에 불과합니다. 저도 당신처럼 세무서 직원이면 좋겠습니다. 많은 것을 배울 수 있잖아요.'

제가 한 말은 모두 진심이었습니다. 그러자 그 직원은 의자에 등을 기대고 편안히 앉더니 자신의 일에 대해 오랫동안 이야기를 시작했습니다. 자기가 적발했던 교묘한 탈세사건에 대해 말하는데 그러는 중 어조가 차츰 누그러들었습니다. 곧 자기 아이들에 대해 말을 하더군요. 이야기를 마치고 가면서 그는 제 문제를 좀더 고려해 본 뒤 며칠 후에 결정을 내려 알려주겠다고 말했습니다.

삼일 후에 그는 제 사무실에 전화해서 세금은 신고한 대로 결정했다고 알려주었습니다.

이 직원은 인간이 보편적으로 지니고 있는 약점을 보여주고 있다. 그는 누군가 자신을 알아주기를 원하고 있었던 것이다. 파슨스 씨와 논쟁을 할 때 그는 자신의 권위를 주장함으로서 자신이 중요한 사람이라는 것을 내세우고 싶어 했던 것이다. 하지만 상대가 자신이 대단한 사람이라고 추켜세워주자 논쟁은 끝이 났다. 그는 상대의 입장을 이해하고 친절한 사람이 되었다.

나폴레옹의 집사 콘스탄트는 조세핀과 당구를 쳤다. 그가 쓴 책 〈나폴레온의 사생활 회고록〉 73쪽에서 다음과 같은 이야기를 하고 있다.

"나는 당구를 꽤 쳤지만 항상 조세핀이 이기도록 양보했다. 이것이 황

후에게는 몹시 기뻤던 모양이다."

콘스탄트를 배우자. 우리들도 고객, 애인, 배우자와 말다툼을 하게 되었을 때 그들에게 승리를 양보하자.

석가는 이렇게 말했다. "미움은 미움으로 없어지지 않는다. 미움은 사랑으로 없어진다." 오해도 논쟁으로 없어지는 것이 아니라 재치, 화해, 상대방을 이해하려는 마음에 의해 없어진다.

링컨은 동료와 잦은 논쟁을 벌이는 청년 장교를 이렇게 타일렀다.

"자기발전을 위해 노력하는 사람은 논쟁할 시간이 없다. 불쾌감에 빠지거나 자제심을 잃게 된다는 것을 생각하면 언쟁은 더욱 더 할 필요가 없는 것이다. 자신이 완전히 옳다고 생각되지 않으면 많이 양보하고, 전적으로 자신이 옳다고 생각되어도 어느 정도 양보해라. 좁은 골목에서 개를 마주쳤을 때 개에 물리기보다 개에게 길을 양보하는 것이 낫다. 개를 죽였다하더라도 개에 물린 상처는 남는다."

규칙 1

논쟁에서 이기는 최고의 방법은 논쟁을 피하는 것이다.

2 적을 만드는 방법, 그런 상황을 피하는 방법

루즈벨트가 대통령이 되자 그는 자신의 생각이 75%만 맞아도 더 이상 바랄 것이 없다고 말한 일이 있다.

20세기 가장 훌륭한 인물 중 한 사람이 이렇다면 우리들은 어떠할 것인가?

당신의 생각이 55%만 옳다면 당신은 월스트리트에서 하루에 백만 달러를 벌고, 요트를 사고, 아름다운 여자와 결혼할 수 있을 것이다. 55%도 확신하지 못하면서 당신은 무엇 때문에 다른 사람이 틀렸다고 말하는가?

눈짓, 말씨, 몸짓으로도 상대의 잘못을 지적할 수 있다. 당신이 틀렸다고 말하면 상대가 수긍하겠는가? 절대로 아니다! 왜냐하면 당신은 그들의 지성, 판단력, 자존심 모두를 건드렸기 때문이다. 그렇게 하면 그들도 당신에게 반격을 가하고 싶어질 것이다. 그들은 자신의 생각을 바꾸려는 생각은 애초에 없다. 칸트나 플라톤의 논리를 가지고 그들을 공격해도 상대의 의견은 변하지 않는다.

"당신에게 이러이러한 것을 증명해보이겠소." 라는 말로 시작하면 안 된다. 그것은 잘못된 일이다. "내가 당신보다 더 똑똑하니 내 이야기를 들어보고 마음을 바꾸시오."라고 말하는 것과 같다.

그것은 일종의 도전이다. 그것은 상대의 반감만 불러일으킨다. 당신이 말도 꺼내기 전에 싸우고 싶게 만드는 것이다.

호의적인 분위기에서도 상대의 마음을 바꾸는 것은 어려운 일이다. 그런데 왜 더 어렵게 만드는가? 무엇 때문에 자신에게 불리하도록 만드는가?

무엇인가를 증명할 필요가 있으면 상대가 눈치 채지 못하게 해라. 교묘하면서 재치 있게 해라.

사람을 가르칠 때에는 가르치지 않는 것처럼 가르치고, 무엇인가를 제안할 때에는 잊어버렸던 것을 생각하게 된 것처럼 제안하라.

체스터 필드 경은 그의 아들에게 다음과 같이 말했다. "할 수 있다면 다른 사람보다 현명해지도록 해라. 하지만 그것을 상대에게 알려서는 안 된다."

나는 구구단을 빼고 20년 전에 내가 믿고 있던 어떤 것도 이제는 믿지 않는다. 심지어 아인스타인을 읽으니 구구단도 믿기 어려워지기 시작했다. 20년이 또 지나면 지금 내가 이 책에서 하고 있는 말도 믿지 않을지 모른다. 나는 전과는 달리 만사에 확신을 가질 수 없게 되었다. 소크라테스는 제자들에게 되풀이해서 말했다. "나는 단 한가지 밖에 모른다. 그것은 내가 아무것도 모른다는 사실이다."

나는 소크라테스보다는 똑똑할 수는 없다. 그래서 나는 사람들에게 그들이 틀렸다고 말하는 것을 포기했다. 이렇게 하니 얻는 게 더 많아졌다.

상대가 잘못이 있다고 생각되었을 때에는 아니 설사 실제로 잘못되었을 때에도 이렇게 말을 시작하는 것이 좋을 것이다. "글쎄요, 저는 그렇게 생각하지는 않지만 제 생각이 틀렸을지도 모르겠네요. 저도 자주 실수를 하니까요. 만약 제 생각이 틀렸으면 바로잡고 싶습니다. 이 문제를 같이 검토해 볼까요?"

"제가 틀렸을지도 모르니까요. 저도 자주 실수를 하니까요. 문제를 같이 검토해볼까요?" 이 구절에는 마력이 아주 긍정적인 마력이 있다.

세상에 어떤 누구도 당신이 "제가 틀렸을지도 모르니까요. 문제를 같이 검토해볼까요?" 라고 말하는데 대놓고 당신의 말에 반대하지는 않을 것이다.

과학자들은 이렇게 한다. 한번은 내가 북극권에서 11년을 보내며 근 6년을 고기와 물로만 연명한 유명한 탐험가이자 과학자 스테판슨과 인터뷰한 적이 있었다. 그는 나에게 그가 한 실험을 이야기했다. 나는 그가 실험으로 무엇을 증명하려 했는지 물었다. 나는 그의 대답을 잊을 수가 없다. 그는 "과학자는 결코 어떤 사실을 증명하려 실험하지 않습니다. 과학자는 그저 사실만을 찾아내려 노력할 뿐이죠."

당신은 과학적으로 사고하고 싶은가? 그렇다면, 당신을 제외한 어떤 누구도 당신을 막을 수 없다.

당신의 실수를 인정함으로서 당신이 곤란할 일은 없다. 당신의 잘못을 순순히 인정하면 논쟁을 하지 않아도 되고 상대방도 당신처럼 열린 마음을 가질 수 있게 된다. 당신이 실수를 인정하면 상대도 자신의 실수를 인정할 수 있게 된다.

상대가 실수를 확실히 알고 있는데 당신이 노골적으로 상대의 실수를 지적하면 무슨 일이 일어날까? 그 좋은 예를 하나 들어보자.

뉴욕의 젊은 변호사 S씨가 미국 최고재판소에서 변론을 하고 있었다. 그 사건에는 거액의 돈과 중요한 법률문제가 연관되어 있었다.

변론 중에 재판관이 S씨에게 "해사법의 법정기한이 6년이지요?"

S씨는 말을 멈추고 재판관을 잠시 응시하며 퉁명스런 말투로 "재판장님, 해사법에는 법정기한이라는 것이 없습니다."

"갑자기 법정 안이 조용해졌습니다." S씨는 내 강연에 나와서 이 순간을 이렇게 회상했다. "법정 안은 차가운 공기가 감돌았습니다. 제가 맞았고 재판장님은 틀린 것입니다. 나는 그것을 지적했을 뿐입니다. 그러나 재판장님은 제게 호의를 가졌을까요? 아니겠죠. 저는 지금도 제가 옳았다고 믿고 있습니다. 그때의 변론도 그 어느 때보다 잘했다고 생각합니다. 하지만 결과적으로는 상대를 납득시키지 못했던 것입니다. 대단히 학식 있고 저명한 판사에게 그의 말이 틀렸다고 말하는 엄청난 실수를 했습니다."

논리적인 사람은 거의 없다. 대부분의 사람은 편견을 가지고 있으며, 질투, 의심, 두려움, 자부심으로 점철되어있다. 사람들은 종교에 대한 생각이나 머리 스타일 또는 정치적 신념 등을 바꾸려고 하지 않는다. 다른 사람의 잘못을 지적하고 싶거든 아침 식사 전에 매일 아침 무릎을 꿇고 다음의 글을 읽어보기 바란다. 다음 글은 제임스 하비 로빈슨 교수의 명저 〈정신의 발달과정〉 중의 일부이다.

우리는 별다른 저항의식 없이도 생각을 바꿀 때가 가끔 있다. 하지만 다른 사람이 잘못을 지적하면 우리는 화를 내고 고집을 부린다. 우리는 쉽게 생각을 정하지만 누군가가 그 생각을 바꾸려고 하면 고집스럽게 그 생각에 매달린다. 이 경우 우리에게 중요한 것은 우리가 가진 생각이 아니라 우리의 자존심이다. "나"라는 사소한 단어가 인간 삶에서 가장 중요한 단어이다. 이 말을 현명하게 사용하는 것이 지혜로움의 시작이다. "나" 라는 단어 뒤에 어떤 단어가 붙던지 '나의' 라는 말에는 강한 힘이 있다. 우리는 알고 있는 지식이 틀렸다고 지적받으면 화를 낸다.

우리는 우리가 사실이라고 습관적으로 생각하고 있는 것을 계속 해서 믿고 싶은 경향이 있다. 그 신념을 뒤흔드는 것이 나타나면 분개하고 무슨 수를 써서든지 그 믿음을 지키려고 한다. 대부분의 논쟁은 우리의 주장을 옹호하기 위해 증거를 찾으려는 과정에서 비롯된다.

예전에 나는 집에 커튼을 달기 위해 인테리어 업자를 고용한 적이 있었다. 작업이 끝나고 청구서를 받은 나는 너무도 놀랐다.

며칠 후에 친구가 집을 방문해서 커튼을 보았다. 내가 커튼의 가격을 말하자 그녀는 놀라서 소리쳤다. "뭐라고? 그 가격은 말도 안 돼. 바가지 썼네!"

그녀의 말은 사실이었다. 하지만 자신의 어리석음을 지적하는 말에 귀를 기울이는 사람은 거의 없다. 나도 인간이기에 나 역시 변명을 하느라 정신이 없었다. 좋은 물건이니 비싼 것은 당연한 것이고, 싼 물건은 품질과 예술적 감각이 떨어진다는 둥 이런저런 소리를 늘어놓았다.

다음날 다른 친구가 집에 잠깐 들렀는데 그 친구는 내 커튼을 감탄하면서 찬사를 늘어놓는 것이었다. 그리고 자신의 집에도 이런 예쁜 커튼을 달고 싶다는 말을 했다. 그 친구에 대한 나의 반응은 어제와는 완전히 달랐다. "저기, 사실은 너무 비싼 커튼을 산 것 같아. 돈을 너무 많이 썼어. 괜히 주문했나봐."

우리가 틀렸을 때 우리 스스로 잘못을 인정할 때가 있다. 상대가 부드러운 어조로 돌려서 말하면 다른 사람에게도 자신의 잘못을 인정하고, 우리의 정직함과 열린 마음에 자부심을 가지기도 한다. 하지만 누군가가 공격적으로 우리의 잘못을 지적하면 그렇게 되지 않는다.

남북전쟁 당시 미국에서 가장 유명한 편집자 호레이스 그릴리는 링컨의 정책에 강하게 반대했다. 그는 링컨에게 따지고 조롱하고 비난을 하면 링컨의 생각이 바뀔 것이라고 생각했다. 그는 이런 비난기사를 몇 달이고 계속했다. 사실 그는 링컨이 부스의 총탄에 쓰러지는 날에도 그는 링컨에게 야만적이고도 혹독한 인신공격을 계속했다.

이런 비난기사를 보고 링컨이 그릴리의 의견에 동의할 수 있었을까? 전혀 아니다. 조소와 비난은 동의를 이끌어낼 수 없다.

처세와 인격 수양하는 방법을 알고 싶다면 벤자민 프랭클린의 자서전을 읽어라. 그의 자서전은 그 어떤 글보다도 매혹적인 삶의 이야기로 가득 차있고 미국 문학의 고전중의 하나이다. 도서관에서 한 권 빌리던지 아니면 서점에서 한 권 사라.

이 자서전에서 프랭클린은 어떻게 하여 논쟁을 좋아하던 자신이 어떻게 이 버릇을 극복하고, 미국에서 가장 유능하고 온화하며 사교적인 사람이 되었는지 말해준다.

어느 날 프랭클린이 혈기왕성하던 청년시절에 퀘이커교 신자인 친구로부터 뼈아픈 진실을 들은 적이 있었다.

"벤, 너는 틀려먹었어. 상대가 너와 생각이 다르면 너무 공격적으로 말을 해서 모욕을 준단 말이야. 친구들이 네가 없을 때가 더 재미있다고 말해. 네가 너무 유식한 척해서 아무도 너와는 말을 하고 싶지 않아. 너랑 얘기하려고 노력해봤자 기분만 나빠지거든. 그러니 너는 지금 알고 있는 얄팍한 지식 이상으로는 발전할 가망이 없어."

프랭클린의 최고 장점중의 하나는 이런 비난의 말도 잘 받아들일 줄 안다는 데 있다. 그는 이 말을 인정할 만큼 마음이 넓고 지혜로웠으며 자신의 태도가 계속된다면 자신이 사람들로부터 소외당할지도 모른다고 생각했다. 그래서 그는 방향전환을 했다. 그는 즉시 완고하고 거만한 태도를 바꾸기로 결심했다.

"나는 남의 의견을 정면으로 반박하지 않기로 했습니다. 나는 '확실히'나 '의심할 나위 없이' 같은 단정적인 표현을 쓰지 않기로 결심했습니다. 대신에 '~라고 생각합니다.' '현재로서는 그렇게 생각합니다.' 같은 말을 하기로 했습니다. 누군가 잘못된 주장을 하더라도 곧바로 그 잘못을 지적하지 않고 그 대신 그의 생각이 어떤 경우에는 옳을지도 모르지만 지금 내 생각과는 다르다고 대답했습니다. 내가 태도를 바꾸니 대화가 즐거워지기 시작했습니다. 내 의견을 조심스럽게 꺼내니 상대로부터 적극적인 반응도 이끌어내고 비난도 덜했습니다. 내가 틀렸다는 말을 들어도 기분이 덜 나빠졌습니다. 내 생각이 옳을 때도 좀더 쉽게 상대를 설득할 수 있었습니다.

처음에는 성질을 죽이기가 힘들었지만 차차 쉽게 억제할 수 있었고 이것이 하나의 습관으로 굳어졌습니다. 아마 50년 동안 내가 독선적으로 이야기하는 것을 들은 사람은 없을 것입니다. 새로운 제도나 개정안을 제시할 때 국민들을 생각하게 되었고, 향후 위원회의 일원이 되어서도 큰 영향을 준 것 같습니다. 나는 말재주가 없어 웅변가가 아닙니다. 어휘선택도 오래 걸리고 선택한 어휘도 적절하지 않았지만 대부분의 경우 나의 주장을 관철시킬 수가 있었습니다."

사업에서 프랭클린의 방법을 어떻게 적용시킬 수 있을까?

두 가지 예를 들어보자.

뉴욕에서 정유 설비를 판매하는 F. J. 마호니는 롱 아일랜드의 중요한 거래처로부터 주문을 받았다. 거래처에 청사진을 제시하고 승인을 받아 설비를 제작하고 있었다. 그 와중에 사건이 터졌다. 고객이 지인들과 이야기를 하던 중 지인이 그 설비에 큰 결함이 있다고 말한 것이었다. 지인들은 설비가 폭이 넓다느니 짧다느니 이런 저런 이야기를 하면서 설비를 폄하했다. 고객은 마호니씨에 전화를 걸어 주문한 설비를 인수할 수 없다고 말한 것이다.

"저는 제품을 면밀히 검토하여 틀림이 없다는 사실을 확인했습니다. 고객과 그 친구들은 설비를 잘 모르기에 제가 그들의 실수를 지적한다면 만사가 끝장이라고 생각했습니다. 그래서 저는 고객을 만나기 위해 롱아일랜드로 갔습니다. 제가 고객의 사무실로 들어서자마자 그는 흥분해서 저에게 달려들 기세였습니다. 그는 한동안 분풀이를 한 후 이렇게 말했습니다. '대체 어쩔 셈이오?'

저는 침착하게 고객의 요구대로 하겠다고 대답했습니다. '돈을 지불하시는 입장이니 당연히 원하시는 물건을 구입할 권리가 있으십니다. 하지만 누군가는 책임을 져야하니까요. 선생님이 맞는다고 생각하시면 저에게 설계도를 주십시오. 지금까지 2천 달러의 비용이 들었지만 그것은 제가 부담하겠습니다. 하지만 선생님이 요구하시는 대로 만들 경우 야기되는 문제에 대한 책임은 선생님이 지셔야 합니다. 하지만 제 설계대로 계속 제작하게 해주신다면 그 책임은 제가 지겠습니다.'

그는 차분해지더니 마침내 이렇게 말했다.

'좋아요. 계속 진행하십시오. 잘 안되면 신이 도와주시겠지요.'

제 생각이 맞았고 그는 계속해서 똑같은 장치 두 개를 더 주문했습니다.

고객이 저를 모욕하고 제 얼굴에 주먹을 휘두르려 했을 때 온힘을 다해 그와 말다툼을 하지 않으려 했습니다. 계속 참았더니 참는 만큼의 소득은 있었습니다. 만약 제가 그와 논쟁을 했다면 고객은 소송을 걸고 저는 재정적으로 큰 타격을 입고 소중한 고객을 잃었을 것입니다. 상대의 잘못을 지적하는 일에는 결코 이익이 생기지 않습니다."

또 한 예를 들어보자. 이런 이야기는 주변에서 얼마든지 있을 수 있는 흔한 일이다. R.V. 크로울리는 가드너 테일러 목재회사의 세일즈맨이다. 그는 오랫동안 완고한 목재검사원들을 상대할 때마다 그들의 잘못을 지적해왔다. 논쟁이 벌어질 때면 그들을 꼼짝 못하게 했다. 결과는 좋지 않았다. 목재 검사원은 야구 심판과 같아서 그들이 판정을 내리면 절대 번복하지 않는다.

그는 논쟁에서는 이겼지만 그 때문에 회사는 수천 달러의 손해를 입었다. 내 강의를 들으면서 그는 절대로 논쟁을 하지로 않기로 결심했다. 결과는 어땠을까? 여기 수업에서 그가 한 이야기를 옮기겠다.

"어느 날 아침 사무실의 전화가 울렸습니다. 저희 회사에서 발송한 목재가 불합격 판정을 받았다고 고객이 노발대발이었습니다. 그의 회사는 목재 선적을 중단할 테니 빨리 목재를 인수하러 오라는 것이었습니다. 거의 4분의 1정도를 내렸을 때 검사계가 목재에 불합격품이 반 이상이라는 말을 했습니다. 이런 상황에서 그들은 인수받기를 거절한 것입니다.

저는 즉시 그곳으로 가면서 이 상황을 가장 잘 처리할 수 있는 방법을 생각해보았습니다. 평소대로라면 저는 당연히 다년간의 목재에 관한 지식을 살려 등급판정 기준에 대해 검사원의 잘못을 지적했을 것입니다. 하지만 이번에는 예전과는 달리 강좌에서 훈련한 규칙대로 해보기로 했습니다.

공장에 도착하니 그 회사 쪽 담당자와 검사관이 화난 표정으로 당장이라도 싸울 듯한 태세였습니다. 저는 그들과 함께 현장으로 가서 목재를 전부 내려서 상태를 볼 수 있도록 해달라고 요청했습니다. 저는 검사관에게 합격품과 불합격품을 가려 달라고 부탁했습니다.

검사관이 선별하고 있는 것을 보면서 그의 기준이 너무 엄격하고 법규를 잘못 해석하고 있다는 것을 발견했습니다. 문제가 된 것은 백송이었는데 제가 알기론 그 검사관은 단단한 나무에 관한 한 전문가지만 백송에 대해서는 경험이 많지 않았습니다. 백송에 관한 한 제가 전문가였지만 그가 재목의 등급을 매기는 방식에 대해서 어떠한 이의제기도 하지 않았습니다. 계속 그가 작업하는 것을 보고 조심스럽게 어떤 목재에 불합격 판정을 주었는지 질문을 시작했습니다. 그의 대답에 토도 달지 않았습니다. 그저 향후에 어떤 목재를 보내야 고객을 만족시킬지 알고 싶어서 질문했다는 것을 강조했습니다.

이런 식으로 친절하게 협조적으로 질문하고 계속해서 그들의 처사가 매우 정당했음을 말하다보니 그의 마음이 누그러지고 긴장감이 풀어지더군요. 가끔씩 주의 깊게 던진 제 말을 듣고 검사관은 퇴짜 놓은 재목들이 사실은 기준에 부합하고 자기들 기준에 맞추려면 더 비싼 목재가 필요하다는 생각을 하게 되었습니다. 제가 이런 것을 머릿속으로 계산하고 있다는 것을 검사관이 눈치 채지 못하도록 조심스럽게 행동했습니다.

그러자 검사관의 태도가 점점 변하더니 결국은 백송나무를 다룬 경험이 없다는 사실을 인정하면서 오히려 그 나무에 대해 제게 질문하기 시작했습니다. 저는 그 목재가 기준에 맞는다는 것을 설명하면서 지금이라도 마음에 들지 않는다면 인수를 하지 않아도 된다고 말했습니다. 그는 마침내 저희 제품에 퇴짜를 놓을 때마다 죄책감을 느꼈다는 말을 했습니다. 그리고 마침내 실수는 심사기준을 제대로 정해놓지 않은 자기 회사 측에 있다고 인정했습니다.

결국 그 검사관은 제가 떠난 후 다시 전체 목재를 검사하여 전부 구입하는 한편 대금 전액을 수표로 보내왔습니다.

이 한 가지 예를 보더라도 상대의 실수를 지적하지 않겠다는 결심과 작은 기지만으로 회사에 150달러의 이익을 올렸을 뿐 아니라 돈으로 가치를 따질 수 없는 상대의 호감까지도 얻을 수 있었습니다."

이 장에서 이야기한 규칙은 전혀 새로운 것이 아니다. 1900년 전에 이미 예수는 "원수와 빨리 화해하라."라는 말을 했다. 즉 상대가 고객이든 남편이든 정적이든 그들과 논쟁하지 마라. 상대가 틀렸다고 말하면서 상대를 들쑤시지 말고 약간의 사교적인 술책을 부려보아라.

2200년 전 예수가 태어나기 전 이집트의 악토이 왕은 아들에게 다음과 같은 지혜로운 충고를 했다. "외교적이 되어라. 이것은 너에게 큰 이익을 가져다 줄 것이다."

규칙 2

상대 의견에 경의를 표하고 상대의 잘못을 지적하지 마라.

3 잘못을 솔직하게 시인해라

나는 지리상으로는 뉴욕 한복판에 살지만 집 가까이에 원시림이 있다. 그곳에는 봄이 되면 산딸기가 흰 꽃들을 피우고 다람쥐가 살며 잡초들은 무성해진다. 이 숲은 '숲의 공원'이라고 불린다. 이 숲은 아마도 콜럼버스가 신대륙을 발견했을 때와 비교해도 별로 달라지지 않았을 것이다. 나는 보스턴 불독 렉스와 이 공원을 자주 산책한다. 이 개는 사람을 잘 따르는 온순한 개다. 공원에는 사람이 거의 없기 때문에 목줄도 입마개도 하지 않고 데리고 다닌다. 어느 날 나는 권위를 보이고 싶어 안달 난 경찰관과 마주쳤다.

"공원에서 개를 목줄도, 입마개도 안하고 풀어놓으면 어쩌겠다는 겁니까? 법에 어긋난 다는 것을 모르십니까?

"네, 알고 있습니다. 하지만 순한 개라 사람을 물거나 하지 않을 것 같아 괜찮다고 생각해서요."

"생각된다구요? 법은 당신 생각에 따라 바뀌는 것이 아닙니다. 그 개가 다람쥐를 죽이거나 아이를 물수도 있습니다. 이번에는 그냥 넘어가지만, 한 번 더 이 개가 입마개나 목줄도 없이 돌아다니는 것을 보면 당신을 재판에 넘기겠소."

나는 앞으로는 조심하겠다고 약속했다.

나는 정말이지 몇 번은 경찰관의 말대로 했다. 하지만 렉스는 입마개를 좋아하지 않았고 내 마음도 편하지가 않았다. 그래서 우리는 한번만 그냥 목줄이나 입마개 없이 나가보기로 했다. 며칠은 잘 넘어갔는데 그만 걸리고 말았다. 어느 날 오후 렉스와 나는 언덕배기까지 달려갔다. 갑자기 말을 탄 경찰관과 마주치고 말았다. 렉스는 곧장 경찰관이 있는 쪽으로 달려갔다.

나는 꼼짝없이 걸렸다. 그래서 나는 경찰관이 말하기 전에 먼저 선수를 쳐서 말했다.

"드디어 현행범이 되고 말았네요. 제가 법을 어겼습니다. 변명의 여지가 없습니다. 지난주에 입마개 없이 다시 한 번 나오면 벌금을 물리겠다고 경고하셨지요."

"글쎄요. 저런 조그만 개라면 사람을 해치지는 않겠네요." 경찰관이 말했다.

"아닙니다. 다람쥐를 죽일지도 몰라요." 나는 말했다.

"문제를 너무 심각하게 생각하시는군요. 당신이 할 일을 말해줄게요. 강아지를 내가 볼 수 없는 언덕 너머까지 달리게 하십시오. 그러면 우리 모두 이 일을 잊어버릴 겁니다."

경찰관도 사람이니 그도 자기 중요감을 느끼고 싶어 했다. 그래서 내가 내 죄를 인정하자 그가 자존감을 만족시킬 수 있는 유일한 방법은 나를 용서하는 아량을 베푸는 일이었다.

하지만 내가 변명에 급급했다면 어땠을까? 경찰관과 말다툼해본 적이 있는가?

경찰과 논쟁하는 대신에 그가 전적으로 옳고 내가 전적으로 틀렸음을 인정했다. 나는 잘못을 즉시 솔직하게 인정했다. 나는 그의 입장에서 상대는 나의 입장에서 생각하니 원만하게 해결되었다. 불과 일주일 전만해도 법 운운하며 겁을 주던 경찰관이 이렇게 친절하게 변하다니 정말 놀라운 일이었다.

다른 사람에게서 비난을 듣느니 스스로 자신을 비판하는 편이 훨씬 낫다. 자신의 잘못을 알았다면 상대가 악담을 퍼붓기 전에 내가 먼저 앞질러 하는 것이 좋다. 그렇게 되면 상대는 풀이 죽어 더 이상 할 말이 없어진다. 십중팔구 나와 렉스를 용서해준 경찰관처럼 상대는 관대해지고 당신의 잘못을 눈감아준다.

상업 미술가인 페르디난드 워렌은 까다롭고 부정적인 고객을 대할 때 이 방법을 사용했다.

"광고나 출판용 그림은 간결하고 정확한 것이 중요합니다. 어떤 미술 편집자들은 주문한 그림을 빨리 해달라고 재촉합니다. 이런 경우에 자칫하면 사소한 실수가 생기기 쉽습니다. 나는 사소한 잘못을 찾아서는 비평하는 재미로 사는 미술감독을 알고 있는데 종종 그의 사무실을 화가 나서 나갈 때가 있습니다. 그의 비평 때문에 화가 나서가 아니라 그가 비평하는 방법이 마음에 들지 않아서일 때가 많습니다. 최근에 급하게 그의 작업을 진행한 적이 있었는데 사무실에 빨리 와달라는 그의 전화를 받았습니다. 잘못된 것이 있다는 것이었습니다. 사무실에 도착하자 제가 예상한 대로 그는 마구 혹평을 퍼부었습니다. 그는 화가나서 이렇게 그린 저의 의도를 물었습니다. 제가 그동안 꾸준히 공부해온 자기비판의 방법을 응용할 기회가 드디어 왔습니다. 그래서 저는 이렇게 말했습니다.

"당신이 말한 것이 사실이라면, 잘못은 저에게 있습니다. 정말 죄송합니다. 오랫동안 일해 와서 이제는 알 법도 되었는데 정말 제 자신이 부끄럽습니다."

즉시 그는 저를 옹호해주기 시작했습니다.

"그렇기는 하지만, 큰 잘못은 아닙니다. 그저……"

저는 곧바로 그의 말에 끼어들었습니다. '사소한 잘못이라도 잘못은 잘못이니까요. 사람을 짜증나게 하지요.'

그는 제 말을 자르고 끼어들기 시작했습니다. 하지만 저는 그에게 끼어들 틈도 주지 않았습니다. 정말 신나는 경험을 했습니다. 난생처음 제 자신을 꾸짖고 있었지만 정말 기분이 좋았습니다.

'제가 좀더 주의 깊게 작업했어야 했는데 죄송합니다. 제게 일거리를 많이 주셔서 저로서는 정말 최선을 다했어야 했는데 죄송합니다. 다시 작품을 시작하겠습니다.'

'아니, 아니요! 다시 그런 수고를 하실 필요는 없습니다.'

그는 저의 작업을 칭찬하기 시작하며 작품을 약간 변형하기만 하면 된다고 강조했습니다. 그리고 제가 한 작은 실수는 그의 회사에 어떤 금전적 손해도 끼치지 않으니 걱정하지 말라며 위로하기까지 했습니다.

제가 대놓고 저의 실수를 인정하자 그 평론가의 전의는 상실되었습니다. 그는 제게 점심식사를 대접하기까지 했습니다. 우리가 헤어지기 전에 수표를 주며 다른 작업까지 맡겼습니다."

어떤 바보라도 자기 잘못에 대한 변명을 하려고 한다. 역사 기록에서 가장 아름다운 장면은 로버트 리 장군이 자신의 잘못을 시인한 것이다. 게티즈버그 전투에서 피켓 장군의 공격 실패의 책임을 자신에게 돌린 것이다.

피켓 장군의 돌격은 의심할 여지없이 역사상 가장 아름답고 그림 같은 공격이었다. 피켓 장군의 모습은 그림 같았다. 그는 머리를 길게 늘어뜨려 머리가 거의 어깨까지 닿았다. 이탈리아 전선에서의 나폴레옹처럼 전장에서 거의 매일 열렬한 연애편지를 썼다. 비극적인 7월의 어느 날 오후 그가 모자를 비스듬히 쓰고 의기양양하게 말에 올라 적진으로 진격하자 그의 충성스러운 군대는 환호했다. 그들은 함성을 지르며 장군의 뒤를 따랐다. 군기는 펄럭이고 총검은 태양아래 빛났다. 웅장하고 장엄한 광경이었다. 북군이 그 광경을 보자 찬탄의 웅성거림이 일었다.

피켓의 군대는 과수원과 옥수수 밭을 지나 초원과 계곡을 통과하며 진격했다. 적의 대포가 전열에 큰 구멍을 내었다. 하지만 그들은 계속 진격했다.

세미터리 리지의 돌담 뒤에서 갑자기 매복해있던 북군의 보병이 나타나 피켓의 군대에 일제사격을 가했다. 세미터리 리지의 언덕은 순식간에 불바다가 되고 시체로 뒤덮였다. 불과 몇 분 사이에 피켓 장군의 사령관들은 한 명만 빼고 모두 죽었고, 5천명의 부하 중 4천명이 전사했다. 최후의 돌격을 이끈 아미스테드 장군은 돌담을 단숨에 뛰어넘고 총검에 끼운 모자를 흔들며 외쳤다.

"돌격!"

군인들은 돌격했다. 그들은 돌담을 뛰어넘어 적을 향해 총검을 휘둘렀다. 곤봉처럼 생긴 머스캣 총으로 적을 무찌르고 세미테리 리지에 남군 군기를 꽂았다. 그 깃발은 아주 잠시 동안 펄럭였지만 그 순간은 남부 동맹군에 최고의 순간으로 기록되었다.

피켓 장군의 돌격은 영웅적이었지만 종말의 시작에 불과했다. 리 장군은 패배했다. 그는 북군을 이길 수 없었고 그도 잘 알고 있었다. 남부 동맹군의 운명은 이미 정해져있었다.

리 장군은 너무나 낙심하고 충격을 받아 남부 동맹의 의장인 제퍼슨 데이비드에게 사의를 표명하고 젊고 유능한 사람을 총사령관으로 임명해달라고 요청했다. 만약 리 장군이 피켓 장군의 실패 이유를 다른 곳에서 찾으려 했다면 많은 이유를 찾을 수 있었을 것이다. 몇몇 사단장이 그의 명령에 따르지 않았고 돌격대를 지원할 기병대도 늦게 도착했다.

하지만 리 장군은 고결한 사람이어서 책임을 남에게 전가하지 않았다. 처참한 모습의 패잔병이 남부동맹으로 돌아오자 리 장군은 몸소 그들을 맞이하기 위해 나갔다. 리 장군은 다음과 같이 자신의 잘못을 탓하며 말했다. "이 모든 것이 내 잘못이며, 모든 책임은 나에게 있다."

역사상 자신의 실패를 인정할 수 있는 용기를 가진 장군은 거의 없었다.

엘버트 허버드는 가장 독창적인 작가 중 한 명이었다. 그의 신랄한 문장은 몇 차례나 사람들의 분노를 샀다. 하지만 보기 드물게 사람을 잘 다루는 기술을 가진 허버드는 적을 친구로 만들었다.

분노한 독자에게 항의 서한을 받으면 엘버트 허버드는 다음과 같이 편지를 썼다.

> 생각해보니 저도 제 의견에 전적으로 동의하지는 않습니다. 어제 쓴 글을 오늘 다시 읽어보면 다른 생각이 드니까요. 독자분의 의견을 알게 되어서 기쁩니다. 다음번에 근처 지나실 일이 있으면 방문해주십시오. 이 점에 대해 함께 철저하게 검토해 봅시다. 멀리에서 박수를 보냅니다.
>
> 엘버트 허버드 드림

당신에게 이렇게 대해주는 사람에게 더 이상 무엇을 할 수 있겠는가?

자기가 옳았을 때에는 상대를 점잖고 교묘하게 설득하도록 하자. 틀렸을 때에는(틀렸을 때가 의외로 많다.) 실수를 빨리 인정하자. 이런 방법은 놀랄만한 결과를 가져올 뿐만 아니라 자신의 잘못을 방어하는 것보다 훨씬 재미있다.

옛 속담을 기억하자. "싸우면 얻는 것이 없지만 양보하면 기대한 것보다 더 많이 얻을 수 있다."

규칙 3

잘못은 빨리 기분 좋게 인정하라.

4 상대를 설득하는 가장 빠른 방법

화가 나서 상대에게 퍼붓고 나면 기분은 풀릴 것이다. 하지만 상대는 어떨까? 그도 기분이 좋을까? 당신의 호전적인 어조와 태도로 상대를 설득할 수 있을까?

우드로 윌슨 대통령은 다음과 같이 말했다. "당신이 주먹을 쥐고 덤비면 상대도 주먹을 쥐고 덤빈다. 하지만 '우리 앉아서 이야기해 봅시다. 우리가 서로 다른 견해를 갖고 있다면 그 이유와 차이점을 함께 따져봅시다.' 라고 말하면 의견 차이가 그다지 큰 것이 아니며 오히려 같은 점이 더 많다는 것을 알게 될 것이다. 인내와 솔직함과 선의를 가지면 문제는 해결된다."

우드로 윌슨이 한 말의 진가를 누구보다도 더 잘 알고 있는 사람은 록펠러 2세였다. 1915년 록펠러는 콜로라도에서 공분을 사고 있는 사람이었다. 미국 산업역사상 최악의 파업이 2년 동안 이어지고 있었다. 성난 광부들이 록펠러가 소유한 콜로라도 석유 철강 회사에 몰려가 임금인상을 요구했다. 회사 기물이 파괴되고 군대까지 동원되었다. 유혈사태가 벌어져 시위자들이 총에 맞았다.

증오가 팽배하던 그때 록펠러는 그 만의 방식으로 파업에 참가한 노동자들의 마음을 사로잡았다. 여기 그 일화를 들려주겠다. 몇 주에 걸쳐 포섭공작을 펼친 후 노동자 대표들을 모아 놓고 그들에게 연설했다. 이 연설은 걸작이었다. 연설은 놀라운 결과를 이끌어냈다. 연설은 증오를 가라앉혔고 록펠러 추종자들도 생겨났다. 우호적인 방법으로 사실을 말했기 때문에 파업 노동자들은 그들이 그토록 외쳤던 임금인상에 대한 언급 한 마디 없이 일터로 돌아갔다.

그 유명한 연설의 처음 부분을 인용해보겠다.

불과 며칠 전만해도 분노에 사로잡혀 록펠러의 목을 나무에 매달고 싶어 하던 사람들에게 록펠러가 연설하고 있다는 것을 기억해라. 그의 어조는 선교사에게 말하는 것보다 더 우호적이었다.

"이 자리에 선 것이 자랑스럽습니다. 집에 방문하여 가족들과 만났기 때문에 우리는 남이 아니라 친구로서 만나고 있는 것입니다. 제가 이 자리에 있는 것은 여러분의 호의 덕분입니다.

오늘은 제 인생에서 특별한 날입니다. 이 큰 회사의 임원진, 노동자 대표들과 만날 수 있는 것은 저에게 큰 행운이라고 생각합니다. 이 자리에 참석한 것은 저에게 큰 영광입니다. 이 모임을 제 평생 영원히 기억하겠습니다. 이 모임이 2주전에 열렸다면 저는 극소수의 몇 명을 제외하고는 대부분의 분들과는 낯선 사이였을 것입니다. 지난 2주 동안 남부 탄광촌을 방문하여 그 자리에 없던 분들을 제외하고는 모든 근로자 대표들과 이야기를 나눴고 여러분의 가정을 방문하여 가족들을 만나볼 수 있었기 때문에 우리는 생판 남이 아닌 친구로 만나는 것입니다. 우호적인 분위기에서 우리의 공통관심사를 의논할 수 있게 되어 정말 기쁩니다. 이 모임은 회사의 직원과 근로자 대표의 모임이기 때문에 제가 여기 있는 것은 여러분 덕분입니다. 불행히도 저는 여러분 중 어느 한편에도 끼지 못하지만 주주와 이사회의 대표로서 여러분들과 긴밀히 연관되어 있다고 생각합니다."

이것이야 말로 적을 친구로 만드는 경의적인 방법 중에 훌륭한 예가 아닐까?

록펠러가 다른 방법을 사용했다고 가정해보자. 록펠러가 광부들과 논쟁하고 잘못이 노동자들에게 있다고 지적하거나 논리적으로 증명하려했다면 어떻게 되었을까? 광부들의 분노는 커지고 증오와 폭동이 일어났을 것이다.

다른 사람이 당신에 대한 나쁜 감정을 품고 있으면 이 세상 어떤 논리로도 그의 마음을 돌릴 수 없다. 아이들을 꾸짖는 부모, 윽박지르는 직장 상사와 남편 그리고 잔소리 하는 아내들은 사람들은 생각을 바꾸기 좋아하지 않는다는 사실을 깨달아야 한다. 사람들을 강제로 윽박지른다고 해서 그들의 의견이 당신의 의견과 똑같아 지지 않는다. 하지만 우리가 친절하고 다정하게 대하면 사람들의 생각이 바뀔 수도 있다.

링컨은 백 년 전에 이런 말을 했다.

> "한 방울의 꿀이 한 통의 쓸개즙보다 더 많은 파리를 잡는다." 는 말은 만고의 진리이다. 그러므로 상대의 마음을 얻고 싶으면 먼저 당신이 진정한 친구임을 확신시켜라. 그것이 사람의 마음을 사로잡는 한 방울의 꿀이며 사람의 이성에 호소하는 최고의 방법이다.

파업노동자에게 우호적으로 대하는 것이 도움이 된다는 것을 사업가들은 알고 있다. 예를 들어 화이트 자동차 회사의 2천 5백 명 노동자들이 임금인상과 유니언 숍 제도의 도입을 요구하며 파업을 벌였을 때 사장 로버트 블랙은 화를 내거나 비난하거나 협박하지 않았고 공산주의자들이라 비판하지 않았다. 그는 클리브랜드 신문사에 "평화롭게 파업하는 노동자들"을 칭찬하는 광고를 냈다. 농성을 벌이는 노동자들이 빈둥거리고 있자 그는 그들에게 배트와 글로브를 사주며 공터에서 야구를 하라고 했다. 볼링을 좋아하는 사람들에게는 볼링장을 세내어 주었다.

그가 호의를 베풀자 상대측에서도 호의를 베풀었다. 노동자들이 빗자루와 삽, 쓰레기차를 빌려 공장주변의 성냥개비들, 종이, 담배꽁초를 줍기 시작한 것이다. 임금인상을 위해 싸우는 노동자들이 공장을 청소하는 모습을 상상해보라! 격렬한 투쟁으로 얼룩진 미국 노동사상 일찍이 볼 수 없었던 광경이었다. 이 파업은 일주일도 지나지 않아 타결되었고 쌍방에 어떤 악감정도 없었다.

다니엘 웹스터는 당당한 풍채와 화려한 언변으로 성공한 변호사중 한명이었다. 하지만 재판에 임할 때 온화한 태도로 임했다. 변론을 시작할 때 "배심원님들께서 고려할 가치가 있으리라 생각됩니다." "배심원님들께서 놓치지 않으리라 생각되는 사실들을 말씀드리겠습니다." "인간의 본성을 잘 알고 계시는 배심원 여러분들께서 이 사안의 중요성을 쉽게 파악하시리라 생각됩니다."라는 말들로 서두를 시작했다.

그는 밀어붙이지도 않고 강압적인 태도를 취하지도 않았다. 자신의 의견을 상대에게 강요하지도 않았다. 웹스터는 부드러운 말로 조용하고 다정스럽게 접근하는 방법을 사용해서 유명하게 되었다.

당신은 파업을 해결하거나 배심원단 앞에서 말할 일이 없을지도 모른다. 하지만 임대료를 깎아 달라고 부탁할 일이 있을 수도 있다. 이런 온건한 접근방법이 효과적일까? 예를 들어보겠다.

엔지니어인 스트로브는 임대료를 깎고 싶었다. 하지만 집주인은 완고한 사람이었다. 그가 내 강연에서 한 이야기를 옮기겠다.

"저는 옮기고 싶지 않지만 계약이 만료되는 대로 아파트를 비우겠다고 집주인에게 편지를 썼습니다. 임대료를 깎아주면 계속 살고 싶었습니다. 하지만 상황은 희망이 없는 상태였습니다. 다른 세입자들도 모두 시도해봤지만 실패했습니다. 모든 사람들이 집주인이 상대하기 아주 어려운 사람이라고 말했습니다. 하지만 저는 혼잣말했습니다. '사람을 대하는 방법을 배우고 있으니 한번 방법을 써보고 어떻게 되는지 봐야지.' 집주인과 비서가 편지를 받자마자 저를 찾아왔습니다. 저는 그들을 반갑게 맞이했습니다. 저는 임대료가 얼마나 높은지에 관한 말로 대화를 시작하지 않았습니다. 대신에 제가 그의 아파트를 얼마나 좋아하는지 장황하게 이야기하기 시작했습니다. 그가 건물을 관리하는 방식에 경의를 표하고 몇 년 더 건물에 세 들고 싶지만 그럴 여력이 안 된다고 말했습니다.

그는 확실히 임차인에게서 그런 환대를 받은 적이 없는 듯 보였습니다. 뭐라고 말해야 할지 잘 모르는 듯 보였습니다.

시간이 좀 흐른 뒤에 그는 자신의 고충을 이야기하기 시작했습니다. 임차인들에 대해 불평을 늘어놓았습니다. 어떤 임차인은 그에게 14통의 편지를 썼습니다. 그 편지들 중 몇 통은 정말 모욕적이기까지 하다고 털어놓았습니다. 위층에 사는 사람의 코고는 소리를 막아주지 않으면 계약을 파기하겠다고 위협한 사람도 있었다고 합니다. 그는 '당신처럼 만족해하는 입주자를 보니 정말 위안이 됩니다.' 라고 나에게 말했다. 제가 부탁도 하지 않았는데 그는 임대료를 약간 깎아주었습니다. 저는 좀더 깎아주기를 원해서 제가 지불할 수 있는 금액을 말하자 그는 두말 않고 승낙했습니다.

그는 집을 떠나면서 저를 돌아보고 물었습니다. '실내 장식을 해주고 싶은데 어떻게 해드릴까요?'

제가 다른 세입자들이 했던 방식으로 임대료를 깎아 달라고 했다면 저도 십중팔구 실패했을 것입니다. 제가 임대료를 깎을 수 있었던 비결은 따뜻한 태도로 진심으로 고맙게 여겼기 때문이었습니다."

다른 예를 들어보자. 이번에는 사교계에서 유명한 부인, 롱아일랜드의 가든시티에 살고 있는 도로시 데이 부인의 이야기이다.

"저는 최근에 소규모의 오찬 모임을 가졌습니다. 저에게는 중요한 행사였지요. 당연히 저는 모든 것이 물 흐르듯 자연스럽게 진행되기를 원했습니다. 이런 모임을 가질 때는 언제나 에밀이라는 유능한 급사장이 행사진행을 해줬는데 이번에는 그가 저를 실망시켰습니다. 모임은 완전한 실패였습니다. 에밀은 어디에도 보이지 않았습니다. 그는 웨이터 한명만을 보냈습니다. 웨이터는 이 모임이 중요한 모임이라는 것을 모르는 듯했습니다. 그는 계속해서 주빈에게 가장 마지막으로 음식 서빙을 했습니다. 한번은 큰 접시에 작은 셀러리 한 개만 덜렁 담아 내 놓는 것이었습니다. 고기는 질기고 감자는 기름졌습니다. 행사는 엉망이었습니다. 저는 아주 화가 났지만 행사 내내 미소 지으려 애썼습니다. '다음에 에밀을 만나면 아주 호되게 따져야겠어.' 라고 마음속으로 계속 되뇌었습니다.

이 일이 있었던 것은 수요일이었는데 다음날 밤에 인간관계에 대한 강연을 들었습니다. 들으면서 에밀에게 따지는 것은 현명하지 못하다는 사실을 깨달았습니다. 제가 따지면 에밀을 더 화나게 만들어 그는 절대 제 일을 도와주지 않을 것이라는 생각이 들었습니다. 저는 이 일을 그의 입장에서 보려고 노력했습니다. 요리의 재료를 산 것도, 요리를 한 것도 그가 아니었습니다. 그의 직원 중에는 멍청한 직원도 있을텐데 그의 힘으로는 직원들을 통제하기 힘들 것 같았습니다. 그래서 그를 탓하는 대신 그에게 부드럽게 이야기하기로 했습니다. 다음날 저는 에밀을 만났습니다. 그는 저를 경계하여 화난 표정을 짓고 있었습니다. '에밀, 당신은 우리 집 파티에서는 없어서는 안 될 사람이에요. 제가 아는 한 당신은 뉴욕에서 최고의 급사장입니다. 재료구입이나 요리는 당신의 책임이 아니니 수요일에 모임이 엉망이 된 것은 당신의 책임이 아녜요.'

그러자 굳은 얼굴로 내 말을 듣던 에밀은 환하게 웃으며 말했습니다. '부인, 그날 요리사들이 큰 실수를 했네요. 제가 관여할 수 있는 부분이 아니었습니다.'

저는 계속해서 말을 이어나갔습니다. '다른 모임이 잡혀있는데, 에밀 당신의 조언이 필요해요. 이번에도 그 요리사에게 일을 맡겨야 하나요?'

'저번과 같은 일은 다시는 없을 겁니다.'

다음 주에 오찬 모임을 열었습니다. 에밀과 저는 메뉴를 함께 짰습니다. 저번의 잘못은 언급하지도 않았습니다.

우리가 도착하자 탁자는 아름다운 장미로 장식되어있었습니다. 에밀은 행사 내내 자리를 지키면서 행사 진행을 도왔습니다. 여왕을 모신다고 해도 이런 서비스는 바랄 수 없을 것이라고 생각했습니다. 음식은 완벽했고 서비스도 훌륭했습니다. 웨이터도 저번과는 달리 4명이나 있었습니다. 식사 후에는 마무리로 맛있는 박하과자를 에밀이 직접 서빙했습니다.

행사가 끝나고 손님들이 떠날 때 주빈이 물었습니다. '급사장에게 마술이라도 걸었어요? 이렇게 완벽한 서비스를 어디에서도 본 적이 없어요.'

맞습니다. 저는 부드러운 태도와 진심어린 칭찬으로 에밀에게 마술을 걸었습니다."

오래전에 내가 미주리 주의 시골학교에 다니던 시절에 태양과 바람이 힘자랑하는 우화를 읽은 적이 있었다. 그들은 누가 힘이 센지 내기를 했다. 바람이 말하길, "내가 더 힘이 세지. 두꺼운 외투를 입은 노인이 보이지? 내가 너보다 더 빨리 저 사람이 외투를 벗게 할 수 있어."

그러자 태양은 구름 뒤로 몸을 숨기고 바람은 세게 불었다. 하지만 바람이 불면 불수록 노인은 점점 더 단단히 외투로 몸을 감쌌다.

북풍은 기진맥진해서 마침내 포기했다. 그러자 태양이 구름 뒤에서 나와 노인을 향해 부드럽게 미소 지었다. 오래지 않아 노인은 이마의

땀을 훔치더니 외투를 벗었다. 태양은 바람에게 온화함과 친근함이 분노와 폭력보다 강하다고 말했다.

내가 아주 어렸을 때 이 이야기를 읽을 무렵 내가 모르는 멀리 떨어진 교육과 문화의 도시 보스턴에서 이미 이 우화가 옳다는 사실이 A. H. B라는 의사에 의해 증명되고 있었다. 그로부터 30년 후 이 의사는 내 강연에 수강생으로 참여했다. 여기 내 수업에서 그가 한 이야기를 옮겨 보겠다.

당시 보스턴의 신문에는 돌팔이 의사들의 광고로 가득했다. 낙태를 전문으로 하는 의사, 환자들의 공포심을 자극해서 돈만을 뽑아내려고 하는 엉터리 의사들이 광고로 환자모집을 하고 있었다. 낙태수술을 전문으로 하는 의사들은 많은 여성들을 죽음으로 내몰았지만 기소는 거의 되지 않았다. 많은 의사들이 약식 벌금을 내거나 정치적 압력으로 사건을 무마하고 있었다.

상황은 점차 악화되어서 급기야 보스턴의 양식 있는 사람들이 들고 일어났다. 목회자들은 연단을 치면서 신문들을 비난하고 하나님이 이 광고를 막아달라고 기도를 하였다. 각종 민간단체, 사업가, 부인회, 교회, 청년단체들이 들고 일어나 비난했지만 소용없었다. 이런 종류의 신문광고를 금지하려는 법률을 둘러싸고 의회에서도 공방전이 벌어졌지만 매수와 정치적 압력으로 실패로 끝났다,

B씨는 당시 보스턴 시 기독교 연합회 회장이었다. 그의 위원회는 전력을 다했지만 실패하고 말았다. 의료범죄에 대한 투쟁은 절망적이었다.

어느 날 밤 B씨의 머리에 아무도 생각하지 못했던 방법이 떠올랐다.

그는 친절, 동정, 감사의 방법을 쓰기로 했다. 신문발행인들이 자발적으로 광고를 중단하게 만들 수 있는 방법이었다. 그는 보스턴 헤럴드의 발행인에게 그 신문을 찬탄하는 편지를 썼다.

"신문의 오랜 독자입니다. 신문기사가 자극적이지 않고 간결하며 사설 또한 뛰어납니다. 뉴잉글랜드는 물론 미국을 통틀어 가장 뛰어난 가족을 위한 신문이라고 생각합니다. 하지만 제 지인의 어린 딸이 한번은 귀사의 광고 중에 낙태의사의 광고를 읽고는 아버지에게 광고에 나오는 낱말 뜻을 질문했습니다. 솔직히 그는 당황해서 뭐라 할 말이 없었다고 하더군요. 보스턴의 상류가정에서 귀사의 신문을 많이 읽는데 이런 사태가 다른 가정에서도 일어나지 않을까요? 당신에게 어린 딸이 있다면 이 광고를 읽게 하고 싶습니까? 당신의 딸이 광고를 읽고 그 내용을 당신에게 질문하면 당신은 뭐라고 설명하겠습니까? 보스턴 헤럴드와 같은 일류 신문에 아버지로서 딸이 읽지 않았으면 하고 두려워하는 부분이 있다는 것은 유감입니다. 다른 구독자들도 저와 같은 생각을 하지 않을까요?"

이틀 후에 보스턴 헤럴드의 발행인이 B씨에게 답장을 보내왔다. B씨는 그 답장을 30년이나 보관해왔다. 나는 내 앞에 발행인이 1904년 10월 13일에 쓴 편지를 갖고 있다.

B 선생님께

보내주신 편지를 읽고 큰 책임감을 느낍니다. 제가 취임한 이후로 줄곧 고민해오고 있던 문제를 이제는 해결해야할 시점이 온 것 같습니다.

월요일 이후 보스턴 헤럴드에 문제가 있는 광고는 개제하지 않도록 하겠습니다. 부득이하게 게재하는 의료광고에 대해서는 절대로 불미스러운 일이 일어나지 않도록 철저하게 편집하도록 하겠습니다.

다시 한 번 편지 보내주셔서 감사드립니다.

발행인 W. E. 하스켈 올림

이솝은 기원전 6백년 경 크노소스 궁에 살던 그리스 노예였는데 불멸의 우화를 썼다. 인간 본성에 대한 진리는 25세기전 아테네에서와 마찬가지로 보스턴과 버밍햄에서도 똑같이 적용되고 있다. 태양은 바람보다 더 빨리 당신의 외투를 벗길 수 있다. 친절한 태도와 칭찬은 호통과 비난보다 더 쉽게 사람들의 마음을 바꾼다.

링컨이 한 말을 기억하자. "한 방울의 꿀이 한통의 쓸개즙보다 더 많은 파리를 잡는다."

규칙 4

우호적인 태도로 말을 시작해라.

5 소크라테스의 비결

사람들과 이야기할 때 이견이 있는 문제에 대해 먼저 논의하지 마라. 동의하는 것에 대해 말을 시작하고 계속 그것을 강조하라. 나와 상대가 같은 목표를 향해 가고 있음을 강조하고 다른 점이 있다면 목표 추구를 위한 방법이지 목표 그 자체는 아니다.

다른 사람이 처음부터 "네, 네"라고 말하게 하고 "아니요"라는 말은 하지 않도록 해라.

오버스트리트 교수에 따르면 '아니요'라는 반응은 가장 극복하기 어렵다. 사람이 '아니요' 라고 말하면 자존심 때문에라도 그 말을 번복하지 않으려 한다. 나중에 '아니요' 라는 대답이 너무 경솔한 것이 아니었나 의심이 되어도 자존심 때문에 말을 바꾸지는 않는다. 일단 말을 하면 사람은 그 말을 끝까지 고집한다. 그러므로 처음부터 상대에게 '예' 라는 대답을 이끌어내는 것이 중요하다.

노련한 연사는 처음부터 청중으로부터 '네' 라는 대답을 이끌어낸다. 그러면 청중의 심리는 긍정적인 방향으로 움직인다. 그것은 당구공의 움직임과도 같다. 당구공의 방향을 바꾸게 하는 것은 힘이 들고 반대방향으로 굴러가게 하려면 더 큰 힘이 필요하다.

심리적인 움직임은 분명한 형태로 나타난다. 사람이 진심으로 '아니요'라고 말하면 단순히 입으로만 말하는 것 이상으로 많은 일이 일어난다. 분비샘, 신경, 근육 등의 모든 조직이 일제히 거부반응을 나타낸다. 대개는 미미한 정도지만 가끔은 눈에 띌 정도로 심하게 거부 현상이 일어난다. 신경과 근육의 조직이 방어태세를 취하고 있는 것이다. 하지만 "예"라고 말하면 이런 거부 반응은 일어나지 않는다. 신체 기관은 전향적이며 수용적이며 개방된 태도를 띈다. 그러므로 "예"라고 더 많이 말할수록 상대를 내가 생각하고 있는 방향으로 이끌기가 쉬워진다.

다른 사람에게 "예"라는 대답을 하게 하는 기술은 매우 간단하다. 하지만 이 쉬운 것을 우리가 얼마나 많이 무시해왔는가! 무조건 반대해서 자신의 중요성을 부각시키려는 것처럼 보이는 사람들이 있다. 급진적인 사람이 보수적인 사람과 만나면 곧 상대를 화나게 한다. 도대체 그렇게 하면 무슨 이익이 있다는 말인가? 쾌감을 맛보려고 그런다면 그럴 수도 있겠지 하는 생각이 든다. 하지만 무엇인가를 성취하고자 한다면 멍청한 짓을 하고 있는 것이다.

학생이건 고객이건 가족이건 처음에 '아니요'라는 대답을 하면 그것을 '예'로 바꾸는 데 상당한 지혜와 인내심이 필요하다.

뉴욕 그리니치 은행의 제임스 에버슨은 이 "예"라고 말하게 하는 방법을 사용해서 잃을 뻔한 우수고객을 붙잡는데 성공했다.

에버슨의 이야기는 다음과 같다.

"어떤 사람이 계좌를 개설하러 왔는데 늘 사용하는 양식을 주면서 적으라고 했습니다. 몇 가지 항목은 기꺼이 기재했지만 몇 가지에 대해서는 쓰기를 거절했습니다.

인간관계를 공부하기 전에는 이 고객에게 양식을 다 적지 않으면 계좌개설이 안 된다고 말했습니다. 부끄럽지만 예전에는 그렇게 했습니다. 당연히 그런 말을 하면 제가 중요한 사람인 듯 느껴져서 기분이 좋았지요. 은행의 규정은 어길 수 없다는 사실을 말하면서 은행에서 누가 갑의 위치에 있는지 보여주는 데 우쭐해했습니다. 하지만 이런 태도는 은행의 고객이 되려고 일부러 찾아온 손님에게는 불쾌감을 주었을 것입니다.

저는 이 날은 상식적으로 고객의 입장에서 행동해보기로 했습니다. 은행이 원하는 것이 아니라 고객이 원하는 것을 말하기로 결심했습니다. 저는 처음부터 고객이 '네'라고 말하도록 하려고 했습니다. 그래서 우선 고객의 말에 동의했습니다. 그가 쓰기 싫어하는 항목은 사실 아주 중요한 정보는 아니라고 말했습니다.

그런 다음 '하지만 만일 손님께서 갑자기 사망하시기라도 한다면 법정 상속인이 돈을 받으시는 게 좋지 않을까요? 그래서 법정 상속인을 기재하라고 은행에서 말하는 것입니다.' 다시 그는 '예'라고 대답했습니다.

은행이 고객을 위해 정보기재를 요구한다는 생각이 들자 고객의 태도는 누그러졌습니다. 은행을 나서기 전에 고객은 은행이 요구하는 모든 정보를 주었을 뿐만 아니라 제 권유로 어머니를 수혜자로 지정하는 신탁계정도 개설하고 어머니에 관한 모든 질문에도 선뜻 대답해 주었습니다.

처음부터 고객으로부터 긍정적인 대답을 하게 했더니 처음에 했던 생각을 잊고 저의 제안을 흔쾌히 따라주었습니다."

다음은 웨스팅하우스사의 영업사원 조셉 앨리슨의 이야기이다.

"제가 담당하고 있는 구역에 제가 물건을 꼭 팔아보고 싶은 사람이 있었습니다. 제 전임자가 10년 동안 그를 쫓아 다녔지만 물건을 팔 수가 없었습니다. 저도 이 구역을 담당한 후 3년 동안이나 노력했지만 역시 헛수고였습니다. 마침내 13년 동안 계속된 방문 끝에 모터 몇 대를 팔 수 있었습니다. 만약 모터가 좋다는 생각이 들면 몇 백대는 더 팔 수 있을 거라 장담하고 있었습니다.

당연히 그럴 것이라 확신하고 3주 후에 전화를 걸었습니다. 하지만 수석 엔지니어가 전화를 받더니 '앨리슨, 모터를 살 수가 없소.' '왜요?' 저는 어리둥절해서 물었습니다.

'모터가 너무 과열되어 손을 댈 수가 없어요.'

설득할 수가 없는 사안이라는 것을 알았습니다. 그래서 "예" 대답을 하도록 만들어 보자고 생각했습니다.

'스미스씨, 당신의 말에 동감합니다. 모터가 과열되면 더 이상 주문하면 안 되지요. 전기협회의 규정 이상으로 과열되는 모터를 구매하지 않는 게 당연합니다, 그렇죠?'

그는 그렇다고 대답했습니다. 이로써 나는 첫 번째 '예'라는 대답을 얻었습니다. '전기협회 규격에 모터의 온도가 실내온도보다 화씨 72도까지 높아지는 것은 인정되어 있지요?' '그렇죠.' 그는 동의했다. '하지만 당신네 모터는 그보다 훨씬 뜨거워요.'

저는 그와 논쟁하지 않고 물었습니다. '공장 실내온도는 몇 도죠?' '화씨 75도 쯤 됩니다.' '공장 실내온도가 화씨 75도에 72도를 더하면 147도가 되네요. 그렇게 뜨거운 수도꼭지에 손을 대고 있으면 손을 데지 않을까요?' 다시 한 번 그는 '예' 라고 대답했습니다. '그러면, 모터에 손을 대지 않는 것이 좋지 않겠습니까?' 하고 제가 제안을 했습니다.

'당신 말이 맞네요.' 그는 인정했다. 우리는 잠시 동안 이야기를 계속했다. 그러고 나서 그는 비서를 부르더니 3만 5천 달러에 상당하는 상품을 주문했습니다.

논쟁 해봤자 소용없고 상대의 입장에서 생각해보고 상대가 '예'라는 대답을 하도록 유도하는 것이 훨씬 재미가 있고 훨씬 이득이 된다는 사실을 깨달을 때까지 저는 많은 시간과 비용을 허비했습니다."

아테네의 천덕꾸러기 소크라테스는 맨발로 다니고 40이라는 중년의 나이에 19세 소녀와 결혼했다는 사실에도 불구하고 뛰어난 철학자였다. 그의 방법은 무엇일까? 그는 사람들이 틀렸다고 말했을까? 그렇지 않다. 소크라테스는 '소크라테스식 문답법' 으로 상대에게서 "예" 라는 대답을 이끌어내었다. 그는 상대가 "예" 라고 말하지 않을 수 없는 질문을 한다. 그는 계속해서 "예" 라는 대답을 계속하게 만든다. 그래서 불과 몇 분전에 부정하고 있던 문제에 대해서 상대는 긍정적인 답변을 하게 되는 것이다. 그는 인간 사고의 방향의 전환을 가져온 사람이다. 사후 23세기가 지났지만 시끄러운 세상에 불을 밝혀주는 철학자 중에 한 사람으로 추앙받고 있다.

다음번에 상대의 잘못을 지적하고 싶어지면 소크라테스를 생각하고 상대가 "예"라는 대답을 할 수 있는 질문을 해라.

중국 속담에 "살며시 걷는 사람이 멀리 간다."라는 것이 있다. 중국인들은 인간 본질을 연구하는데 오천년을 보냈으며 중국 문화는 그렇게 만들어졌고 중국인들은 많은 지혜를 축적했던 것이다.

규칙 5

상대가 즉시 "예"라고 대답하게 만들어라.

6 불만을 해소하는 방법

상대를 설득할 때 수다스럽게 떠드는 사람이 많다. 특히 영업사원들이 이런 잘못을 많이 저지른다. 상대가 말을 많이 하게끔 만들어라. 그들은 자신의 일이나 문제에 관해 당신보다 더 많이 알고 있다. 그러니 질문을 해서 상대가 몇 마디라도 더 하게 해라.

당신이 상대와 의견이 다르면 끼어들고 싶을 때가 많을 것이다. 하지만 그러면 안 된다. 위험한 일이다. 상대는 할 말이 많기 때문에 당신에게 관심이 없을 것이다. 그러니 열린 마음으로 인내심을 가지고 듣기만해라. 진심으로 상대의 말을 경청하고 상대가 충분히 자신의 생각을 말할 수 있도록 맞장구를 쳐 주어라.

이렇게 하면 사업에 유리할까? 여기 어쩔 수 없이 그렇게 할 수 밖에 없었던 사람의 이야기를 들어보자.

몇 년 전에 미국 최대 자동차 회사가 차 시트용 직물 1년 치 구매를 위한 협상을 진행하고 있었다. 세 곳의 회사에서 견본을 제출했다. 자동차 회사의 중역들은 견본을 점검해보고 최종 프레젠테이션을 듣고 결정할 것이니 지정한 날짜에 와 달라고 세 회사에 통보했다.

그 중 한 회사의 대표인 R씨는 심한 후두염을 앓는 상태에서 프레젠테이션을 위해 자동차 회사에 도착했다.

"자동차 회사 임원을 만나 프레젠테이션을 하려는데 목소리가 하나도 나오지 않았습니다. 말을 하려고 했지만 한 마디도 나오지 않았습니다. 저는 회의실로 안내를 받아 엔지니어, 구매 담당자, 영업 파트장, 회사 사장 앞에 섰습니다. 프레젠테이션을 하려고 했지만 목에서는 쉿소리만 나올 뿐이었습니다.

어쩔 수 없이 저는 종이에 '여러분, 제 목이 아파서 목소리가 나오지 않습니다.' 라고 썼습니다.

'그러면 당신 대신 제가 말하지요.' 라고 사장이 말했습니다.

그는 저희 회사 견본을 꺼내 장점을 늘어놓기 시작했습니다. 저희 회사의 장점에 대한 활발한 논의가 펼쳐졌습니다. 사장은 저를 대신해서 말했기 때문에 토론 내내 제 편을 들어주었습니다. 저는 단지 미소를 짓거나, 고개를 끄덕이거나 몸짓을 할 뿐이었습니다.

회의 결과 저는 계약을 성사시켰고 50만 야드의 직물 주문을 받았습니다. 금액으로 따지면 160만 달러에 달했습니다.

목소리가 쉬지 않았다면 계약을 성사시키지 못했을 것입니다. 내가 떠드는 것 보다 상대가 이야기 하도록 하는 것이 얼마나 효과적인 방법인지 우연히 발견했습니다."

필라델피아 전기회사의 조셉 웹도 같은 발견을 했다. 웹은 펜실베이니아 주에 있는 부유한 네덜란드인이 모여 사는 농촌지역을 시찰한 적이 있었다.

"이 농가에서는 왜 전기를 사용하지 않지요?" 그는 잘 손질이 되어 있는 농가를 지나면서 지역 담당자에게 물었다.

"구두쇠들이어서 그들에게는 아무것도 팔 수 없어요. 게다가 전기회사에 반감을 가지고 있어서 저도 시도해봤는데 실패했어요."라고 지역 담당자는 이야기했다.

지역 담당자의 말이 사실이더라도 웹은 이곳에 방문한 이상 한번 시도해보기로 했다. 그래서 그는 농가의 문을 두드렸다. 문이 빼꼼이 열리더니 드라켄브로드 여사가 고개를 내밀었다.

부인은 지역 담당자를 보자마자 문을 세차게 닫았습니다. 저는 다시 문을 두드렸더니 다시 문이 열리더군요. 이번에는 그녀가 전기 회사에 대해 생각하고 있는 것을 이야기하기 시작했습니다.

그래서 저는 이렇게 말했습니다.

"부인, 폐를 끼쳐서 죄송합니다. 부인에게 전기 설비를 하라고 설득하러 온 것이 아니라 단지 계란을 사고 싶어서 왔습니다."

부인은 문을 좀더 열고 우리를 의심스러운 눈초리로 쳐다보았습니다.

"닭들이 참 좋네요. 도미니크 종이지요? 신선한 달걀을 사고 싶습니다."

"어떻게 닭들이 도미니크 종이란 것을 알지요?" 부인은 문을 더 열었습니다. 호기심이 동했나봅니다.

"저도 닭을 키우거든요. 이렇게 훌륭한 닭은 본 일이 없습니다."

"댁의 계란을 쓰지 그러세요?" 아직도 의심의 끈을 놓지 않은 채 그녀는 물었습니다.

"제가 키우는 레그혼은 흰 계란만 낳기 때문에요. 요리 하시니까 잘 아시죠? 케이크를 만드는 데는 흰 계란 보다는 누런 것이 좋으니까요. 제 아내는 케이크를 아주 잘 만들죠."

이 말을 듣자 그녀는 마음이 놓이는지 문을 열고 현관으로 나왔습니다. 그녀와 문 앞에서 실랑이를 벌이는 동안 저는 눈으로 재빠르게 농장을 훑어보았습니다. 농장은 훌륭한 낙농시설이 갖춰져있더군요.

"부인께서 기르는 닭들이 남편이 기르는 젖소보다 훨씬 이익이 있지요?"

이 말이 부인의 마음의 벽을 허물어버렸습니다. 그녀는 이 이야기를 너무나 하고 싶어 했던 것입니다. 고집쟁이 그녀의 남편은 이 사실을 인정하려 하지 않았습니다.

그녀는 우리를 닭장으로 안내했습니다. 돌아보는 동안에 그녀가 손수 만든 다양한 설비를 진심으로 칭찬했습니다. 그녀에게 사료와 양계장의 적정 온도를 추천해주면서 그녀에게 몇 가지 조언도 들었습니다. 우리는 서로 정보를 공유하며 정말 친해졌습니다.

곧 그녀는 이웃 양계장에서 전구를 달아서 좋다는 말을 들었는데 저의 정직한 의견을 들려달라고 말했습니다.

2주 후에 부인의 닭들은 밝은 전등불 아래서 만족스럽게 모이를 쪼아 먹고 있었습니다. 저는 전기 설비 주문을 받았고 그녀는 더 많은 달걀을 얻게 되어 서로 윈윈하게 되었습니다.

제가 만약 그녀가 마음껏 이야기할 기회를 주지 않았다면 그녀의 양계장에 전등을 달 수 없었을 것이다.

"억지로 팔려고 할 것이 아니라 자진해서 사도록 만들어야 한다."

최근 뉴욕 헤럴드 트리뷴지의 경제란에 비범한 능력과 경험을 가진 사람을 구한다는 구인 광고가 크게 실렸다. 찰스 큐벨리스는 광고를 보고 편지를 보냈다. 며칠 후에 그는 인터뷰를 하러 오라는 편지를 받았다. 그가 인터뷰하기 전에 그는 그 회사를 창립한 사람에 대해 가능한 한 많은 조사를 했다. 인터뷰를 하면서 그는 말했다. "귀사와 같이 훌륭한 역사를 가진 회사를 알게 되어 영광입니다. 사장님께서는 28년 전에 책상 한 개와 속기사 한명만 데리고 창업하셨다는데 사실입니까?"

대부분의 성공한 사람은 자신이 초창기 겪었던 어려움을 회상하는 것을 좋아한다. 이 사람도 예외는 아니었다. 그는 단돈 450달러와 빛나는 아이디어만으로 창업했던 이야기를 오랫동안 했다. 그는 하루도 쉬지 않고 하루에 12시간에서 16시간을 일하며 어떻게 절망을 이겨내고 사람들의 비웃음을 극복했는지 이야기했다. 결국 모든 어려움을 극복하고 오늘날 월 스트리트에서 성공해서 많은 사람들이 그의 정보와 조언을 들으러 온다고 말했다. 그는 이런 자신의 경력을 자랑스럽게 여겼다. 그는 그럴 자격이 있었다. 그는 신나서 자신의 성공담을 이야기했다. 마침내 그는 큐벨리스의 경력을 간단히 묻고는 부사장을 불러 말했다. "이 사람이 우리가 찾고 있는 사람인 것 같소."라고 말했다.

큐벨리스는 열심히 장래 고용주가 될 사람의 업적을 알기 위해 노력했다. 그는 상대방에 대해 흥미를 보였다. 그는 상대가 이야기를 하게 함으로써 상대의 호감을 샀다.

우리의 친구들도 우리 자랑을 듣는 것보다 자신의 이야기를 하는 것을 더 좋아한다.

프랑스 철학자 라 로슈푸코는 이렇게 말했다. "적을 만들고 싶으면 친구를 능가해라. 친구를 얻고 싶으면 친구가 이기게 해주어라."

이 말이 왜 옳은 말일까? 친구가 우리 보다 잘하면 그들은 자기중요감을 느끼지만 우리가 친구들보다 잘 나가면 그들은 열등감을 느끼고 질투를 일으킨다.

독일에는 이런 속담이 있다. "우리가 부러워하는 사람이 잘못되는 것을 보는 것이 가장 큰 즐거움이다."

당신의 친구 중에도 당신의 성공보다는 당신의 실패를 보고 더 좋아하는 사람이 있을 것이다.

그러니 우리가 잘한 일은 작게 말하자. 좀더 겸손해지자. 어빈 콥은 겸손의 미덕을 잘 알고 있었다. 증언대에 선 변호사가 콥에게 말했다. "당신은 일류작가가 맞습니까?"

"저는 운이 좋았을 뿐입니다." 콥이 대답했다.

우리는 겸손해져야 한다. 앞으로 백년이 지나면 우리들은 다 죽어 사람들 기억에서 사라질 것이다. 인생은 짧다. 쓸데없는 자기 자랑을 할 시간이 없다. 다른 사람이 이야기하도록 해라. 생각해보면 자랑할 거리도 그다지 없지 않은가? 평범한 인간과 정신병자를 구분하는 것은 갑상선에 있는 요오드다. 의사가 갑상선을 절개해 요오드를 빼내면 바보가 될 것이다. 약국에서 5센트면 살 수 있는 요오드가 보통사람과 정신병자를 구분 짓는다. 도대체 자랑할 것이 무엇이 있는가?

규칙 6

상대가 말하도록 해라.

7 상대의 협력을 얻어내는 방법

사람은 다른 사람이 알려준 생각보다 스스로 생각해낸 아이디어를 더 신뢰한다. 그러므로 다른 사람에게 당신의 의견을 강요하는 것은 잘못된 생각이다. 이런 생각도 있을 수 있다고 암시를 주고 상대가 생각해서 결정을 내리도록 하는 것이 훨씬 현명한 방법이다.

내 수강생 중에 한명인 필라델피아에 사는 아돌프 셀츠 씨는 사기가 떨어진 자동차 영업사원에게 사기를 북돋아야겠다는 생각을 했다. 그는 회의를 열고 영업사원에게 요구사항을 말해달라고 요청했다. 그는 영업사원들의 요구사항을 칠판에 적은 다음 이렇게 말했다.

“여러분들의 요구사항은 다 들어드리겠습니다. 그럼 이제 제가 여러분들에게 바라는 바를 말씀드리도록 하겠습니다. 여러분들이 제 요구사항을 어떻게 들어줄지 말씀해주십시오. 사원들은 즉석에서 대답했습니다. 충성, 정직, 솔선수범, 낙관주의, 팀워크 그리고 하루 8시간 열성적으로 근무하는 것 등이었습니다. 한 영업사원은 하루에 14시간 근무를 자원하기도 했습니다. 그 회의는 서로에게 새로운 용기와 영감을 주는 것으로 끝이 났습니다.”

셀츠 씨는 판매 실적이 경이적으로 증가했다고 후일담을 전해왔다.

"영업사원들은 저와 일종의 도의적인 거래를 한 셈입니다. 제가 그들이 바라는 대로 해주니까 그들 역시 제가 바라는 기준에 맞추기로 한 것입니다. 그들의 요구사항을 서로 의논한 것은 마치 영양제 주사 한 대를 맞는 효과를 낸 것입니다."

다른 사람에게 강요당하고 있다든가 명령에 의해 움직인다는 느낌은 아무도 좋아하지 않는다. 자발적으로 행동하고 있는 그 느낌을 좋아한다. 사람들은 자신의 희망, 요구사항, 생각을 타인과 함께 이야기하는 것을 좋아한다.

유진 웨슨의 예를 들어보자. 그는 이 진리를 깨달을 때까지 많은 돈을 잃었다. 웨슨 씨는 직물 제조업자와 스타일리스트에게 밑그림을 팔고 있었다. 웨슨씨는 3년 동안 일주일에 한 번씩 뉴욕에서 잘 나가는 스타일리스트 중 한명을 방문했다.

"언제나 만나 주었지만 제 스케치를 산적은 한 번도 없었어요. 제 스케치를 유심히 쳐다보며 말하죠. '죄송합니다. 웨슨 씨. 오늘은 아무래도 마음에 드는 스케치가 없네요.'"

150번을 실패하고 나니 자신의 생각이 틀에 박혔다는 것을 깨닫게 되었다. 그래서 그는 일주일에 하루저녁을 인간 행동에 영향을 미치는 방법을 연구하여 새로운 아이디어를 개발하고 의욕을 되찾아 보려는 결심을 했다.

곧 그는 새로운 방법을 시도해 보기로 했다. 미완성인 스케치를 가지고 고객의 사무실을 방문했다.

"부탁 하나만 드려도 될까요. 여기 미완성인 스케치를 가져왔는데 어떻게 하면 쓸 만한 작품이 될지 말씀해주시면 안될까요?" 고객은 한 마디도 하지 않고 스케치를 보고는 말했다. "며칠 좀 생각해볼 테니 스케치는 두고 가세요. 나중에 한번 방문해주십시오."

웨슨은 3일 후에 고객을 다시 찾아갔다. 고객의 제안을 듣고 다시 스튜디오로 돌아와서 고객의 요청대로 스케치를 완성했다. 결과는 어떻게 되었을까? 고객은 스케치를 전부 사주었다.

이것이 9개월 전의 일이었다. 그 이후로 그 고객은 다른 스케치들도 주문하고 고객의 생각을 반영하여 작업을 했더니 1천 6백 달러 이상의 수입이 생겼다.

"제가 지난 몇 년간 왜 실패했는지 이제야 감이옵니다. 고객이 좋아할 것이라고 생각한 스케치를 일방적으로 사라고만 권했던 것입니다. 이제는 방법을 바꿔 고객의 생각을 듣고 작업을 합니다. 고객은 자신이 디자인을 창작하고 있다고 생각할 것입니다. 이제 더 이상 팔려고 애쓰지 않고 상대가 자진해서 제 작품을 사줍니다."

루즈벨트가 뉴욕의 시장이었을 때 그는 엄청난 업적을 남겼다. 그는 정치인과 친하게 지내면서 그들이 가장 싫어했던 개혁을 했다. 여기 어떻게 그가 개혁을 이뤄냈는지 소개해 보겠다.

중요한 자리가 공석이 되어 임명해야 할 때 그는 정치인들이 후보를 추천하게 했다. 루즈벨트는 그 문제에 대해 다음과 같이 말했다.

"정치인들이 처음에 추천하는 인물은 당에서 돌봐줘야만 하는 쓸모없는 사람들이다. 그러면 정치인들에게 대중이 싫어할 인물이니 다른 인물을 추천해달라고 말한다. 그러면 두 번째로 추천하는 인물도 역시 쓸모없이 자리만 차지하고 일은 안하는 사람이다. 나는 정치인들에게 이 인물도 대중의 기대에 부합하지 않는 인물이니 직책에 적합한 인재를 추천해달라고 부탁한다. 세 번째 추천하는 사람은 그럭저럭 괜찮지만 딱 들어맞는 인물은 아니다. 그러면 지도자들에게 감사하면서 한 번 더 추천해달라고 부탁한다. 네 번째 추천하는 사람은 내 의중에 맞는 사람이다. 나라도 그런 사람을 뽑을 것이다. 그들의 협조에 감사를 표하며 나는 그 사람을 임명한다. 즉 공로를 그들에게 돌리는 것이다."

실제로 그들은 국가공무원법과 법인세법안 등의 개혁 법안을 지지해 주었다.

루즈벨트는 상대와 상의하고 되도록 그 의견을 받아들인다. 중요한 임명을 할 때 책임자들이 자신들이 직접 후보자를 골랐다고 생각하게 하고 아이디어는 자기생각이라고 여기게 만든다.

롱 아일랜드의 자동차 판매업자가 스코틀랜드인 부부에게 같은 방법으로 중고차를 팔았다. 판매업자는 부부에게 차를 차례로 보여주었다. 하지만 그들은 모양이 나쁘다, 차 상태가 안 좋다, 너무 비싸다는 등 차에 트집을 잡았다. 특히 가격문제에 있어서 모든 차가 너무 비싸다고 했다. 내 강의의 수강생이었던 이 판매업자는 강연에서 이 문제를 공개하고 도움을 요청했다.

우리는 그에게 억지로 팔려고 하지 말고 사고 싶어지도록 만드는 것이 중요하다고 충고했다. 그래서 판매업자는 며칠 후에 그 방법을 시도해보기로 했다. 그는 스코틀랜드인 부부에게 차 가격 산정에 대해 그들의 의견을 듣고 싶으니 와 달라고 부탁했다.

부부가 도착하자 판매상은 말했다. "안목이 상당하시니 이 자동차를 얼마에 인수해야 좋을 지 알려주시겠습니까?"

스코틀랜드인 부부는 환하게 웃었다. 자신들의 안목을 알아보고 부탁을 했으니 능력이 인정받은 것이다. 그들은 시승을 하고 오더니 말했다. "300달러에 팔면 잘 파는 거요."

"차주가 300달러에 팔면 사시겠습니까?" 300달러는 자신들의 생각이었으니 당연히 스코틀랜드인 고객은 그 차를 샀다.

X선 장비 제조업자는 이 같은 심리를 이용하여 브룩클린에서 가장 큰 병원에 장비를 판매하는데 성공하였다. 이 병원은 증축하면서 미국 내에서 가장 뛰어난 X선과를 만들려고 하였다. X선과를 책임지고 있는 L박사는 서로 자기네 장비가 뛰어나다며 병원 측에 몰려드는 영업사원들로 골머리를 앓고 있었다.

그런데 그들 중에 다른 영업사원보다 노련하고 능란한 사람이 있었다. 그는 다른 영업사원들보다 인간 본성에 대해 훨씬 잘 알고 있었다. 그는 다음과 같은 편지를 L박사에게 보냈다.

"저희 공장은 최근 새로운 X선 장비를 개발했습니다. 마침 1차로 만든 제품이 사무실에 도착했습니다. 물론 이 제품이 완전한 것이라고는 생각하고 있지 않습니다. 앞으로 품질개선에 더욱 노력하겠습니다. 그러니 선생님께서 저희 제품을 한 번 검토해주시고 어떻게 개선해야 할지 방향제시를 해주시면 정말 감사하겠습니다. 얼마나 바쁘신지 알지만 말씀만 주시면 언제든지 모실 차를 보내드리도록 하겠습니다."

나의 강연에서 L박사는 당시를 이렇게 회상했다.

"그 편지를 받고 저는 놀랐습니다. 동시에 기분이 좋았습니다. 제 조언을 구하는 X선 제조업자를 만난 적이 없었거든요. 제가 중요한 사람인 것처럼 느껴졌습니다. 그 주는 매일 밤까지 바빴지만 그 장비를 보러 갈 시간을 만들려고 만찬 약속을 취소했습니다. 장비를 보면 볼수록 제 마음에 쏙 들었습니다. 그 장비를 사기로 결정한 것은 병원을 위한 제 자발적인 결정이었지 강매는 아니었습니다. 그 장비의 우수한 점에 끌려 장비를 주문한 것이었습니다."

우드로우 윌슨 대통령 집권 당시 에드워드 하우스 대령은 국내외에서 큰 영향력을 가지고 있었다. 윌슨 대통령은 중요한 문제의 의논 상대로 각료보다 더 그에게 의지했다.

어떻게 했기에 하우스 대령은 대통령의 마음을 사로잡았을까? 다행히 하우스 대령 스스로 아더 스미스에게 그 비결을 밝혔고 스미스가 신문 기사에서 그것을 밝혔다.

"대통령과 친해진 이후 대통령에게 어떤 생각을 유도하는 데는 아주 우연히 대통령의 마음에 그 생각을 심어놓고 대통령이 자발적으로 관심을 갖게 하는 것이 최고의 방법임을 알게 되었다. 즉 대통령 자신이 그것을 생각한 것처럼 여기게 하는 것이다. 나는 우연한 기회에 이 사실을 알게 되었다. 백악관으로 대통령을 방문해서 어떤 정책에 대해 의견을 나누었다. 그는 반대하는 것처럼 보였다. 하지만 놀랍게도 며칠 후에 만찬에서 대통령의 의견이 내가 전에 얘기한 것과 같았다."

하우스 대령이 이때 대통령의 말에 끼어들어, "그것은 대통령 각하의 의견이 아닙니다. 제 생각입니다." 라고 말했을까? 아니다. 하우스 대령은 능란하여 명예보다는 실리를 선택했다. 그는 계속해서 대통령이 그 생각이 자신이 스스로 생각한 것인 것처럼 느끼게 만들었다.

우리가 당장 내일 만나는 사람들은 전부 우드로우 윌슨 대통령과 똑같은 사람이다. 내일부터 하우스 대령의 방법을 이용해보자.

몇 년 전에 뉴브런즈윅에 사는 한 남자가 이 방법을 써서 나를 단골손님으로 만들었다. 나는 당시 뉴브런즈윅에 낚시와 카누를 타러 갈 계획이었다. 그래서 여행사에 정보요청 편지를 보냈다. 내 이름과 주소가 즉시 다른 여행사에도 뿌려졌다. 당장 여행사와 산장에서 보낸 편지와 팜플렛이 쇄도하기 시작했다. 정보가 너무 많으니 무엇을 골라야 할지 머리가 아플 지경이었다.

그런데 어느 기발한 사람이 나에게 자신의 숙소에 묵었던 뉴욕 사람들의 전화번호와 이름을 보내면서 내가 직접 그들에게 전화해서 물어보라는 편지를 보냈다.

그런데 놀랍게도 그 명단에 내가 아는 사람이 있었다. 그에게 전화해서 물어보고 그 산장에 예약을 했다.

다른 사람들은 나에게 자기 산장에 묵으라고 강권하지만 그 사람은 내가 직접 선택하도록 기회를 주었다.

규칙 7

상대가 그 생각이 바로 자신의 것이라고 느끼게 하라.

8 기적을 일으키는 방법

2500년 전에 중국의 현자 노자는 이 책을 읽는 독자들이 명심해야 할 말을 했다.

"강과 바다가 시냇물 위에 있는 이유는 자신을 낮추기 때문이다. 그래서 그들은 시냇물을 다스릴 수 있는 것이다. 백성의 위에 서려고 하는 자는 자신을 낮추라. 그렇게 하면 다스리는 사람이 위에 있어도 백성이 무겁다고 하지 않고 그들보다 앞서 있어도 백성들이 해롭다고 생각하지 않는다."

상대에게 전적으로 잘못이 있어도 상대는 그렇게 생각하지 않는다는 것을 기억해라. 그러니 그들을 비난하지 마라. 그들을 이해하려고 노력해라. 현명하고 관대하고 특별한 사람이 그런 노력을 할 수 있다.

다른 사람이 자기 방식대로 생각하고 행동하는 데에는 다 이유가 있다. 그 이유를 먼저 알아보면 그의 행동, 더 나아가 그의 성격까지도 이해할 수 있는 열쇠를 얻을 것이다.

상대의 입장에서 생각해보려고 노력해라.

자신에게 "내가 그의 입장이면 내가 어떻게 느끼고 반응할까?" 자문해보아라. 그러면 시간도 아끼고 화도 내지 않게 된다. 행동의 원인에 관심을 갖게 되면 결과에 대해 이해할 수 있게 된다. 게다가 인간관계 기술도 더욱 발전하게 될 것이다.

케레스 구드는 자신의 저서에서 다음과 같이 말한다.

"당신이 자신의 문제를 대할 때 갖는 관심과 다른 사람의 문제를 대할 때 갖는 관심도를 비교해보십시오. 세상 사람들이 나와 똑같이 생각한다고 깨달으면 모든 직업에 필요한 탄탄한 기반을 닦을 겁니다. 즉 인간관계에서 성공은 다른 사람의 입장에 서서 그를 이해하려는 마음가짐에 달려있습니다."

오랫동안 나는 우리 집 근처 공원에서 산책과 자전거를 타면서 기분전환을 해왔다. 나는 공원의 떡갈나무를 정말 좋아하는데 부주의한 화재로 그 어린 나무들이 불타 죽어가는 것을 보면 너무나 슬프다. 화재는 담배 피는 사람들이 꽁초를 버려서 생기는 것이 아니라 소년들이 공원에서 소시지나 계란요리를 하고 뒤처리를 잘 하지 못해서 생기는 경우가 대부분이다. 가끔 큰 화재로 번져 소방차가 출동할 때도 있다.

공원에는 '모닥불을 금지함. 위반자는 처벌함' 이라는 표지가 붙어있지만 눈에 잘 띄는 장소가 아니어서 보는 사람이 거의 없다. 경찰도 공원을 순찰하지만 불은 계속 일어난다. 한번은 내가 불이 난 것을 발견하고 경찰에게 달려가 소방서에 연락을 해달라고 말했다. 하지만 그는 자기 담당구역이 아니어서 할 수 없다고 말하는 것이었다. 이 사건 이후로 나는 내가 경찰이 된 것처럼 행동했다. 초기에는 소년들의 입장에서 생각하려고 하지도 않았던 것 같다. 나무 밑에서 불길이 보이면 기분이 너무 안 좋아서 소년들에게 달려가 불을 피우면 감옥에 들어간다고 경고했다. 아이들이 내 말을 듣지 않으면 체포하겠다고 겁을 주었다. 나는 상대의 의견은 생각지도 않고 내 분풀이를 하고 있었던 것이다.

결과는 어땠을까? 소년들은 속으로 화가 치밀어 투덜거리며 마지못해 불을 껐다. 하지만 내가 시야에서 사라지면 그들은 다시 불을 피웠을 것이다. 아마 공원이 다 타버렸으면 좋겠다고 생각했을지도 모르겠다.

시간이 좀 지나고 인간관계에 대한 지식이 좀 쌓이자 다른 사람의 관점에서 생각해 보려는 시도도 좀 하게 되었다. 그래서 명령을 하는 대신에 아이들이 불을 피우는 곳에 가서 이렇게 말한다.

"얘들아 재미있니? 무슨 요리를 만들 거야? 나도 어렸을 때 불 피우기를 좋아했지. 지금도 좋아하고. 하지만 공원에서 불을 피우면 아주 위험하단다. 너희들이 불을 내지는 않겠지만 다른 아이들은 조심성이 없단다. 그런 아이들은 불을 피우고 끄지도 않고 집으로 가버려서 나무를 다 태워버리지. 조심하지 않으면 나무가 다 타 버릴 거야. 방화죄로 감옥에 갈수도 있고. 너희들이 노는 것을 방해하고 싶지 않단다. 재미있게 놀아 하지만 지금 나뭇잎들을 불 밖으로 치워버리고 불을 다 쓰고 나면 흙으로 꼭 덮어라. 그래주겠니? 그리고 다음에 재미있게 놀고 싶으면 저기 언덕 위 모래땅에 불을 피우면 어떨까? 저 위라면 불을 피워도 위험하지가 않을 거야. 얘들아 고마워. 재미있게 놀아라."

이렇게 말하면 얼마나 달라질까? 이렇게 말하면 아이들은 기분 나빠하지 않고 내 말을 들을 것이다. 내 명령에 억지로 따르라고 강요하지 않아도 되고 아이들의 체면도 산다. 내가 그들의 입장을 고려하여 상황에 대처했기 때문에 모두가 기분이 좋아졌을 것이다.

다른 사람에게 무엇을 부탁하려고 할 때는 우선 눈을 감고 상대의 입장에서 상황을 생각해보아라. 그리고 스스로에게 물어보아라. "그가 왜 이렇게 행동하는 걸까?" 시간은 걸리지만 이렇게 하면 적을 만들지 않고 마찰은 적게 하면서 좋은 결과를 이끌어낼 것이다.

"나는 인터뷰를 할 때 내가 어떤 말을 할 지 그가 어떻게 대답할지 확실하게 예상이 될 때까지 상대의 사무실 밖에서 두 시간동안 서성대는 것이 더 낫다고 생각한다." 라고 하버드 비즈니스 스쿨의 딘 돈햄 교수는 말한다.

이 책을 읽고 타인의 입장에 서서 생각하고 타인의 관점에서 사물을 보는 방법을 배운다면 이것은 당신의 경력에 획기적인 전환점이 될 것이라고 생각한다.

규칙 8

상대의 입장에서 생각해라.

9 모든 사람이 원하는 것

언쟁을 피하고 상대가 호감을 갖게 하여 당신의 이야기를 주의 깊게 듣게 하는 마법의 문구를 알고 싶은가? "그렇게 생각하는 것은 당연한 일입니다. 제가 당신이더라도 역시 그렇게 생각할 것입니다."라는 문구이다.

이렇게 이야기를 시작하면 아무리 화가 난 사람이라도 금방 누그러진다. 상대의 입장이 되면 그와 같은 생각을 갖게 되니까 이 말은 백퍼센트의 진정성이 있다. 알 카포네를 예로 들어보자. 당신이 그와 같은 몸, 성질, 정신을 가졌다고 생각해보자. 그와 같은 환경에서 자라고 그가 겪은 경험을 했다면 당신은 그와 똑같은 사람이 될 것이다. 알 카포네를 만든 것은 바로 그와 같은 것들이기 때문이다.

당신이 방울뱀이 아닌 이유는 당신의 부모가 방울뱀이 아니기 때문이다. 당신이 소에게 키스를 하지 않고 뱀을 신성시 하지 않는 이유는 당신이 인도의 힌두교 가정에서 태어나지 않았기 때문이다.

당신에게 화를 내는 고집불통인 비이성적인 사람들이 그렇게 된 데에는 충분한 이유가 있다. 그 사람들을 불쌍하게 여겨라. 동정하고 이해해라. 술에 취해 비틀거리는 사람을 길에서 보면 "신의 은총으로 말미암아 내가 있나니."라고 감사해라.

당신이 만나는 사람들 중에 4분의 3은 동정에 굶주리고 있다. 그들을 동정하면 그들은 당신을 좋아하게 될 것이다.

나는 언젠가 작은 아씨들의 저자 루이자 메이 알콧을 방송한 적이 있다. 나는 그녀가 매사추세츠 주 콩코드에서 저서를 집필한 것으로 알고 있다. 하지만 실수로 뉴햄프셔 주의 콩코드에 있는 그녀의 집을 방문했다고 이야기하고 말았다. 실수로 한 번만 뉴햄프셔라고 말하면 괜찮았을 텐데 두 번씩이나 말하고 말았다. 곧바로 항의 편지, 전보들이 쇄도했다. 많은 사람들이 분노하고 몇은 욕을 해댔다. 메사츠세츠 주 콩코드에서 자라 지금은 필라델피아에 산다는 어떤 부인의 편지는 특히 신랄했다. 내가 루이자 메이 알콧을 식인종이라고 해도 이렇게 화를 내지는 않았을 것이다. 편지를 읽으면서 "이런 여자와 결혼하지 않게 해주신 것을 감사드립니다." 하고 혼잣말했다. 당장 편지를 써서 내가 지명을 잘못 말했지만 그녀는 기본 상식에 어긋나는 무례를 저질렀다고 말해주고 싶었다. 당장 팔을 걷어붙이고 내 생각을 말하고 싶었지만 그렇게 하지는 않았다. 그것은 어떤 멍청이도 할 수 있는 바보 같은 짓이었다.

나는 바보가 되고 싶지 않아 그녀의 적의를 호의로 바꿀 결심을 했다. 일종의 도전이었지만 해보고 싶었다. "내가 그녀였더라도 그렇게 했을 거야." 이렇게 말하며 그녀를 이해하기로 했다. 다음번에 내가 필라델피아에 갔을 때 나는 그녀에게 전화를 걸었다.

나: 부인, 몇 주 전에 보내주신 편지 잘 받았습니다.

부인: (교양 있고 예의바른 목소리로) 실례지만 누구시지요?

나: 저는 데일 카네기라고 합니다. 몇 주 전에 제가 한 루이자 메이 알콧에 관한 방송을 들으셨지요. 제가 그녀가 뉴햄프셔 콩코드에 살았다고 잘못 말을 했었습니다. 그 실수에 대해 사과 하고 싶어서요. 일부러 시간을 내주셔서 편지까지 보내주셔서 감사했습니다.

부인: 제가 흥분해서 생각도 하지 않고 편지를 보내버렸네요. 죄송합니다.

나: 아닙니다. 사과할 사람은 부인이 아니라 접니다. 학교 다니는 애들도 저보다 잘 알거예요. 방송에서 사과했지만 개인적으로 사과드리고 싶습니다.

부인: 저는 매사추세츠 콩코드에서 태어났어요. 저의 집안은 2백 년 동안 그 고장의 명문가였습니다. 저는 저의 고향을 자랑스럽게 여깁니다. 알콧이 뉴햄프셔의 콩코드에서 살았다는 방송을 듣고 정말 실망했습니다. 하지만 그 편지를 보낸 것은 정말 부끄럽습니다.

나: 저는 부인보다 더 기분이 상했습니다. 제 실수는 매사추세츠 주에 사는 사람들만 기분 나쁘게 만든 것이 아니라 제 마음을 더욱 상하게 만들었습니다. 부인처럼 교양 있고 사회적 지위가 있는 분들이 일부러 시간을 내서 라디오에서 방송하는 사람들에게 편지를 쓰는 일은 없는데 다음에 제가 또 실수를 하면 다시 편지를 써서 지적해주십시오.

부인: 제가 한 일을 이렇게 이해해주시니 정말 감사합니다. 선생님은 정말 멋진 분이세요. 선생님에 대해 더 알고 싶군요.

이렇게 내가 사과를 하고 부인의 입장을 이해했기 때문에 그녀도 나에게 사과를 하고 나를 이해해주었다. 일시적인 분노를 참아내니 나를 모욕했던 사람이 나에게 친절하게 응대해주었다. 나를 비난했던 사람이 나를 좋아하게 만드니 기분이 정말 좋아졌다.

역대 대통령들도 매일 껄끄러운 대인관계에 직면한다. 태프트 대통령도 예외는 아니어서 그에게 반감을 가진 사람이 공감해주면 그 반감이 누그러진다는 사실을 경험에서 체득했다. 태프트 대통령은 야심찬 어머니의 분노를 어떻게 누그러뜨렸는지 재미있는 일화를 공개했다.

"약간의 정치적 영향력이 있는 남편을 둔 워싱턴의 한 부인이 나에게 자기아들을 어떤 보직에 앉혀달라며 6주 이상 간청을 했다. 그 부인은 상하원 의원들의 도움을 얻어 줄기차게 부탁해왔다. 그 직책은 전문적인 자질을 요구하는 것이어서 나는 부처 책임자의 추천에 따라 다른 사람을 임명했다. 그러자 그 부인에게서 편지가 왔다. 내가 마음만 먹으면 그녀의 소원을 들어줄 수 있는데 그렇게 하지 않은 것은 무례한 것이라는 내용이었다. 부인은 자신이 내가 특별히 관심 있던 법안을 통과시키기 위해 자기 지역구 의원들을 설득해주었는데 그에 대한 보답이 이것이냐며 불평했다.

이런 편지를 받으면 누구나 감정을 억제하지 못하고 반박의 편지를 쓴다. 하지만 현명한 사람은 편지를 서랍에 넣고 서랍을 잠가버린다. 며칠 뒤에 서랍을 열어 편지를 보면 답장을 보낼 생각은 없어져 버린 뒤다. 이것이 내가 취한 방법이다. 나는 될 수 있는 대로 공손하게 편지를 썼다. 그녀의 실망은 이해하지만 그 직책은 개인적인 호불호를 떠나 전문성이 중요하기 때문에 담당자의 추천에 따라 임명했다고 소상히 설명했다. 그녀의 아들은 현재의 위치에서도 충분히 성공할 것이라는 나의 기대도 편지에 적었다. 이 편지는 그녀의 화를 누그러뜨렸고 그녀는 지난 번 편지에 대해 사과했다.

그런데 내가 임명한 사람의 임명동의안이 지연 처리되자 이번에는 지난번 편지와 필적이 같은데 그녀의 남편이라는 사람에게서 편지가 왔다. 아내가 실망한 나머지 위암이 발병하여 침대에 누워있다는 편지였다. 처음에 임명했던 사람대신 그녀의 아들을 임명하면 그녀의 건강이 좋아지지 않겠냐는 편지였다. 나는 이번에는 그녀의 남편에게 편지를 다시 썼다. 의사의 진단이 오진이기를 바라고 그녀의 중병으로 인한 슬픔을 그와 함께 나누고 싶다고 썼지만 임명을 철회할 수는 없다고 했다. 내가 처음에 임명한 사람이 곧 확정되었고 이틀 후에 백악관에서 음악회가 열렸다. 우리 부부에게 가장 먼저 인사를 건넨 사람은 바로 이 부부였다. 부인이 중병에 걸렸다고 하는데 말이다."

휴록은 아마 미국 제일의 음악 감독일 것이다. 그는 20년 동안 살리아핀, 이사도라 덩컨, 파블로바와 같은 세계적으로 유명한 예술가들과 작업해왔다. 개성 강한 예술가들과 작업하면서 배운 첫 번째 교훈은 바로 그들을 마음속으로 깊이 이해하는 것이다.

3년 동안 휴록은 메트로 폴리탄 음악애호가들을 흥분시킨 가장 위대한 베이스 가수 중 한명인 피오도르 살리아핀의 음악감독을 맡아왔다. 하지만 그는 항상 문제를 일으켰다. 그는 마치 버릇 나쁜 아이처럼 행동했다.

예를 들어 공연이 예정되어 있는 날 정오쯤에 휴록에게 전화를 걸어 이렇게 말한다. "몸이 좋지 않아요. 성대가 부어있어요. 오늘밤 공연은 힘들겠어요." 휴록이 그와 말다툼을 했을까? 전혀 아니다. 예술가를 그런 식으로 대하면 안 된다 것을 그는 알았다. 그는 당장 살리아핀의 호텔방으로 달려가 그를 위로한다. "정말 안됐네. 불쌍한 친구, 목이 그러면 노래하면 안 되지. 공연을 당장 취소하겠네. 당장 몇 천 달러 손해는 보겠지만 그 정도 돈은 자네 명예에 비하면 아무것도 아니지."

그러면 살리아핀은 한숨을 쉬며 말한다. "오후 늦게 한 번 더 와주세요. 5시쯤요. 그때 와서 제 상태를 봐주세요."

5시에 휴록은 다시 살리아핀의 호텔방으로 달려간다. 다시 그가 공연을 취소하라고 말하면 살리아핀은 한숨을 쉬며 "글쎄, 나중에 다시 오세요. 그때쯤 되면 괜찮아지겠죠."

7시 30분이 되면 이 위대한 가수는 노래하겠다고 말하면서 휴록에게 자신이 무대에 오르기 전 지독한 감기에 걸려 목 상태가 좋지 않다고 미리 관객들에게 양해를 구해달라고 부탁한다. 휴록은 그것이 유명 가수를 무대에 올리는 유일한 방법이기 때문에 그렇게 하겠다고 약속할 것이다.

아더 게이츠 박사는 그의 유명 저서 교육심리학에서 다음과 같이 말한다. "인간은 모두 공감을 받고 싶어 한다. 어린이는 자신의 상처를 보여주고 싶어 하며 동정을 받기 위해 심지어 상처를 내기도 한다. 이와 마찬가지로 어른도 상처를 보여주고 사고, 질병 특히 외과 수술 같은 것은 상세하게 다 이야기 하려고 한다. 어떤 상황에서든 불행에 대한 자기 동정은 모든 인간이 느끼는 감정이다."

규칙 9

상대의 생각이나 욕구에 공감해라.

10 모든 사람이 좋아하는 호소법

나는 미주리 주의 변두리에서 자랐는데 근처에 악명 높은 제시 제임스의 농장이 있었다. 한번은 제시 제임스의 농장을 찾아간 적이 있었다. 지금은 제시 제임스의 아들이 그 농장에 살고 있다.

그의 아내는 제임스가 열차나 은행을 습격했을 때의 이야기를 해주고 이웃 농부들이 빚을 갚도록 돈을 나눠 준 이야기를 해주었다.

제시 제임스는 쌍권총 크로울리나 알 카포네와 마찬가지로 자신을 이상주의자로 생각하고 있었던 모양이다. 인간은 누구나 자신을 과대평가하고 자기기준에서 자신을 훌륭하고 남을 배려하는 이타주의자로 생각하는 경향이 있다.

J. P. 모건은 인간의 심리를 해부하여 "인간의 행위에는 두 가지 이유가 있다. 하나는 그럴듯해 보이는 이유이고 또 하나는 진짜 이유이다. 사람은 이상주의적인 경향을 띄고 있어 자신의 행위에 그럴 듯한 이유를 붙이기 좋아한다. 사람들을 바꾸려면 더 고상한 동기에 호소하는 것이 효과적이다." 라고 말했다.

사업을 할 때 이 방법을 사용하면 너무 이상적일까? 펜실베이니아 글레놀덴에 있는 파렐 미첼 회사의 해밀턴 파렐 씨의 경우를 한번 보자. 그의 건물에 아직 4개월이나 잔여기간이 있는데도 당장 이사하겠다고 으름장을 놓는 임차인이 있었다. 다음은 그가 내 강의에서 한 이야기이다.

"이 사람들은 겨울 내내 제 건물에 살았습니다. 임대료가 일 년 중 가장 비싼 계절이죠. 가을까지 새 입주자를 구하는 것은 어려울 겁니다. 한 달 임대료가 55달러이니까 제 입장에서는 220달러가 날아가 버리는 겁니다. 보통 때 같으면 계약서를 다시 읽어보라고 하고 이사 갈 거면 계약기간의 임대료를 전부 지불하라고 다그쳤을 것입니다.

하지만 그런 소동을 일으키지 않고 해결할 방법이 없을까 생각해 보고 이렇게 말했습니다.

'말씀은 잘 알겠습니다. 하지만 제 생각에 이사하지 않으실 것 같군요. 오랫동안 임대업을 하다 보니 사람 보는 눈이 생겼습니다. 당신은 약속을 어길 사람이 아녜요. 이것은 내기를 걸어도 좋습니다. 제가 제안을 하나 하겠습니다. 당장 결정을 하지 마시고 며칠 곰곰이 생각해보십시오. 다음달 초에 오셔서 이사 가겠다고 하시면 그때는 당신이 원하시는 대로 해드리겠습니다. 그렇게 되면 제가 당신에 대해 잘못 생각한 것이 되겠지요. 하지만 저는 당신이 계약을 지킬 분이라고 믿습니다.'

약속한 날이 다가오자 이 남자는 나에게 직접 와서 임대료를 지불했습니다. 아내와 얘기해보고 계속 이 집에 살기로 결정했다고 말했습니다."

고(故) 노스클리프 경은 공개하고 싶지 않은 자신의 사진이 신문에 개제된 것을 보고 편집자에게 편지를 썼다. 그가 "신문에 내 사진을 개제하지 말아주십시오."라고 썼을까? 그는 좀더 고상한 동기에 호소했다. 그는 누구나 마음에 품고 있는 어머니에 대한 존경과 애정에 호소했다. 그는 "제 사진을 신문에 싣지 말아 주십시오. 어머니께서 대단히 싫어하십니다."

록펠러 2세도 자녀들 사진이 신문에 실리는 것을 막기 위해 고상한 동기에 호소했다. 그는 "자녀의 사진이 신문에 실리는 것을 원하지 않습니다." 라고 말하지 않고 우리 내면 깊숙이 있는 자녀를 보호하고 싶은 부모의 마음에 호소했다. 그는 "여러분들도 자녀를 기르고 있어 잘 아시겠지만 자녀의 얼굴이 세상에 알려지는 것은 좋지 않은 것 같습니다."

메인 주의 가난한 집안에서 태어난 사이러스 커티스는 〈세터데이 이브닝 포스트〉와 〈레이디스 홈 저널〉의 소유자로 입지전적인 인물이다. 사업 초창기에 그는 다른 잡지사 수준의 원고료를 지불할 수 없었다. 일류 작가에게 지불할 정도의 원고료는 전혀 없었다. 그래서 그는 인간의 고상한 동기에 호소했다. 그는 작은 아씨들로 유명한 작가 루이자 메이 올콧이 인기의 정점에 있을 때 원고 청탁을 했다. 그는 불과 100달러를 그녀가 아니라 그녀가 지원하는 자선단체에 보냈다.

독자 중에는 "그런 방법은 노스클리프경이나 록펠러나 감상적인 작가에게 통하지. 그 방법을 써서 독종한테 돈을 받아낼 수 있겠어?" 라고 반문할지 모른다.

당신이 맞을지 모른다. 그런 경우에는 어떤 방법을 써도 소용이 없을 것이다. 당신이 쓰고 있는 방법이 효과적인데 굳이 왜 바꾸려고 하는가? 당신이 쓰는 방법이 효과적이지 않다면 내가 소개한 방법도 한 번 써 보는 게 어떨까?

내 강의를 들은 적이 있는 제임스 토머스의 이야기를 소개하겠다.

어느 자동차 회사의 고객 여섯 명이 서비스 대금 지불을 거부했다. 청구액 전부에 대해 반대하는 사람은 없었지만 청구액 중 일부가 잘못되었다고 항의했다. 회사 측에서는 고객들이 서비스를 받은 항목마다 서명했기 때문에 문제가 없다고 생각했지만 이것이 첫 번째 잘못이었다.

신용관리부 직원들은 다음과 같은 방법으로 미수금을 받았는데 이 방법이 성공했을까?

1. 그들은 각각의 고객에 전화를 걸어 납부기한이 지난 대금을 받으려 한다고 통명스럽게 이야기한다.

2. 그들은 자신의 회사는 전적으로 잘못이 없고 잘못은 고객이 있다고 분명하게 설명한다.

3. 그들은 자동차에 관해서는 고객보다 회사 측이 훨씬 잘 알고 있으니 논쟁의 여지가 없다고 이야기했다.

4. 그 결과로 고객과 신용관리부 직원 사이에 언쟁이 벌어졌다.

이 방법이 고객을 설득시켜 대금납부를 하도록 할 수 있을까? 신용관리부 직원이 고객을 상대로 고소를 하려고 할 때쯤 이 문제가 상급자에게 알려졌다. 상급자가 이 고객들을 조사해보니 그들은 다른 대금납부는 절대로 미루지 않는다는 사실을 알았다. 수금방법에 결정적인 문제가 있었던 것이다. 그래서 그는 제임스 토머스를 불러 이 문제를 해결하도록 지시했다.

토머스가 취한 방법은 다음과 같다.

1. 고객을 한 사람씩 찾아갔습니다. 납부기한이 지난 수리비를 받으려고 간 것이지만 그에 대해 언급은 전혀 하지 않고 회사가 제대로 서비스 했는지 알아보러 왔다고 말했습니다.

2. 고객 측의 말을 들을 때까지 회사에 보고하지 않겠다고 말했습니다. 회사 측의 잘못이 있을지 모른다고 말했습니다.

3. 제가 알고 싶은 것은 고객의 차 상태라고 말했습니다. 그리고 고객이 세상 어떤 사람보다 자신의 차를 잘 알고 있다고 말했습니다.

4. 고객이 주로 말하고 저는 열심히 동조해가며 듣기만 했습니다.

5. 고객이 냉정을 되찾자 고객의 고상한 동기에 호소했습니다. "저희 회사 측의 미숙한 업무진행으로 불편을 끼친 점 사과드립니다. 이런 일은 있어서는 안 되는데 회사를 대표하여 사과드립니다. 고객님의 인내심에 큰 감동을 받았습니다. 고객님이 인내심이 있고 공정하신 분이니 부탁하나 드리겠습니다. 고객님이 저희 회사 사장이라 생각하시고 이 청구서를 직접 정정해주십시오. 모든 것은 전적으로 고객님께 맡기겠습니다. 고객님의 의향에 따라 모든 일을 처리하도록 하겠습니다."

고객은 청구액을 수정했을까요? 물론 그렇게 하더군요. 청구 금액이

150달러에서 400달러에 달했는데 고객이 대금을 지불했을까요? 한명을 빼고 모두가 지불해주었습니다. 한명은 논란이 있었던 청구금액을 지불하기를 거절했지만 나머지 다섯 명은 전부 지불해주었습니다. 더 재미있는 대목은 그로부터 2년 후 고객 여섯 명 모두가 저희 회사에 새 자동차 주문을 했습니다.

고객에 대한 정보가 없을 때 고객을 정직하고 진실된 사람이라고 생각하고 거래를 진행하면 거의 틀림이 없다는 사실을 이번 경험에서 다시 배웠습니다. 사람을 속이는 사람이라도 상대로부터 신뢰받으면 여간해서 부정한 짓을 저지르지 않습니다.

규칙 10

상대방의 고매한 동기에 호소해라.

11 쇼맨십을 발휘해라

몇 년 전에 〈필라델피아 이브닝 불리틴〉은 악성루머에 시달리고 있었다. 기사는 적은데 광고만 많다는 소문이 광고주들에게 돌았던 것이다. 특단의 조치가 필요했다.

신문사가 취한 조치는 다음과 같다.

신문사는 하루치의 신문에서 기사만을 뽑아 분류하여 한권의 책으로 펴냈다. 이 책은 "하루"라는 제목이 붙여졌다. 307페이지의 분량에 2달러가 아닌 불과 2센트에 팔았다. 이 책은 〈필라델피아 이브닝 불리틴〉에 재미있는 읽을거리가 많다는 것을 극적으로 보여주었다. 숫자나 단순한 사실을 나열하면 며칠이 걸려도 못할 일을 더 흥미 있고 인상적인 방법으로 해낸 것이다.

케네스 굿과 젠 코프만이 지은 〈사업과 쇼맨십〉이라는 책에 연출을 통해 매출을 신장한 재미있는 예들이 있다. 일렉트로룩스는 냉장고를 팔 때 냉장고의 소음이 얼마나 작은지 극적으로 강조하기 위해 고객의 귀에 성냥 키는 소리를 들려주었다. 1.95달러짜리 모자에 유명배우 앤 소던의 사인을 넣어서 유명인 마케팅의 사례가 된 시어즈 로벅의 카탈로그, 움직이는 윈도우 디스플레이가 멈추면 관심도가 80% 줄어든다는 것을 보여준 조지 웰바움, 퍼시 파이팅이 두 가지의 채권 목록을 보여주면서 유가증권을 팔았던 사례, 미키마우스가 백과사전에 등재된 사연과 장난감에 미키 마우스라는 이름을 붙여 망해가던 회사가 기사회생한 일, 이스턴 항공이 창가를 조정석처럼 만들어 고객이 창가에 앉도록 유도한 일, 헤리 알렉산더가 자사 제품과 경쟁사 제품이 벌이는 가상의 복싱 시합을 방송해 영업사원의 사기를 북돋은 일, 크라이슬러가 차의 견고함을 증명하기 위해 차 위에 코끼리를 세운 일 등이 책에 나온다.

뉴욕대학교의 리차드 본든과 앨빈 버스는 1만 5천 건의 상담을 분석하여 〈논쟁에서 이기는 법〉이라는 책을 썼다. 강의할 때는 〈판매의 6원칙〉이라는 제목으로 강의하였다. 이것은 영상물로 만들어져 대기업 영업사원들의 필수 코스가 되었다. 그들은 연구의 결과를 설명할 뿐 아니라 실례를 보여주었다. 두 사람은 청중 앞에서 논쟁을 하면서 판매의 올바른 방법과 잘못된 방법을 보여주었다.

요즘은 연출의 시대다. 단순히 사실을 나열하는 것만으로는 충분하지가 않다. 사실에 생동감과 흥미와 극적인 요소를 가미해야 한다. 쇼맨십이 있어야 한다. 영화, 라디오 등 대중매체가 이 방법을 쓰고 있다. 주목을 받고 싶다면 이 방법이 제일 효과적이다.

쇼윈도 전문가라면 연출의 엄청난 효과를 안다. 예를 들어 새로운 쥐약이 출시되었을 때 살아있는 쥐 두 마리를 이용했더니 매출이 평소보다 다섯 배는 뛰었다.

〈아메리칸 위클리〉지의 제임스 보인턴은 콜드크림 시장조사 보고서를 발표해야 했다. 보인튼의 말을 그대로 옮기겠다.

"경쟁업체의 가격인하에 대응하기 위한 데이터를 즉시 제공해야 했습니다. 첫 번째 프리젠테이션 때는 실패했습니다. 지난번에는 쓸데없이 조사 방법론에 대해 논쟁하느라 발표를 잘 못했습니다. 서로 논쟁하느라 시간을 보냈죠. 그는 제가 틀렸다고 말하고 저는 제 방법을 옳다는 것을 보여주려고 노력했습니다. 결국 제가 이겼지만 예정된 시간이 다 가버려 회의가 끝나버렸습니다. 본론은 들어가지도 못하고요.

두 번째 갈 때는 숫자나 자료를 도표로 만들지 않았습니다. 그 분을 찾아가서 사실을 극적으로 제시했습니다.

그의 사무실에 들어갔더니 그는 전화통화중이었습니다. 저는 가방에서 콜드크림 32개를 그의 책상위에 쏟아 부었습니다. 그의 경쟁사 제품이었으니 그는 그 제품들을 다 알고 있었습니다.

병마다 시장조사 결과가 적힌 메모를 붙였습니다. 각각의 메모가 사실을 극적으로 전달하고 있었습니다. 논쟁은 일어나지 않았습니다. 기존의 것과 다른 새로운 방법이었습니다. 그는 콜드크림 병을 집어 들더니 메모를 읽었습니다. 우호적인 분위기에서 대화가 이어졌습니다. 그는 부가적인 질문을 했고 큰 흥미를 보였습니다. 그는 제게 10분의 시간만을 줄 생각이었지만 시간은 금방 지나갔고 한 시간이 지나도 우리는 계속 이야기를 이어갔습니다.

지난번과 같이 사실을 제시했지만 이번에는 극적인 연출을 한 것이 다른 점이었습니다."

규칙 11

생각을 극적으로 표현해라.

12 다른 방법이 통하지 않을 때 사용하는 방법

찰스 슈압이 담당하고 있는 공장 중에 실적이 좋지 않은 공장이 있었다. 슈압은 공장장을 불러 물었다.

"당신처럼 유능한 사람이 있는데 공장 실적이 왜 이렇게 안 좋지요?"

"저도 잘 모르겠습니다. 직원들을 달래보고, 밀어붙여보고, 욕을 하기도 하고 해고하겠다고 위협까지 했는데도 직원들이 잘 움직여주지를 않습니다."

마침 저녁시간이라 야간 근무조의 교대시간이 되었다.

분필을 하나 얻어 슈압은 직원에게 물었다. "용해작업을 몇 번이나 했지요?"

"6번요."

말 한마디 없이 슈압은 바닥에 6이라고 크게 쓰고 공장을 나갔다.

야간 근무조가 들어와서 바닥에 숫자를 보고 그 뜻을 주간 근무 조에게 물었다.

"사장이 오늘 왔다갔는데 주물을 몇 번 만들었는지 물어보고 6이라고 쓰고 갔어."

다음날 아침 슈압은 다시 공장에 들렀다. 야간 근무조는 숫자 6을 지우고 7이라고 써 놓았다.

주간 근무조가 아침에 바닥에 적어놓은 숫자 7을 보았다. 야간반이 주간반보다 더 빨리 작업했다는 말인가? 주간 근무조는 경쟁의식에 불타 부지런히 작업했고 퇴근 무렵에는 숫자 10을 바닥에 써 넣었다.

이런 식으로 공장의 능률은 하루가 다르게 올라갔다. 성적이 가장 불량했던 공장은 다른 어떤 공장보다 더 많은 생산량을 자랑하게 되었다.

이에 대해 슈압은 이렇게 말한다. "일을 시키는 데는 경쟁심을 조장하는 것이 중요하다. 돈에 대한 경쟁이 아니라 남들보다 뛰어나고 싶어하는 경쟁심을 이용해야 한다."

남들보다 뛰어나려는 욕구, 경쟁의식에 호소하면 실패하지 않는다.

경쟁의식이 없었다면 루즈벨트는 결코 미국의 대통령이 되지 못했을 것이다. 쿠바에서 막 귀국한 루즈벨트는 뉴욕 주의 주지사로 선출되었다. 그런데 반대파가 루즈벨트가 법적으로 뉴욕 주의 거주민으로서 자격이 없다고 주장했다. 루즈벨트는 지레 겁을 먹고 사퇴하려 하였다. 그런데 토머스 플래터 당수가 그에게 호통을 쳤다. 그는 쩌렁쩌렁 울리는 목소리로 "산후안 언덕 전투의 영웅이 이렇게 겁쟁이인가?"

루즈벨트는 이 한 마디에 반대파와 싸우기로 결심했다. 그 이후의 일은 역사가 말해주고 있다. 루즈벨트의 경쟁의식을 자극한 한 마디가 그의 인생 뿐 아니라 미국 역사에도 큰 영향을 끼쳤던 것이다.

찰스 슈압, 플래터 당수, 알 스미스 이 세 사람 모두 경쟁의식의 힘을 깨닫고 있었다.

알 스미스가 뉴욕 주지사였을 때 악명 높은 씽씽교도소 소장을 맡길 사람이 없어 골치를 썩은 적이 있었다. 감옥에는 스캔들과 추문이 나돌았다. 스미스는 이 교도소를 지배할 수 있는 강력한 인물이 필요했다. 하지만 누가 나설 것인가? 그는 뉴 햄프턴의 루이스 로즈를 불렀다.

"씽씽교도소를 맡아보지 않겠나? 경험이 많은 사람이 필요하다네."

로즈는 깜짝 놀랐다. 그는 씽씽 교도소가 위험한 곳임을 알고 있었다. 정치적 입김이 센 곳이라 소장은 쉴 새 없이 교체되었다. 심지어 3주 밖에 보내지 못한 소장도 있었다. 앞으로의 경력에 누가 될 여지가 있기에 그는 심사숙고해야 했다. 모험할 가치가 있을까?

로즈가 주저하는 것을 보고 스미스는 몸을 뒤로 젖히며 웃으면서 말했다. "자네가 주저하는 것도 당연하지. 그 자리는 힘든 자리니까. 여간 거물이 아니고는 그 자리를 버티기 힘들지."

스미스는 로즈의 경쟁심을 자극했다. 로즈는 거물이 아니고는 힘든 그 일을 자신이 해보기로 했다.

그는 곧 부임하여 당대 가장 유명한 교도소장이 되었다. 그의 책 〈씽씽교도소에서의 2만년〉은 수십만 부가 팔렸다. 그는 방송에도 출연하고 그의 책을 토대로 많은 영화가 제작되었다. 그리고 그가 죄수들을 인간적으로 대한 방법이 교도소 개혁이라는 기적을 가져다주었다.

파이어스톤 타이어회사 창업자인 하비 파이어스톤은 이렇게 말한다.

"월급만 많이 준다고 인재가 모여드는 것이 아니다. 경쟁이 있으면 인재가 몰린다."

성공한 사람은 누구나 경쟁을 좋아한다. 경쟁은 자기표현의 기회이다. 자신의 가치를 드러낼 수 있는 기회이다. 경주나 아나운서 오디션, 파이 먹기 대회 등 각종 대회가 열리는 것도 이런 이유 때문이다. 남보다 뛰어나고자 하는 욕구, 자기 중요감을 얻고 싶은 욕구이다.

규칙 12

경쟁의식을 자극한다.

상대방을 설득하는 12가지 방법

1. 논쟁에서 이기는 최고의 방법은 논쟁을 피하는 것이다.
2. 상대 의견에 경의를 표하고 상대의 잘못을 지적하지 마라.
3. 잘못은 빨리 기분좋게 인정하라.
4. 우호적인 태도로 말을 시작하라.
5. 상대가 즉시 “예” 라고 대답하게 만들어라.
6. 상대가 말하도록 해라.
7. 상대가 그 생각이 바로 자신의 것이라고 느끼게 하라.
8. 상대의 입장에서 생각해라.
9. 상대의 생각이나 욕구에 공감해라.
10. 상대방의 고매한 동기에 호소하라.
11. 생각을 극적으로 표현해라.
12. 경쟁의식을 자극한다.

Section 4

반감이나 반발을 사지 않으면서 사람들을 변화시키는 9가지 방법

1 칭찬과 감사의 말로 시작하라

내 친구가 캘빈 쿨리지 대통령의 초대를 받아 주말을 백악관에서 보낸 적이 있었다. 집무실로 들어가려하는데 대통령이 비서 중 한명에게 하는 말을 들었다. “오늘 입은 옷이 참 예쁜데. 정말 미인이야.”

무뚝뚝하기로 소문난 대통령이 이렇게 칭찬하는 것은 매우 드문 일이었다. 여비서는 갑자기 칭찬을 들어 얼굴이 붉어졌다. 그러자 대통령은 말했다. “그렇게 굳어질 것 없어. 그저 기분 좋으라고 한 말이니까. 다음부터는 구두에도 좀 신경 쓰도록 해요.”

그의 방법이 약간은 빤하기는 했지만 인간 심리를 누구보다 잘 알고 있었다. 칭찬을 듣고 난 후에 불쾌한 말을 들어도 기분이 나쁘지가 않다.

이발사는 면도 전에 비누거품을 충분히 칠한다. 1896년에 매킨리가 대통령 선거에 출마했을 때 그는 이 방법을 썼다. 공화당 간부가 선거 연설문을 작성했다. 그 사람은 자신이 키케로와 패트릭 헨리, 다니엘 웹스터 같은 달변가들보다 글을 더 잘 썼다고 자부하고 있었다. 들떠서 이 사람은 매킨리에게 연설문을 읽어주었다. 연설문은 훌륭했지만 완벽하지는 않았다. 이 연설문은 엄청난 반향을 몰고 올 것 같았다. 매킨리는 그의 감정을 상하게 하고 싶지 않았다. 또한 그의 열정을 죽이고 싶지도 않았다. 그가 얼마나 능숙하게 상황을 해쳐나가는지 살펴보자.

"훌륭한 연설문이군. 이런 연설문을 쓸 수 있는 사람은 자네밖에 없을 거야. 적당한 경우에 사용하기만 하면 정말 끝내 줄 텐데 당의 입장에서 보면 조금 적당하지 않은 것 같아. 미안하지만 내 취지에 따라 다시 한 번만 써주지 않겠나? 다 쓰면 연설문을 내게 보내주게."

그는 매킨리가 시키는 대로 다시 연설문을 썼다. 그는 선거운동 기간 중에 가장 영향력 있는 연사 중 한명이 되었다.

다음은 링컨이 쓴 편지 가운데 두 번째로 유명한 편지이다. (가장 유명한 것은 다섯 명의 아들을 전쟁터에서 잃은 빅스비 부인에게 보낸 애도의 편지이다.) 링컨은 이 편지를 불과 5분 만에 썼지만 1926년 경매에서 무려 1만 2천 달러에 팔렸다. 그 금액은 50년 동안 그가 저축할 수 있는 돈 보다 훨씬 많은 액수이다.

이 편지는 남북전쟁기간인 1863년 4월 26일에 쓴 것이다. 18개월 동안 북군은 계속 참패하고 있었다. 사상자는 계속 늘어가고 국민들은 실의에 빠져있었다. 공화당 상원의원까지도 링컨의 사임을 압박하고 있었다.

"우리는 지금 파멸직전에 있습니다. 하나님조차 우리를 버리신 것 같고 희망의 빛은 어디에도 보이지 않습니다." 라고 한탄하던 시기에 이 편지는 씌어졌다. 내가 여기서 이 편지를 인용하는 것은 국가의 운명이 한 장군의 어깨에 걸려 있는 중요한 때에 링컨이 어떻게 완고한 장군의 생각을 돌려놓았는지 잘 나타내고 있기 때문이다.

이 편지는 링컨이 대통령이 된 이후에 쓴 가장 신랄한 편지이다. 하지만 그가 후커 장군의 결정적 실수를 책망하기 전에 우선 장군을 칭찬하는 것은 주목할 만하다.

장군의 실수는 중대한 것이었지만 링컨은 그런 표현을 쓰고 있지 않다. 링컨은 가능한 한 신중하게 외교적으로 접근하고 있다. 링컨은 "장군의 행보에 불만인 것이 몇 가지 있습니다." 이 얼마나 재치있고 외교적인 표현인가!

여기에 링컨 대통령이 후커 장군에게 보낸 편지를 소개하겠다.

나는 장군을 포토맥 전선의 지휘관으로 임명했습니다. 확신을 가지고 결정을 내렸지만 내가 장군에게 불만인 점도 있다는 것을 명심해주십시오.

장군은 용감하고 지략을 갖춘 군인입니다. 그리고 나는 장군이 정치와 군대를 혼동하지 않는 인물임을 확신합니다. 장군은 자신감이 넘칩니다. 이것은 불가결한 요소는 아니지만 소중한 자산입니다.

장군은 이성적인 범위 안에서 야심이 있습니다. 하지만 번사이드 장군의 지휘 하에 있는 동안 지나친 야심에 사로잡혀 국가와 장군에 대해 중대한 실수를 저질렀습니다.

내가 들은 바에 따르면 정치와 군사에 있어 독재자의 필요성을 주장하고 있다고 들었습니다. 성공한 장군만이 독재자가 될 수 있습니다. 지금 내가 장군에게 요구하는 것은 전투에서의 승리이며 승리를 위해 독재라도 용인할 수 있다고 생각합니다. 앞으로도 정부는 최선을 다하여 장군을 지원하겠습니다. 장군의 영향을 받아 군대 내에서 상관을 비판하고 사기가 떨어지지는 않을지 염려되지만 나는 할 수 있는 한 장군을 도와 그런 사태가 발생하지 않도록 막고 싶습니다.

군대 내에서 그런 풍조가 만연하다면 장군이나 나폴레옹이라도 우수한 군대를 만들 수 없을 것입니다. 그러니 경솔한 언행을 주의하고 전력을 다하여 승리를 거둘 수 있도록 노력해주십시오.

우리는 쿨리지도 아니고 매킨리도 아니고 링컨도 아니다. 단지 우리가 알고 싶은 것은 이 규칙이 사업에서도 효과가 있는가 하는 점이다. 워크 건설회사의 고우 씨의 예를 들어보자. 고우 씨는 당신과 나처럼 평범한 사람이다. 그는 필라델피아에서 내 수업을 듣고 있는데 수업에서 이 이야기를 해주었다.

워크 회사는 필라델피아의 대규모 사무실 빌딩 신축공사를 수주해서 특정한 날짜에 공사를 마무리 짓기로 계약을 맺었다. 모든 공사는 순조롭게 진행되었는데 건물의 외장공사에 사용할 청동장식 세공업자가 납품기일을 지킬 수 없다는 전갈을 보내왔다. 모든 공사를 중단해야 할 위기에 처했다. 한 사람의 하청업자 때문에 엄청난 손해를 볼 지경이었다.

장거리 전화를 걸어 논쟁이 벌어졌지만 모두 허사였다. 고우 씨는 직접 뉴욕에 가기로 했다.

"브루클린에 사장님과 같은 성을 가진 사람이 한명도 없다는 것을 아십니까?" 고우 씨는 사장의 사무실에 들어서며 말했다.

"아, 그래요? 저도 몰랐는데요." 사장이 놀라서 물었다.

"오늘 아침 기차에서 내려 사무실 주소를 알기 위해 전화번호부를 찾아보았습니다. 사장님과 성이 같은 사람은 한명도 없더군요."

"저도 그 사실은 전혀 모르고 있었습니다." 그는 책상에 놓인 전화번호부를 뒤적이며 말했다. "그럴 거예요. 희귀성이니까요. 우리 조상은 200년 전에 네덜란드에서 뉴욕으로 건너 왔습니다."

그는 자랑스럽게 자기네 가족과 조상에 대한 이야기를 몇 분 동안 계속했다. 그가 이야기를 끝내자 고우 씨는 이번에는 자신이 방문했던 다른 공장들과 비교하며 공장의 규모와 시설을 칭찬했다.

"사업을 이 정도로 일구느라 내 평생을 다 바쳤어요. 공장을 한번 둘러보시겠습니까?"

공장을 둘러보며 고우 씨는 공장 시설을 칭찬하고 경쟁자들과 경쟁이 안될 만큼 우수하다고 말했다. 고우 씨가 특이한 기계를 보고 감탄하자 사장은 그 기계는 자기가 발명한 것이라고 말하면서 직접 그 기계를 시연해 보여주었다.

공장 구경이 끝나자 사장은 고우 씨에게 점심식사를 청했다. 그때까지도 고우 씨는 자신이 찾아온 용건에 대해서는 단 한마디도 하지 않았다.

식사 후에 사장이 말했다. "자, 이제 사업이야기를 시작해볼까요. 저는 당연히 당신이 저희 공장에 왜 왔는지를 압니다. 우리 만남이 이렇게 즐거우리라고는 기대하지 않았어요. 다른 주문이 늦더라고 당신 회사의 주문은 기일 안에 납품 해드릴 테니 편안한 마음으로 필라델피아로 돌아가셔도 됩니다."

고우 씨는 한 마디 부탁도 하지 않고 소기의 목적을 달성했다. 약속대로 제품이 제 시간에 도착했고 건물은 예정된 기일에 준공되었다.

만약 고우 씨가 세상 사람들이 이런 경우에 쓰는 고압적인 방법으로 밀고나갔다면 과연 어떻게 되었을까?

규칙 1

진심으로 칭찬해준다.

2 미움을 사지 않고 비판하는 법

찰스 슈압이 공장을 둘러보고 있을 때 직원들이 담배를 피우고 있는 광경을 목격했다. 그들의 머리위에는 '금연'이라는 표지가 붙어있었다. 슈압이 표지를 가리키며 "글 읽을 줄 모르나?"라고 호통 쳤을까? 그는 그런 말은 결코 하지 않았다. 그는 그들에게 다가가 담배를 한 개비씩 쥐어주고 "밖에 나가 담배를 피워주면 참 고맙겠네." 그들은 자신들이 규칙을 어긴 것을 알고 있었다. 그런데도 슈압은 말 한 마디 없이 작은 선물까지 주며 그들의 체면을 세워주었으니 직원들이 슈압을 존경하지 않을 수 없었다.

존 워너메이커도 같은 방법을 사용했다. 워너메이커는 하루에 한 번씩 필라델피아에 있는 그의 매장을 둘러보고 있었다. 하루는 고객이 카운터에서 기다리고 있는 것을 보았다. 아무도 고객에게 관심을 기울이지 않고 있었다. 직원들은 구석에 모여 잡담을 하고 있었다. 워너케이커는 말 한 마디 하지 않고 조용히 카운터로 가서 대기하고 있던 고객의 주문을 받은 다음 포장을 직원에게 부탁하고 그대로 가 버렸다.

1887년 3월 8일 명설교사로 알려진 헨리 워드 비처 목사가 죽었다.

그 다음 일요일 비처 목사의 후임으로 라이먼 애보트가 연단에 섰다. 그는 정성스럽게 설교의 초고를 쓰고 아내에게 설교를 읽어주었다. 연설이란 으레 재미가 없기 마련인데 이것도 예외는 아니었다. 아내가 사려 깊지 못한 사람이었다면 이렇게 말했을 것이다. "라이먼, 설교가 너무 재미가 없어요. 사람들이 다 졸겠어요. 백과사전을 읽는 것 같아요. 설교를 그토록 오래했으면 이제는 잘할 때가 되었잖아요. 사람이 말하는 것처럼 자연스럽게 할 수는 없나요? 이런 식으로 읽으면 망신만 당할 거예요."

그녀는 이런 말은 하지 않았다. 그녀는 설교문이 〈북미논평〉 잡지에 실리기에 좋은 글이라고 말했다. 즉 칭찬은 하면서도 남편의 글이 논문이면 몰라도 연설문으로는 적절하지 않다는 것을 은연중에 내비친 것이었다. 라이먼 애보트는 아내의 뜻을 이해하고 열심히 준비했던 연설문을 찢어버리고 메모조차도 준비하지 않고 성공적으로 설교를 끝냈다.

규칙 2

사람들의 실수는 간접적으로 주의시킨다.

3 자신의 잘못을 먼저 이야기해라

내 조카인 조세핀 카네기는 몇 년 전에 캔자스시티의 고향을 떠나 뉴욕에 와서 내 비서로 일하고 있다. 당시 그녀는 고등학교를 졸업하고 직장 경험이 전무했다. 지금 그녀는 우수한 비서이지만 처음에는 실수만 저질렀다.

어느 날 그 애를 야단치려다가 생각을 바꿔 내 자신을 다음과 같이 타일렀다.

"잠깐만, 데일 카네기. 네 나이는 조카의 두 배나 많잖아? 일의 경험도 그 애보다 몇 만 배나 많다고. 어떻게 어린 아이에게 너의 관점, 판단력을 기대할 수 있겠는가? 네가 열아홉 살 때 어땠는지 생각해봐. 실수만 저질렀잖아?"

심사숙고한 뒤 나는 조세핀이 내가 열아홉 살 때보다 더 나을뿐더러 인정하기 부끄럽지만 조세핀에게 칭찬 한번 해 준적이 없다는 결론을 내렸다.

그 이후로 조세핀을 불러 실수를 지적해주고 싶을 때마다 이렇게 말을 시작했다. "조세핀, 실수를 했구나. 하지만 내가 네 나이 때 저지른 실수에 비하면 아무것도 아니란다. 판단력은 태어날 때부터 가지고 오는 것이 아니라 경험에서 나오는 것이지. 내가 네 나이 때에는 아무 생각 없이 살았단다. 멍청하게 행동했던 내 자신이 부끄러워 너를 혼내고 싶지는 않단다. 하지만 네가 이렇게 해보면 더 좋지 않을까?"

야단을 치는 쪽이 먼저 자기 또한 완벽하지 않다고 인정하면서 실수를 지적하면 상대는 그다지 기분나빠하지 않는다.

기품이 넘치는 폰 뷜로우 왕자는 1909년에 이 방법의 필요성을 절실하게 느꼈다. 당시 폰 뷜로우 왕자는 독일제국의 수상이었고 빌헬름 2세가 국왕이었다. 당시 황제는 강력한 육군과 해군을 자랑하고 있었다.

놀라운 사건이 일어났다. 황제가 유럽 대륙을 뒤흔들고 세계 도처에서 반향을 일으킨 폭언을 했다. 설상가상으로 그가 영국을 국빈 방문했을 때 폭언을 한 것이 데일리 텔레그레프지에 실렸다. 예를 들어 자신이 영국에 호감을 가지고 있는 유일한 독일인이라고 말하고 일본의 위협에 대처하기 위해 해군을 창설했다던가 영국이 러시아와 프랑스의 공격을 받지 않은 것은 자신 덕분이고 남아공 전쟁에서 로버트 경이 승리한 것도 자신이 지지해준 덕분이라는 말을 한 것이다.

유럽 국왕의 입에서 그런 놀라운 말이 나온 적은 백 년 동안 한 번도 없었기에 영국 대륙은 들끓었다. 영국은 격분했고 독일 정치가들은 아연실색했다. 이 소란에 황제는 당황해서 폰 뷜로우 수상에게 책임을 전가했다. 그는 수상이 나서서 모든 것이 자기 책임이고 수상이 황제에게 이런 말을 하도록 유도했다고 말해주기를 바랬다.

"폐하! 제 생각에는 독일이나 영국에 어떤 사람도 폐하에게 그런 발언을 하도록 조언할 수 있는 사람이 없습니다." 라고 폰 뷜로우는 항의했다.

그 말을 하자마자 그는 자신이 큰 실수를 저질렀다는 것을 깨달았다. 황제의 분노가 폭발했다.

"나를 바보로 아는가? 자네라면 저지르지 않을 실수를 내가 저질렀다는 말인가?"

폰 뷜로우는 황제를 비난하기에 앞서 먼저 칭찬부터 했어야 했다고 깨달았지만 때는 이미 늦었다. 그는 차선책을 강구했다. 비난 뒤에 칭찬을 늘어놓은 것이었다. 그리고 이것은 기적을 낳았다.

"결코 그런 식으로 말씀드린 것은 아닙니다. 황제 폐하는 원래 현명하셔서 제가 감히 황제 폐하를 따라갈 수 없습니다. 군대는 물론 자연과학분야에 있어 더욱 그렇습니다. 폐하께서 기압계, 무선전신, X선 등에 대해 말씀하실 때 감탄하며 그 이야기를 들었습니다. 저는 자연과학분야는 무지하고 화학, 물리학 지식은 아예 없습니다. 저는 자연현상의 단순한 이치를 설명할 수가 없습니다. 하지만 그 대신 역사적 지식은 조금 가지고 있고 특히 외교에 필요한 지식을 약간 가지고 있을 뿐입니다."

황제는 환하게 미소 지었다. 폰 뷜로우는 자신을 낮추고 상대를 높여 주었던 것이다. 그러자 황제는 어떤 일도 다 용서할 수 있었다. 황제는 흥분하여 외쳤다. "내가 항상 말하는 것처럼 우리는 환상의 짝궁 아닌가? 우리는 항상 함께여야 하네."

그는 폰 뷜로우의 손을 굳게 잡았다. 그날 오후 황제는 흥분해서 주먹을 불끈 쥐고는 이렇게 말했다. "누구라도 폰 뷜로우를 나쁘게 말하는 사람이 있으면 혼을 내주겠어."

폰 뷜로우는 이런 식으로 위기를 모면했다. 빈틈없는 외교관인 그도 실수를 한 것이다. 그는 우선 자신의 결점을 말하고 황제의 장점을 말했어야 하는데 황제를 바보로 취급하는 이야기를 먼저 한 것이다.

자신을 낮추고 상대를 칭찬해주는 몇 마디 말이 모멸감을 느낀 화가 난 황제를 다정한 사람으로 만들 수 있었다면, 겸손과 칭찬이 일상생활에서 어떤 결과를 만들지 상상해봐라. 적절히 사용하면 인간관계에서 기적을 만들어 낼 것이다.

규칙 3

상대를 비난하기 전에 먼저 자신의 잘못을 이야기하라.

4 명령하지 말라

나는 최근에 전기 작가인 아디다 타벨 여사와 식사할 기회가 있었다. 내가 이 책을 집필하는 중이라고 말하자 화제는 인간관계로 옮겨져 우리는 활발하게 의견을 교환했다.

그녀는 오웬 영의 전기를 쓸 당시 그와 같은 사무실에서 삼년간 근무했던 사람을 인터뷰했던 일을 이야기했다. 그에 따르면 영은 누구에게도 명령한 적이 없다고 했다. 명령이 아니라 제안을 했다는 것이다. 오웬은 "이렇게 해. 저렇게 해." 또는 "이렇게 하지 마. 저렇게 하지 마."라고 명령을 한 적이 없다는 것이다. 그는 대신에 "이렇게 생각해 볼 수 있지 않을까?" "이렇게 하면 잘 될까?"라고 말했다는 것이다. 편지를 쓰고 나서도 "이 점에 대해 어떻게 생각해?"라고 묻곤 했다. 직원이 쓴 편지를 보고 그는 이렇게 말했다고 한다. "편지의 이 부분을 이런 식으로 고치면 더 좋을 것 같아." 그는 항상 사람들에게 스스로 할 수 있는 기회를 주었다. 절대로 명령하지 않고 스스로 해보게 하였다. 그리고 실수하면서 스스로 깨닫고 배웠던 것이다.

이런 방법을 쓰면 상대의 잘못을 바로잡기가 쉬워진다. 이 방법은 상대의 체면을 세워주고 자기 중요감을 주게 되어 반감 대신 도와주고 싶은 마음이 우러나게 한다.

규칙 4

명령하지 않고 의견을 물어본다.

5 상대의 체면을 살려주어라

몇 년 전에 제너럴 일렉트릭사는 찰스 스타인메츠를 부서장 자리에서 끌어내려야 하는 까다로운 상황에 처하게 되었다. 스타인메츠는 전기에 관한 한 권위자였지만 회계파트의 부서장으로는 부적격자였다. 회사로서는 그의 감정을 상하게 하고 싶지 않았다. 그는 회사에 필요한 존재였으며 무척 예민한 사람이었으므로 회사는 그에게 새로운 직책을 주었다. 회사는 고문 엔지니어라는 새로운 직책을 마련하고 그가 맡았던 부서장 자리에 다른 사람을 앉혔다.

스타인메츠의 기분도 상하지 않았고 회사의 간부들도 만족했다. 회사로서는 까다로운 인물의 인사문제를 그의 체면을 세워줌으로 별 탈 없이 해결할 수 있었다.

상대의 체면을 세워주는 것은 중요한 일이다. 그런데 이 문제를 곰곰이 생각해 보는 사람은 거의 없을 것이다. 자기의 뜻을 관철하기 위해 상대의 기분을 짓밟고 넘어간다. 상대의 감정이 상처 입는 것은 생각하지도 않고 남들 앞에서 아이와 직원을 꾸짖고 비난한다. 좀더 신중히 생각해서 하는 사려 깊은 말 한 두 마디가 훨씬 효과적인 데도 말이다.

다음 번에 하인이나 직원을 해고해야 한다면 이 말을 기억하도록 하자.

“직원을 해고하는 것은 기분 좋은 일이 아닙니다. 하물며 해고당하는 일은 더 괴롭습니다.” 공인회계사인 마샬 그랜저가 내게 보낸 편지에서 한 말이다. "우리가 하는 일은 시기를 타는 일이 많습니다. 그래서 3월에는 많은 사람들을 해고해야 합니다. 해고하기를 좋아하는 사람은 없습니다. 그래서 가능하면 빨리 일을 처리하고 싶어 합니다. 대부분 다음과 같이 일이 진행되지요.

‘스미스 씨, 앉아보세요. 바쁜 시기가 지났으니 당신에게 줄 일이 없습니다. 물론 처음부터 바쁜 시기에만 일하기로 계약을 했으니 말이지요.……’

해고당하는 사람이 받는 타격은 크다. 이 사람들은 실망과 함께 ‘버림받은 느낌’을 갖게 됩니다. 대부분 평생을 회계분야에 종사한 사람들이고 자신을 아무렇지도 않게 해고하는 회계 법인에 대해 특별한 애정을 가지지 않습니다.

최근에 이런 임시직 직원들을 좀더 사려 깊고 요령 있게 해고하기로 결정했습니다. 임시직 직원들을 불러들일 때마다 그 사람이 한 일을 살펴봅니다. 그리고 이렇게 말하지요.

‘스미스 씨, 일을 참 잘해주셨습니다. 지난번 뉴욕 출장 갔을 때 어려운 일이었지만 잘 해주셨습니다. 당신은 그만한 실력이 있으시니 어디서 일하시든 성공하실 겁니다.’

효과가 어땠을까요? 임시직 직원들은 해고당한 후에도 좋은 감정을 가지고 회사를 떠났습니다. 그들은 우리가 일거리만 있었다면 그들을 해고하지 않았을 것이라는 것을 압니다. 그래서 향후 회사가 그들을 다시 필요로 할 때 흔쾌히 회사로 돌아 와 주겠지요."

고(故) 드와이트 모로우는 싸우는 사람들을 화해시키는 데 비상한 재주를 갖고 있었다. 그는 양측의 잘한 점을 면밀하게 따져서 칭찬해주고 어떤 식으로 해결이 되더라도 어느 쪽도 잘못을 저지른 편이 되지 않도록 만들었다.

상대의 체면을 살려주는 것은 모든 중재자들이 잘 알고 있다.

1922년 수백 년에 걸친 극심한 대립 끝에 터키 사람들은 자국 영토에서 그리스인을 영원히 몰아내야 한다고 결정했다. 무스타파 케말은 병사들에게 다음과 같은 연설을 했다. "여러분의 목표는 지중해입니다." 현대사에서 가장 치열한 전쟁이 일어났고 터키 군이 승리했다. 그리스의 두 장군 트리코피스와 디오니스가 항복하기 위해 케말이 있는 곳으로 갈 때 터키 사람들은 굴복한 적에게 저주를 퍼부어댔다.

하지만 케말의 태도는 승리자의 태도가 아니었다.

"장군, 앉으십시오." 케말은 그들의 손을 잡으며 말했다. "피곤하시죠." 전쟁에 대해 세부적으로 논의한 후 그는 패배의 충격을 덜어주고자 군인의 입장에서 말했다. "전쟁은 게임과 같아서 뛰어난 사람이 가끔 지기도 합니다."

승리의 기쁨 속에서도 케말은 이 원칙을 기억하고 있었다.

규칙 5

상대의 체면을 살려주어라.

6 사람들을 성공으로 이끄는 법

나는 피트 발로우를 오래전부터 알아왔다. 그는 동물 쇼를 하면서 평생을 서커스와 곡마단을 따라 돌아다녔다. 나는 피트가 새로 들여온 개에게 재주를 가르치는 것을 보는 것이 즐거웠다. 개가 조금이라도 잘하면 피트는 그 개를 쓰다듬고 칭찬을 해주면서 먹이를 주고 크게 칭찬해주었다.

이 방법은 새로운 것이 아니다. 동물 조련사들은 오랫동안 이 방법을 사용해왔다.

그런데 누구나 다 아는 이 방법을 왜 사람의 행동을 바꾸려 할 때는 사용하지 않는 걸까? 채찍 대신 고기를, 비난대신 칭찬을 하지 않는 것인가? 조그만 진전이라도 보이면 칭찬해주자. 상대는 칭찬에서 힘을 얻어 더욱 잘 할 것이다.

씽씽교도소 소장인 워든 로즈는 범죄자들조차도 약간의 발전을 칭찬 해주면 큰 효과가 있다고 한다. 이 장을 쓰고 있을 때 그의 편지를 받았는데 그는 다음과 같이 말하고 있다.

"죄수들의 노력을 적절히 칭찬해주면 그들은 새로운 사람이 되려고 노력하는 모습을 보입니다. 잘못을 심하게 비판하는 것 보다 효과가 있습니다."

나는 감옥에 투옥된 적은 없지만 내 인생을 되돌아보니 몇 마디 칭찬의 말이 내 인생에 큰 전환을 가져온 기억은 확실히 있다. 당신의 인생에는 이런 일이 없었는가? 역사는 칭찬으로 인해 생긴 마법 같은 일들을 우리에게 보여준다.

지금으로부터 약 50년 전에 열 살짜리 소년이 나폴리의 어느 공장에서 일하고 있었다. 그 소년은 성악가가 되고 싶었다. 하지만 그의 첫 번째 선생님이 그의 기를 꺾어 놓았다.

"너는 노래를 할 수 없어. 목소리가 안 좋아. 네 목소리는 문틈으로 새어나오는 바람소리 같아."

하지만 가난한 농부인 그의 어머니는 아들의 어깨에 팔을 두르고 아들을 격려해주었다. 어머니는 아들이 노래를 잘한다고 생각하고 예전에 비해 노래솜씨가 좋아졌다고 말했다. 어머니는 아들이 성악 수업 받을 돈을 저축하기 위해 열심히 일했다. 어머니의 격려가 소년의 삶을 바꾸었다. 그를 들어본 적이 있을 것이다. 그의 이름은 카루소이다.

런던의 젊은이가 작가가 되기를 열망했다. 하지만 모든 일이 그의 뜻과는 반대로 가는 듯했다. 학교도 4년 이상을 다녀본 적이 없었다. 아버지는 빚을 갚지 못해 감옥에 들어갔고 청년은 배고픔에 허덕였다. 마침내 젊은이는 쥐가 들끓는 창고에서 구두약 통에 상표를 붙이는 일을 구하게 되었다. 밤에는 런던 빈민가를 돌아다니는 부랑아 두 명과 함께 음침한 다락방에서 잠을 청했다. 그는 자신의 글재주에 자신이 없어서 다른 사람이 비웃을까 두려워 아무도 없는 야심한 밤에 몰래 밖으로 나가 자신이 쓴 첫 번째 원고를 잡지사에 보냈다. 계속해서 원고를 보냈지만 모두 거절당했다. 마침내 그에게 기념비적인 날이 찾아왔다. 원고가 채택된 것이다. 사실 원고료는 한 푼도 받지 못했지만 편집장이 그에게 칭찬을 해주었다. 그는 너무나 감격한 나머지 눈물을 흘리며 길거리를 정처 없이 돌아다녔다.

작품이 인쇄되어 나오면서 그가 받은 칭찬과 인정이 그의 인생을 바꾸었다. 편집장으로부터의 격려가 없었다면 그는 평생을 쥐가 들끓는 공장에서 보냈을 것이다. 이 청년의 이름은 찰스 디킨스였다.

50년 전에 한 소년이 런던의 포목상에서 일하고 있었다. 그는 새벽 5시에 일어나 가게 청소를 하고 하루에 14시간씩 일했다. 일은 고되고 힘들어 그는 이 일이 정말 싫었다. 2년이 지나자 더 이상 견딜 수가 없었다. 어느 날 아침 소년은 자리에서 일어나 아침식사를 하지도 않고 가정부로 일하고 있는 어머니와 이야기하려고 15마일을 터벅터벅 걸어갔다.

그는 미친 듯이 울부짖으며 그 가게에서 일하느니 차라리 죽겠다고 어머니에게 호소했다. 그리고 그는 모교의 교장선생님에게 자신의 어려운 처지를 호소하는 길고 절박한 편지를 썼다. 교장선생님은 그를 칭찬하더니 그가 똑똑하므로 좀더 나은 일을 하는 것이 당연하다며 그에게 교사 자리를 제안했다.

그 칭찬은 소년의 앞날을 바꾸었고 그의 이름을 영문학사에 길이 남게 하였다. 나중에 그 소년은 수많은 베스트셀러 작품을 발표했고 펜 하나로 백만장자가 되었다. 당신도 아마 그 이름을 들어보았을 것이다. 그의 이름은 H. G. 웰스이다.

1922년에 캘리포니아 외곽에 아내와 함께 힘든 시절을 보내고 있는 젊은이가 있었다. 그는 일요일마다 교회 성가대에서 노래를 했고 가끔 결혼식 축가를 불러 5달러를 벌기도 했다. 집안이 너무 어려워서 포도농장 한가운데 있는 낡은 집에 세 들어 살았다. 월세가 12달러 50센트밖에 되지 않지만 그 돈을 낼 수가 없어서 월세가 10개월이나 밀려있었다. 그는 포도농장에서 포도를 따서 월세를 갚아 나갔다. 그는 포도 말고는 먹을 것이 없었던 시절도 있었다. 그는 너무 낙심해서 가수의 꿈을 접고 생계를 위해 트럭을 팔 생각을 하고 있었는데 마침 루퍼트 휴즈가 그를 칭찬했다. 루퍼트 휴즈는 그에게 이렇게 말했다. "자네는 목소리가 아주 좋아. 뉴욕에 가서 꼭 공부하게."

그 젊은이는 내게 그 자그마한 칭찬이 그 격려가 인생의 전환점이 되었다고 말했다. 그 말을 듣고 그는 2500달러를 빌려 동부로 갔다. 여러분은 그의 이름을 들어보았을 것이다. 그의 이름은 로렌스 티베트였다.

지금 사람을 변화시키는 방법에 대해 이야기하고 있다. 만약 우리가 상대에게 숨겨진 재능이 있다는 사실을 깨닫게 하면 우리는 사람을 변화시키는 것 이상의 일을 할 수 있다.

과장 같은가? 그렇다면 하버드 대학 교수이자 미국이 낳은 가장 뛰어난 심리학자이자 철학가인 윌리엄 제임스 교수의 말을 들어보자.

"우리의 가능성에 비하면 우리는 절반만 깨어있다. 우리의 육체적·정신적 능력의 극히 일부분만을 사용하고 있는 것이다. 넓은 의미로 이 말을 확대하면 인간은 자신의 능력 한계에 훨씬 못 미치는 삶을 살고 있다. 인간은 무한한 능력이 있지만 이 능력을 사용하지 못하고 있다."

그렇다. 이 책을 읽고 있는 당신도 사용하지 못한 여러 가지 능력이 있다. 그리고 당신이 충분히 사용하지 않은 능력 중에는 다른 사람을 칭찬하여 상대의 잠재력을 깨닫게 해주는 능력일지 모른다.

규칙 6

아주 조그만 발전에도 칭찬을 해주어라. 칭찬은 아낌없이 해라.

7 개에게도 좋은 이름을 지어주어라

내 친구 중에 어니스트 젠트라는 부인이 있다. 이 부인은 뉴욕의 스카스데일에 살고 있는데 하녀를 고용하기로 하고 다음 주 월요일에 오라고 말했다. 젠트 부인은 그녀가 전에 일한 곳에 전화를 걸어보았다. 하녀는 모든 점에서 완벽하지는 않았다. 하녀가 일하러 왔을 때 부인은 말했다. "넬리, 전 주인에게 전화해서 너에 대해 물었어. 정직하고 믿을만한 아이라고 말하더구나. 요리를 잘하고 아이들을 잘 돌본다면서. 하지만 청소는 완벽하게 하지는 못한다고 하더라. 하지만 그건 사실이 아닐 거야. 옷을 이렇게 단정하게 입었는데 청소도 당연히 잘 하겠지. 너는 틀림없이 네 옷차림처럼 집안 청소도 깔끔하게 잘할 거야. 우리 잘 지내보자."

그들은 잘 지냈다. 넬리는 부인의 기대에 부응하고자 열심히 일했다. 넬리는 기쁜 마음으로 집안 구석구석을 청소했다.

볼드윈 기관차 공장의 사장인 사무엘 보클레인은 이렇게 말한다.

"보통 사람은 존경하는 사람이 자신들이 가진 능력을 높이 평가하고 있음을 보여주는 경우 그가 이끄는 대로 쉽게 움직인다."

즉 상대의 어떤 부분을 개선하고 싶으면 그 부분이 이미 상대의 뛰어난 점 중에 하나인 것처럼 행동하면 된다. 셰익스피어는 “장점이 없으면 장점이 있는 것처럼 행동해라.”라고 말했다. 상대에게 어떤 장점을 개발해주고 싶으면 공개적으로 상대가 그런 장점을 가지고 있다고 말하는 것이 좋다. 상대에게 기대하는 바를 말하면 상대는 기대에 부응하기 위해 열심히 노력할 것이다.

조제트 르블랑은 그녀의 책 〈메테르링크와 함께한 추억〉에서 볼품없는 벨기에 출신 신데렐라의 놀라운 변화를 묘사하고 있다.

“근처 호텔에서 일하는 심부름꾼 소녀가 식사를 가져왔다. 그 아이의 이름은 ‘접시닦이 마리’였는데 그녀가 허드렛일을 거드는 일로 시작했기 때문이었다. 그녀는 사팔뜨기에 안짱다리였고 피부도 거칠었다.

어느 날 그 아이가 마카로니 접시를 들고 있을 때 나는 그녀에게 말했다. ‘마리, 넌 네 안에 있는 보물을 몰라.’

감정을 숨기는 데 익숙한 마리는 움직이지도 않고 가만히 기다렸다. 그러더니 그녀는 식탁에 접시를 놓고 한숨을 쉬더니 천진하게 말했다. ‘부인, 부인이 말씀하지 않으셨으면 정말 몰랐을 거예요.’

그녀는 의심하지 않고 질문도 하지 않았다. 그녀는 부엌으로 돌아가서 내가 한 말을 되뇌였을 것이다. 아무도 그녀를 놀리지 않는 것은 이런 믿음의 힘때문이리라. 그날부터 나는 그 소녀에게 특별 대우를 해주었다. 하지만 신비한 변화는 바로 마리 자신에게 일어났다. 자신에게 숨겨진 보물이라고 믿자 그녀는 얼굴과 몸을 가꾸기 시작했다. 비로소 소녀의 아름다움이 나타나고 못생긴 얼굴이 예뻐 보였다.

두 달 뒤 내가 그곳을 떠날 때 그녀는 주방장의 조카와 결혼한다고 말했다. '저도 이제 숙녀가 될 거예요.' 그녀는 나에게 감사하며 말했다. 내가 지나가듯이 한 말이 그녀의 인생을 바꾸어버렸다."

조제트 르블랑은 '접시닦이 마리'에게 기대했고 그 기대가 그녀의 삶을 변화시켜 놓았다.

헨리 클레이 리스너는 프랑스에 주둔중인 미국 병사들의 품행을 개선하기 위해 이 방법을 썼다. 그는 미국에서 가장 유명한 장군 제임스 하보드가 '프랑스에 주둔중인 2백만 미국 병사들은 가장 청렴결백한 이상적인 군인'이라고 말하는 것을 들은 적이 있었다.

지나친 칭찬 아닌가? 하지만 리스너는 이 칭찬을 잘 이용했다.

"나는 대장의 말을 전군에게 강조하여 말했다. 이 말이 진위를 한 번도 의심한 적이 없었다. 장군이 자신들을 이렇게 생각하고 있다는 사실을 알기만 해도 군인들은 장군의 기대에 어긋나지 않도록 노력할 것이다."

속담에 "한 번 나빠진 평판은 되돌리기 힘들다."라는 말이 있다. 하지만 호평이 나면 어떻게 될까?

부자이거나 가난뱅이거나 도둑이거나 거의 모든 사람은 호평을 들으면 그 기대에 부응하려고 한다.

"범죄자를 대할 일이 있으면 그를 신사인 양 대하라. 신사의 대우를 받으면 그는 신사로서 부끄럽지 않게 행동하려고 노력할 것이다. 누군가가 자신을 신뢰한다는 사실을 뿌듯하게 생각할 것이다." 이것은 씽씽교도소 소장인 워든 로즈의 경험에서 우러난 말이다.

규칙 7

상대가 기대에 부응하도록 해라.

8 고치기 쉬운 잘못이라고 말하라

얼마 전에 내 친구인 40대 노총각이 약혼을 하게 되었다. 그런데 약혼녀가 그에게 춤을 배우라고 졸라댔다. "20년 전에 배운 춤을 아직까지 계속 추니까 어차피 춤을 배우기는 해야 되는데, 내가 처음 찾아간 춤 선생이 내 춤이 엉망이라고 하는 거야. 예전에 배운 것은 모두 잊고 다시 새로 시작해야 한다는 거야. 그 말을 들으니 의욕이 없어지더라고. 배울 생각이 사라져서 춤 배우는 것을 그만뒀어.

두 번째로 찾아간 춤 선생이 거짓말을 했을지도 모르지만 기분은 좋아. 내 춤이 약간 구식이지만 기초는 탄탄하대. 몇 가지 새로운 스텝을 배우는 데 아무 문제가 없을 거래. 첫 번째 선생은 내가 잘못하는 것만 강조해서 의욕을 꺾었지만 두 번째 선생은 정반대야. 내가 잘하는 것은 강조해서 칭찬해주고 내가 실수한 것은 사소한 것처럼 넘어가. '리듬감각이 타고 나셨네요. 타고난 춤꾼이십니다.' 물론 내가 봐도 옛날이나 지금이나 춤을 잘 못 추는 것은 알지만 마음속 깊이 선생님의 말이 사실일지 모른다는 생각을 하게 돼. 어쨌든 그런 말이 듣고 싶어 수강료를 내는 거니까. 어쨌든 내가 리듬감이 타고 났다고 선생님이 말해주지 않았다면 춤을 배우러 다니지 않았을 거야. 그 말이 용기를 주었어. 내게 희망을 주었지. 더 잘하고 싶어져."

자녀나 배우자나 직원에게 그들이 무능하다거나 재능이 없다고 야단치면 잘하고 싶은 마음이 싹 사라질 것이다. 그러나 반대 방법을 사용해보라. 즉 격려를 아끼지 않고 일을 쉽게 할 수 있다고 생각하게 하고 내가 상대의 능력을 믿고 있다고 말해주어라. 그러면 상대는 자신의 우수성을 보여주려고 열심히 노력할 것이다.

로엘 토머스는 이 방법을 사용했다. 그는 이 방면의 명수다. 그는 사람들의 자신감을 불어 넣어주고 용기와 신념을 갖도록 격려한다. 예를 들어 나는 최근에 토머스 부부와 함께 주말을 보냈다. 토요일 밤에 모닥불 앞에서 브리지 게임을 하자는 제안을 받았다. 브리지 게임은 나에게는 영원한 수수께끼 같은 것이었다. 전혀 못한다.

"데일, 이 게임은 아주 쉬워. 기억력과 약간의 판단력만 있으면 되는 거야. 자네는 기억에 대한 책까지 썼잖아. 브리지 게임은 자네에게는 식은 죽 먹기야."

정신을 차려보니 나는 어느새 브리지 게임을 하고 있었다. 토머스가 내게 식은 죽 먹기라고 하니 쉬운 게임인 것처럼 느껴져서 게임에 참여했다.

브리지 게임 이야기를 하니 엘리 칼버트슨 생각이 난다. 브리지 게임을 하는 곳에서는 어디에서나 나오는 이름이다. 그가 브리지 게임에 대해 쓴 책은 12개국의 언어로 번역되어 백만 부가 팔렸다. 하지만 어떤 여자가 그가 게임에 재능이 있다고 말하지 않았다면 그는 브리지 게임의 일인자가 되지 않았을 것이다.

그는 1922년에 미국에 도착했다. 그때 그는 철학과 사회학 교수 자리를 알아보았으나 구할 수 없었다.

그래서 석탄을 팔려고 했지만 실패했다.

커피 판매를 하려고 했지만 이 역시 실패했다.

그는 브리지 게임을 가르치리라고는 생각해 본 적이 없었다. 그는 카드도 잘 못 쳐서 일일이 물어보면서 카드를 치니 아무도 그와 게임하고 싶어 하지 않았다.

그런데 그는 조세핀 딜런이라는 미모의 브리지 게임 강사를 만났고 그녀와 사랑에 빠져 결혼했다. 그녀는 그가 카드를 면밀히 분석하고 생각하는 것을 보고 그가 브리지 게임에 천부적인 소질이 있다고 말했다. 칼버트슨을 브리지 게임의 권위자로 만든 것은 바로 아내의 격려 때문이었다.

규칙 8

격려해라. 잘못은 쉽게 고칠 수 있다고 느끼게 해 주어라.

9 즐거운 마음으로 협력하게 해라

1915년 미국은 경악을 금치 못했다. 1년이 넘게 유럽의 나라들이 일류 역사 상 유례를 찾을 수 없는 살상을 저지르고 있었다. 평화가 다시 올까? 아무도 장담할 수 없었다. 하지만 우드로우 윌슨은 노력해 보기로 결심하고 전쟁 당사자국의 지도자들과 협의하기 위하여 평화사절을 파견하기로 했다.

평화 옹호론자인 국무장관 윌리엄 제닝스 브라이언은 그 임무를 맡고 싶어 했다. 그는 이번이 자기의 이름을 영원히 남길 절호의 기회라고 생각했다. 하지만 윌슨은 국무장관의 절친한 친구이자 국무성 고문인 하우스 대령을 평화 사절로 임명했다. 친구인 브라이언의 감정을 상하지 않도록 주의하면서 반갑지 않은 소식을 전하는 것이 하우스 대령으로서는 어려운 일이었다.

"브라이언은 내가 대통령의 특사로 유럽에 가게 되었다는 이야기를 들었을 때 매우 실망하는 듯이 보였다."고 하우스 대령은 일기에 이렇게 적었다. "나는 대통령이 이 사절 파견을 공식적으로 하는 것은 좋은 생각이 아니라고 생각한다고 말했다. 브라이언이 가게 되면 세상의 이

목을 끌게 되어 곤란할 것이라고 말했다."

이 말이 암시하는 것을 알 수 있겠는가? 하우스는 브라이언이 평화 사절 임무를 하기에는 지나치게 중요한 인물이라고 넌지시 말하고 있는 것이다. 브라이언은 이 말을 듣고 마음이 누그러졌다.

현명하고 경험 많은 하우스 대령은 "언제나 내가 제안하는 것을 상대가 기꺼이 하게 만들라"는 인간관계에서 중요한 규칙을 따르고 있다.

윌슨 대통령은 윌리엄 깁스 맥아두를 각료로 입각시킬 때도 이 방법을 썼다. 각료는 누구에게나 명예로운 지위다. 윌슨은 상대가 자신이 아주 중요한 사람이라고 느끼게 만들었다. 맥아두가 하는 말을 들어보자. "윌슨 대통령은 자신이 내각을 구성하고 있는데 내가 재무장관을 맡아주면 더없이 기쁘겠다고 말했다. 그는 다른 사람이 듣기 좋게 말을 하는 재주가 있었다. 그런 제안을 받으면서도 오히려 내가 호의를 베푸는 것 같은 느낌이 들었다."

불행히도 윌슨이 항상 그런 방법을 사용한 것은 아니다. 만약 윌슨이 이 방법을 항상 썼다면 역사는 달라졌을 것이다. 예를 들어 미국이 국제 연맹에 가입하려 할 때 윌슨은 상원과 공화당의 반발을 불러일으켰다. 윌슨은 엘리후 루트나 휴즈, 헨리 캐보트 로지 또는 다른 거물급 공화당 정치인을 대동하는 대신 자기 당에서 잘 알려져 있지 않은 위원들을 데리고 갔다. 그는 공화당원들을 냉대하고 국제연맹이 그의 생각일 뿐 아니라 공화당의 생각이기도 하다는 생각을 갖지 못하도록 막았고 그들이 국제연맹에 관여하지 못하도록 막았다. 인간관계를 무시한 이 방법은 그의 실각을 초래하고 건강을 해쳐 그의 수명을 단축시키고 미국이 결과적으로 국제 연맹에 참여하지 못하게 만들어 세계 역사의 운명을 바꾸어 놓았다.

〈더블데이 페이지〉라는 유명한 출판사도 '언제나 내가 제안하는 것을 상대가 기꺼이 하게 만들라' 는 규칙을 따랐다. 이 회사가 얼마나 이 규칙을 잘 이용했던지 오 헨리는 이 회사는 출판을 거절할 때 아주 공손하게 하기 때문에 다른 출판사가 자신의 작품을 받아주는 것보다 더블데이 출판사가 출판을 거절하는 것이 더 기분이 좋다고 말할 정도였다.

내가 아는 사람 중에 강연 요청을 거절해야만 하는 사람이 있다. 친구들이 부탁하거나 그가 신세를 진 사람들이 부탁하는 경우도 있다. 그런데 그가 거절하는 방법이 너무 교묘해서 거절당한 쪽이 크게 기분 나빠하지 않는다. 그는 어떻게 거절을 할까? 그는 바쁘다거나 하면서 자신의 형편을 말하는 것이 아니라 우선 의뢰해준 것을 진심으로 감사해하고 사정이 되지 않는다고 사과한 다음 대신 다른 강연자를 추천해준다. 즉 그는 상대가 실망할 틈을 주지 않고 다른 강연자에 대해서 생각하게 만드는 것이다.

"제 친구 중에 브룩클린 이글지의 편집장인 클리브랜드 로저스가 있는데 그에게 부탁하면 어떨까요? 아니면 가이 히콕은 어떨까요? 유럽 특파원으로 파리에서 15년이나 살아서 재미있는 이야깃거리가 많은 친구입니다. 아니면 인도에서 맹수사냥을 한 경험이 있는 리빙스턴 롱펠로우는 어떨까요?"

뉴욕에서 가장 큰 인쇄회사 사장인 J. A. 원트는 기계공의 기분을 상하지 않으면서 기계공의 태도를 바꿔야 했다. 이 기계공의 일은 타자기를 비롯해 밤낮으로 돌아가는 수십 대의 기계를 관리하는 것이었다. 그는 근무시간이 너무 길다고 항상 불평하면서 조수를 붙여달라고 요구했다.

J.A. 원트는 그에게 조수를 붙이거나 작업시간을 줄여주지 않고서도 기계공의 기분을 좋게 만들었다. 어떻게 했을까? 기계공에게 방을 하나 따로 주었다. 방문에는 그의 이름이 적혀있고 '서비스 파트 매니저'이라는 직함이 붙어있었다.

그는 다른 평범한 기계공이 아니라 이제 수리계장이 된 것이다. 그는 권위가 부여되고 사람들의 인정을 받게 되어 자기 중요감이 충족되자 불평 없이 행복하게 일하게 되었다.

유치하다고? 그럴 지도 모른다. 하지만 이것은 나폴레옹이 쓴 방법이다. 그는 자신이 만든 훈장을 병사들에게 뿌리고 18명의 장군에게 '프랑스 대원수' 라는 직위를 하사하고 자신의 군대는 '대육군' 이라고 불렀다. 사람들은 전쟁터의 노병에게 '장남감'이나 줄 수 있냐고 비판했지만 나폴레옹은 이렇게 답했다. "장남감으로 지배당하는 게 인간이다."

이처럼 직위와 권위를 부여하는 방법은 나폴레옹에게 큰 도움이 되었다. 이러한 방법은 당신에게도 유용하게 쓰일 수 있을 것이다. 예를 들어 내가 소개한 적이 있는 뉴욕 스카스데일에 사는 내 친구 겐트 부인은 툭하면 정원으로 들어와서 엉망으로 만들어 놓는 소년들로 골치가 아팠다. 혼내보기도 하고 구슬려 보기도 했지만 어떤 방법도 효과가 없었다. 그래서 부인은 개구쟁이 대장에게 직함을 주어 권위를 세워주었다. 그녀는 그 대장을 '탐정' 이라고 불러주고 잔디밭을 단속하는 임무를 주었다. 이 방법이 골칫거리를 해결해 주었다. '탐정' 은 뒤뜰에 모닥불을 피워 철막대기를 달구어 휘두르며 침입자들을 몰아냈다.

규칙 9

당신이 제안하는 것을 상대가 기꺼이 하도록 만들어라.

반감이나 반발 없이 사람들을 변화시키는 9가지 방법

1. 칭찬과 감사의 말로 시작하라
2. 잘못을 간접적으로 알게 하라.
3. 상대를 비판하기 전에 자신의 잘못을 먼저 인정하라.
4. 직접적으로 명령하지 말고 요청하라.
5. 체면을 세워줘라.
6. 아주 작은 진전에도 칭찬을 아끼지 말라.
7. 상대가 기대에 부응하도록 해라.
8. 격려해주어라. 잘못은 쉽게 고칠 수 있다고 느끼게 해주어라.
9. 당신이 제안하는 것을 상대가 기꺼이 하도록 만들어라.

Section 5

기적을 일으킨 편지들

여러분은 아마 "기적을 일으킨 편지라고? 말도 안 돼!"라고 생각할지 모른다.

당신이 그렇게 생각해도 당신 탓을 하지는 않겠다. 15년 전이라면 나도 그렇게 생각했을 것이다. 너무 의심이 많다고? 나는 의심이 많은 사람이 좋다. 의심 많은 사람이 있어 역사는 발전했다.

정직하게 말해보자. '기적을 일으킨 편지들'이라는 제목이 정확한 것일까? 솔직히 말해 제목은 정확하지 않다.

사실 제목은 사실을 에둘러 표현한 것이다. 여기에 나오는 편지 몇 개는 두 배 이상의 기적을 거두었다. 이런 평가를 내린 사람은 미국에서 가장 유명한 홍보 전문가인 켄 다이크이다.

다이크는 판매업자에 정보 조사차 편지를 보내면 회신률이 5에서 8퍼센트를 넘지 않는다. 15퍼센트가 회신을 하면 대단한 것이고 20퍼센트가 회신을 하면 기적에 가깝다고 말했다.

하지만 이 책에 실린 다이크의 편지에 42.5퍼센트가 회신을 보냈다. 즉 이 편지는 기적의 두 배에 해당하는 결과를 거둔 셈이다. 이것은 웃어넘길 일이 아니다.

그는 어떻게 편지를 썼기에 이런 결과를 거두었을까? 켄 다이크의 말을 직접 들어보자.

"이 놀라운 결과는 내가 카네기의 '효과적인 화술과 인간관계'라는 강좌에 참가한 직후에 일어난 것입니다. 나는 코스를 마치고 내가 전에 사용하던 방법이 잘못되었음을 깨달았습니다. 나는 이 책에서 내가 배운 원리를 적용해보았습니다. 그랬더니 정보를 요청하는 편지를 받은 회수가 5~8배 증가했습니다."

아래 편지는 상대에게 부탁을 함으로서 상대를 기분 좋게 만들어주고 있다. 상대가 자신이 중요한 인물이라는 느낌을 받게 만들어주기 때문이다.

편지에 대한 내 생각을 괄호 안에 적어 놓았다.

존 블랭크 귀하

귀사의 도움을 부탁드리려 편지를 씁니다.

(상황을 정리해보자. 애리조나에 목재 딜러가 존스 맨빌 회사의 중역으로부터 이 편지를 받았다고 생각해보자. 편지의 첫줄에 뉴욕의 잘나가는 임원이 당신에게 도움을 요청한다. 아마 애리조나의 딜러는 이렇게 혼잣말 할 것이다. "뉴욕에 있는 이 사람이 도움이 필요하다면 사람을 제대로 찾아왔군. 나는 항상 남을 잘 도와주니까. 무슨 문제가 있는지 볼까?")

작년에 지붕 재처리재 판매 증대를 위해 딜러들이 본사에 바라는 것은 연중 홍보 책자를 돌리는 것이고 그 비용을 본사가 부담해야 한다는 것을 회사에 설득하는 데 성공했습니다.

(애리조나 주 딜러는 이렇게 생각할 것이다. "당연히 회사가 비용을 분담해야지. 이익은 회사가 다 가져가잖아. 나는 임대료 내기도 힘든데 회사는 수백만 달러를 가져가잖아. 이 사람 문제가 뭐지?")

최근에 저는 1천 6백 명의 딜러들에게 설문지를 보냈고 수백 통의 답변을 받았습니다. 보내주신 답변을 유용하게 사용할 것이고 답변해주신 여러분께 감사드립니다.

여러분이 더 좋아하실 광고 인쇄계획을 발표했습니다. 하지만 오늘 아침 사장으로부터 광고지 발송이 실제 매출과 얼마나 관련이 있는가 하는 질문을 받았습니다. 이 질문에 답하기 위해 여러분께 도움을 요청합니다.

("여러분께 도움을 요청합니다."는 표현은 좋다. 뉴욕에서 잘나가는 사람이 솔직하게 이야기하고 있다. 애리조나 주 존스 맨빌사의 딜러를 인정하고 있다는 뜻이다. 켄 다이크 씨가 자신의 회사가 얼마나 큰 회사인지 얘기하는 데 시간을 낭비하고 있지 않는다는 것에 주목해보자. 대신에 그는 딜러에게 얼마나 의지하고 있는지를 직접적으로 언급한다. 딜러들의 도움 없이는 대표이사에 제출할 보고서를 만들 수 없음을 인정하고 있다. 당연히 애리조나의 딜러도 인간인지라 이런 식으로 말하는 것을 좋아한다.)

저의 질문은 다음과 같습니다. (1) 동봉한 엽서에 작년의 광고지가 실제로 지붕작업에 연결되었는지, (2) 매출액이 얼마나 되는지 정확하게 계산하시어 엽서에 적어주십시오.

엽서를 보내주시면 정말 감사드립니다. 친절하게 도움을 주신 점에 감사드립니다.

켄 다이크

판매 담당 매니저

(마지막 문단에서 켄 다이크가 나는 낮추고 상대는 높이는 것에 주목해라. "감사" "친절하게"의 말을 얼마나 잘 사용하는 지도 주목해서 보아라.)

간단한 편지이지만 상대에게 부탁을 하고 부탁을 들어주는 상대에게 자기 중요감을 갖게 함으로써 기적을 만들어냈다.

이런 심리 활용은 여러분이 석면으로 된 지붕을 팔건 자동차를 타고 유럽을 여행하건 어느 경우에나 다 적용할 수 있다.

호머 크로이와 나는 프랑스 내륙 지방을 차로 여행하다가 길을 잃었다. 차를 세우고 우리는 농부들에게 어떻게 하면 큰 마을로 갈 수 있느냐고 물었다.

나무로 된 신발을 신고 있던 농부들은 미국인이면 다 부자라고 생각하는 듯 했다. 그리고 그 지역에서 자동차 여행은 드물었다. 자동차를 타고 프랑스를 여행하는 미국인이라니! 그들 눈에는 우리가 백만장자로 보였을 것이다. 하지만 그들은 우리가 모르는 것을 알았다. 우리가 그들보다 돈이 많을지 몰라도 다른 마을로 가기 위한 길을 물으려면 공손하게 물어봐야 했던 것이다. 그리고 이것이 농부들로 하여금 자신이 중요한 존재라는 느낌을 갖게 했다. 그들은 이구동성으로 말을 하기 시작했다. 한 사람이 다른 사람들을 입 다물게 했다. 길을 가르쳐 주는 즐거움을 혼자 느끼고 싶었나보다.

여러분도 시도해보라. 다음에 낯선 도시에 가면 당신보다 경제적 사회적으로 지위가 낮은 사람을 잡고 물어라. "도와주시겠어요? ○○에 가려면 어떻게 가야하는 지 알려주시겠습니까?"

벤자민 프랭클린도 이 방법을 써서 정적을 친구로 만들었다. 젊은 시절 프랭클린은 자신이 가진 모든 돈을 작은 인쇄회사에 투자했다. 마침 그는 필라델피아 의회에 직원으로 들어갈 수 있었는데 공문서 인쇄를 담당하는 자리였다. 수입이 좋아서 그는 계속 그 자리에 있으려 했다. 하지만 의회에 거물급 의원이 그를 무척 싫어했다. 그는 프랭클린을 싫어할 뿐 아니라 그를 공공연히 비난했다.

아주 위험한 상황이었다. 그래서 프랭클린은 그 의원이 자신을 좋아하게 만들겠다고 다짐했다.

하지만 어떻게? 그것이 문제였다. 적에게 호의를 베풀어서? 아니다. 그렇게 하면 상대의 의심을 살 것이다.

프랭클린은 그런 함정에 빠지기에는 현명하고 노련했다. 그는 정반대로 행동했다. 그는 그의 정적에게 도움을 요청했다.

프랭클린은 돈을 꿔달라고 부탁하지 않았다. 프랭클린은 상대를 기쁘게 하는 상대의 허영심을 채워주는 부탁, 상대의 존재를 인정하는 부탁, 자신이 상대의 지식과 성취를 존경하고 있음을 드러내는 부탁을 했다.

나머지 이야기는 프랭클린이 하는 이야기를 직접 들어보자.

"그의 서재에 아주 진귀한 책이 있다는 이야기를 듣고 나는 그에게 편지를 써서 그 책을 보고 싶은데 며칠 빌려줄 수 없느냐는 부탁을 했다. 그는 즉시 책을 보내왔다. 나는 일주일 후에 그의 호의에 정말 감사한다는 메모와 함께 책을 보냈다.

의회에서 다시 만났을 때 그는 대단히 정중하게 말을 건넸다. 그 이후로 그는 내 부탁을 기꺼이 들어주었고 우리는 둘도 없는 친구가 되어 죽을 때까지 우정을 지켜나갔다."

벤자민 프랭클린이 죽은 지 150년도 지났지만 상대의 도움을 요청하여 상대의 호감을 사는 방법은 아직도 계속되고 있다.

내 강좌의 수강생인 앨버트 암젤은 이 방법으로 큰 성공을 거두었다. 배관 및 난방장치를 판매하는 암젤은 브루클린의 배관업자와 거래를 하려고 노력하였다. 이 배관업자는 사업규모도 크고 평판도 좋았다. 하지만 암젤은 처음부터 어려움에 봉착했다. 배관업자는 거칠고 심술궂은 사람이었다. 암젤이 사무실에 들어설 때마다 의자에 앉아 큰 시가를 입에 물고 그에게 소리쳤다. "오늘은 아무것도 안사! 시간낭비 하지 말고 썩 나가!"

어느 날 암젤은 새로운 방법을 사용해보았다. 그 결과 둘은 친구가 되고 암젤은 많은 주문을 받게 되었다.

암젤의 회사는 롱 아일랜드 퀸스 빌리지에 대리점을 내기위해 협상중이었다. 그곳은 배관업자가 잘 아는 지역이고 그는 이곳에서 사업을 많이 했다. 그래서 그의 사무실을 갔을 때 그는 "사장님, 오늘은 물건을 팔러온 것이 아니라 부탁드릴 게 있어 왔습니다. 시간 좀 내주시겠습니까?"

"좋아. 무슨 일인데? 빨리 말해 봐." 배관업자가 시가를 옮겨 물며 말했다.

"저희 회사가 퀸스 빌리지에 지점을 오픈할 예정인데 그 지역을 잘 아시지 않습니까? 그래서 어떻게 생각하시는지 여쭤보러 왔습니다. 이쪽으로 이전하는 것이 잘하는 것일까요?"

오랫동안 이 배관업자는 영업사원에게 소리를 질러 나가라고 내쫓으면서 자신의 중요성을 느껴왔는데 이번에는 영업사원이 자신의 조언을 구하고 있는 것이다.

"앉아." 그는 의자를 잡아당겼다. 그로부터 한 시간 동안 그는 퀸스 빌리지의 배관업 시장에 대한 현황을 설명해주었다. 대리점 위치에 찬성했을 뿐 아니라 상품 구매에서 상품 정리와 사업 개시할 때 주의점 등 자신이 아는 지식을 전부 말해 주었다. 그는 이런 이야기를 해주면서 자신이 중요한 사람이라는 것을 느끼게 된 것이다. 그러면서 그는 개인적 영역까지 화제를 넓혔다. 그는 우호적으로 변했으며 암젤에게 집안 문제와 부부싸움까지도 말하게 되었다.

"그날 저녁 저는 처음으로 그에게서 장비 주문을 받았을 뿐 아니라 단단한 사업 파트너가 될 초석도 깔아 놓았습니다. 이제는 골프를 같이 치는 사이가 되었습니다. 그 사람이 이렇게 변한 것은 내가 그에게 자신이 중요한 사람이라는 느낌이 들게 하는 부탁을 했기 때문이었습니다."

켄 다이크의 편지를 한 번 더 살펴보며 그가 얼마나 "부탁 좀 들어주세요." 심리를 잘 활용하는 지 살펴보자.

몇 년 전에 다이크는 사업가, 건축업자들에게 편지를 보내 정보를 요청해도 답장을 받을 수 없어 속을 태운 적이 있었다.

그 당시에 그가 회신을 받는 것은 1퍼센트를 넘는 경우가 드물었다. 2퍼센트도 우수하고 3퍼센트면 놀라운 경우였다. 10퍼센트는 기적에 가까웠다.

하지만 아래 소개하는 편지에는 50퍼센트의 회신율을 보였다. 기적의 다섯 배나 되는 결과다. 장문의 편지였고 조언과 협력의 뜻이 넘치는 편지들이었다.

여기에 편지를 보고 행간의 의미를 보고 편지를 읽는 사람의 심리를 분석해보려 노력해라.

친애하는 ○○씨

귀사께서 저희의 어려움에 도움을 주실 수 있으신지 부탁드리고자 편지를 드립니다.

1년 전쯤 저는 건축가들이 가장 필요로 한 것은 가옥을 수리하고 리모델링하는 데 사용되는 건축자재와 부품을 볼 수 있는 카탈로그이고 회사가 카탈로그를 제공해야 한다고 회사를 설득했습니다.

첨부하는 자료는 카탈로그입니다.

하지만 이제 재고가 떨어져 사장님께 보고했더니 카탈로그가 의도한대로 역할을 하고 있으면 추가제작을 하겠다고 말씀하셨습니다.

실례를 무릅쓰고 전국 49개 건축업체 여러분께 도움을 요청하는 바입니다.

이 편지 뒤에 간단한 설문을 첨부했으니 작성해주시고 혹시 하시고픈 말씀이 있으시면 동봉한 회신용 봉투에 넣어주시면 정말 감사드리겠습니다.

카탈로그 제작 여부는 여러분의 경험과 조언을 바탕으로 결정될 것입니다.

여러분의 도움에 감사드리며 이만 줄입니다.

켄 다이크

판매 담당 매니저

이 심리를 기계적으로 베끼려는 사람이 물론 있을 것이다. 그들은 진실한 칭찬이 아니라 아첨으로 상대의 자부심에 바람을 넣으려고 한다. 이런 방법은 통하지 않을 것이다.

사람은 누구나 칭찬과 인정을 갈망하고 그것을 얻기 위해 무슨 일이든 할 것이다. 하지만 누구도 아첨은 원하지 않는다.

다시 한 번 강조하지만, 이 방법들은 진심에서 우러나올 때 효과가 있다. 나는 잔재주를 알려주는 것이 아니라 새로운 삶의 방식을 알려주고 있다.

Section 6

행복한 가정을 만드는 7가지 비결

1 가정을 무덤으로 만드는 가장 빠른 방법

75년 전에 나폴레옹 보나파르트의 조카인 나폴레옹 3세는 테바 백작부인이자 세상에서 가장 아름다운 마리 유지니를 만났다. 후에 그들은 결혼하게 된다. 황제 주변 사람들은 그녀가 스페인의 이름 없는 공작의 딸일 뿐이란 점을 지적했다. 그러자 나폴레옹 3세는 이렇게 대꾸했다. "그래서 뭐가 문제인가?" 그녀의 우아함, 젊음, 매력, 아름다움이 그에게 행복을 맛보게 해주었다. 왕좌에 서서 그는 온 나라에 이렇게 선언했다. "나는 내가 모르는 여인이 아니라 내가 사랑하고 존경하는 여인을 택했노라."

나폴레옹 3세 부부는 건강, 부, 권력, 명성, 미모, 사랑, 존경 등 완벽한 사랑에 필요한 모든 조건을 가지고 있었다. 그리고 이처럼 열렬한 애정으로 빛나는 결혼은 유례를 찾기 힘들었다.

하지만 이 뜨거운 애정의 불꽃도 얼마 안 가 빛을 잃어 잿더미로 변했다. 나폴레옹 3세는 유지니를 부인으로 맞았지만 뜨거운 애정과 황제의 권력을 가지고서도 그녀의 잔소리를 막을 수는 없었다.

질투와 의심에 사로잡혀서 그녀는 그의 말을 무시했다. 국정을 논하는 회의에도 불쑥 들어오기가 다반사였다. 그녀는 그의 가장 중요한 회의도 방해했다. 그가 다른 여자와 있을까 두려워 감시의 눈을 잠시도 돌리지 않았다. 걸핏하면 친정 언니에게 달려가 남편 흉을 보았다. 그의 서재로 달려 들어가 남편에게 악담을 퍼붓기도 했다. 호화로운 궁전이 몇 개나 있어도 왕이 마음 편히 쉴 수 있는 곳이 없었다.

유지니가 얻은 것은 무엇인가? E.A. 라이하르트의 책 〈나폴레옹과 유지니 : 제국의 희비극〉에서 인용해보겠다.

"그래서 나폴레옹은 밤이면 부드러운 모자를 눌러 써 얼굴을 가리고 작은 문을 통해 밖으로 몰래 나왔다. 때로는 가까운 친구와 실제로 자신을 기다리고 있는 예쁜 아가씨에게 가기도 하고 때로는 도시 이곳저곳을 걷다가 상념에 빠지기도 했다."

유지니의 잔소리의 결과는 이랬다. 그녀가 프랑스의 왕좌에 앉았던 것은 사실이다. 그녀가 세상에서 가장 아름다운 여인이었던 것도 사실이다. 하지만 왕좌나 아름다움도 잔소리라는 결함 앞에서는 사랑을 살아있게 할 힘이 없었다. 유지니는 오래전 욥이 했던 것처럼 울부짖을 수도 있었을 것이다. "내가 두려워하던 일이 내게 닥쳤노라." 그녀에게 닥친 것일까? 이 불쌍한 여인은 질투와 잔소리로 이런 일을 자초했다.

사랑을 파괴하기 위해 지옥의 악마가 만들어 낸 것 중에 잔소리가 가장 나쁘다. 독사처럼 잔소리는 사랑을 질식시킨다.

톨스토이 백작부인은 죽기 전에 딸들을 불러놓고 다음과 같이 고백했다. "내가 아버지를 죽게 만들었어." 딸들은 아무 말도 하지 않고 울기만 했다. 그들은 어머니의 끝없는 잔소리와 불평과 비난이 아버지를 죽음으로 몰아넣었다는 것을 알고 있었다.

톨스토이 부부는 모든 면에서 행복한 부부였다. 그는 당대 유명한 소설가이고 〈전쟁과 평화〉 〈안나 카레니나〉같은 걸작을 남겼다. 톨스토이의 숭배자들이 그를 찾아왔으며, 그가 하는 말은 한마디도 놓치지 않고 모두 기록해 두었다. 심지어 "이제 자러가야겠네."라는 말을 했으면 그 말도 적을 정도였다. 러시아 정부는 그가 적은 모든 문장은 책으로 만들었고 그의 글을 엮은 책만 해도 백 권은 넘을 것이다.

유명세에 더불어 톨스토이 부부는 부와 사회적 지위 많은 자녀들이 있었다. 이처럼 축복받은 결혼은 흔하지 않았다. 처음에는 그들의 행복이 너무 완벽해서 두 사람은 무릎을 꿇고 자신들의 행복이 계속되게 해달라고 하나님께 빌었다.

그러던 중 뜻밖의 일이 일어났다. 톨스토이가 점점 변한 것이다. 그는 전혀 다른 사람이 되었다. 그는 자신의 걸작을 부끄러워하고 그 후로는 평화를 외치는 전단을 작성하고 전쟁과 가난을 없애는 일에 평생을 바쳤다.

젊은 시절에 상상할 수 있는 모든 죄악을 경험하고 심지어 살인까지 했다는 톨스토이가 이제는 문자 그대로 예수의 가르침을 따르려 노력하게 되었다. 그는 들판에서 일하고 나무도 베고 풀도 깎았다. 신발도 만들어 신고, 자신의 방을 직접 치우고, 나무로 된 식기를 사용하고 원수까지도 사랑하려고 애썼다.

톨스토이의 삶은 비극이었다. 그 원인은 결혼이었다. 그의 아내는 사치를 좋아했지만 그는 그것을 경멸했다. 그녀는 사회적 명성과 칭송을 갈망했지만 그에게 이런 것은 아무 의미도 없었다. 아내는 부를 동경했지만 그는 부와 사유재산이 죄악이라 믿었다.

톨스토이가 인세를 받지 않고 저작권을 주려했기 때문에 오랫동안 그의 아내는 잔소리하고 화를 내고 야단을 떨면서 남편을 못살게 굴었다. 그녀는 책을 팔면 생기는 돈이 좋았던 것이다.

톨스토이가 그녀의 말을 듣지 않으면 그녀는 히스테리 발작을 일으키며 죽어버리겠다고 소리쳤다.

그들의 삶에 역사상 가장 비극적인 사건이 있었다. 이미 말한 것처럼 결혼 초기에 그들은 너무도 행복했다. 하지만 48년이 지나자 그는 아내를 쳐다보는 것조차 싫어했다. 저녁이 되면 이 나이 들고 상심한 아내는 애정에 굶주려 그의 발치에 무릎을 꿇고 남편이 50년 전 자신에 대한 사랑을 노래한 시 구절을 크게 읽어 달라고 간청했다. 그가 이미 지나가 버린 행복한 시절을 읽으면 그들 둘 다 울었다. 그들이 오래전 옛날 꿈꾸었던 낭만적인 꿈들이 지금의 현실과 얼마나 다른가!

마침내 1910년 10월 어느 눈 오는 날 밤, 그가 82세 되던 때 톨스토이는 가정불화를 견디지 못하고 집을 나와 정처 없이 떠돌았다.

11일 후에 그는 어느 시골 역에서 폐렴으로 죽었다. 그의 유언은 아내를 절대 자기 가까이에 오지 못하게 해달라는 것이었다.

이것이 톨스토이 부인의 잔소리와 불평과 히스테리가 빚어낸 참담한 결과였던 것이다.

물론 그녀는 불만이 많았을 것이다. 하지만 문제는 잔소리를 해서 상황이 나아졌는가 하는 점이다. 잔소리는 오히려 상황을 악화시켰다.

"내 생각에도 내가 미치지 않았나 싶다."라고 톨스토이 부인은 자신에 대해 이렇게 평가했다고 한다. 하지만 이미 너무 늦어버렸다.

링컨의 삶을 비극으로 만든 것도 결혼이었다. 암살이 아니라 결혼이었다는 것에 주목해라. 부스가 저격했을 때 그는 자신이 총에 맞았다는 것도 몰랐다. 하지만 그는 23년간 거의 아내에게 시달렸다.

그녀는 항상 불평하고 남편을 비난했다. 남편에게는 마음에 드는 점이 하나도 없었다. 그는 걸을 때 등을 구부정하게 하고 인디언처럼 발을 똑바로 들었다 내렸다 하면서 어색하게 걸었다. 아내는 그의 걸음걸이가 힘이 없고 움직임이 우아하지 않다고 불평했다. 그녀는 그의 걸음걸이를 흉내 내며 자신이 멘텔 부인이 운영하는 렉싱턴의 기숙학교에서 배운 것처럼 발 앞쪽 끝을 먼저 디디며 걸으라고 잔소리를 했다.

그녀는 머리에서 바로 위로 삐죽 솟은 그의 큰 귀도 싫어했다. 코가 삐뚤어졌다, 아랫입술이 튀어 나왔다, 폐병환자처럼 보인다, 발과 손이 너무 크고 머리가 너무 크다며 나무랐다.

링컨과 부인 케리 토드 링컨은 교육, 환경, 기질, 취미, 사고방식 등 모든 면에서 정 반대였다. 그들은 늘 서로를 못 견뎌했다.

링컨에 관한 최고 권위자로 인정받는 앨버트 J. 베버리지 의원은 이렇게 적었다. "링컨 부인의 크고 날카로운 목소리는 길 건너편에서도 들렸다. 근처에 사는 사람들은 끊임없이 화를 터뜨리는 그녀의 목소리를 들을 수 있었다. 말로 끝나지 않는 경우도 있었다. 때로는 행패도 부렸다."

링컨 부부는 신혼 초에 의사의 미망인인 제이콥 얼리 여사의 집에서 하숙한 적이 있었다.

어느 날 아침 링컨 부부가 아침식사를 하고 있었는데 링컨이 부인의 화를 돋았는지 링컨 부인이 뜨거운 커피를 남편의 얼굴에 부어버렸다. 다른 하숙인들도 있는 자리였다.

얼리 부인이 달려가 물수건으로 그의 얼굴과 양복을 닦자 링컨은 한 마디도 없이 꾹 참고 있었다고 한다.

링컨 부인의 질투 또한 대단해서 그녀가 사람 많은 곳에서 남편에게 했던 행동들을 읽으면 놀라서 숨이 멈춰진다. 그녀는 마침내 미치고 말았다. 그녀의 이해 못할 행동들이 정신적인 문제가 있어서 그랬다고 하면 그녀를 약간이나마 호의적으로 볼 수 있게 될까?

그녀가 했던 잔소리와 비난과 분노가 링컨을 변화시켰을까? 한 가지 면에서는 그렇다. 남편의 태도가 달라졌다. 링컨은 결혼을 후회하고 가능하면 아내를 만나지 않으려고 했다.

스프링필드에는 변호사가 열 한명이 있었는데 모두가 거기서 생활할 수는 없었다. 그들은 말을 타고 데이비드 데이비스 판사가 재판을 하는 곳마다 따라다녔다.

다른 변호사들은 주말이 되면 스프링필드로 돌아가 가족들과 즐거운 주말을 보냈지만 링컨은 그러지 않았다. 그는 집에 가는 것을 싫어했다. 봄에 3개월, 가을에 3개월씩 재판 길에 오르면 그는 스프링필드에는 절대 들리지 않았다.

링컨 부인, 유지니 왕후, 톨스토이 부인들의 잔소리의 결과는 이렇다. 잔소리는 그들의 삶에 비극만을 가져왔을 뿐이다. 가장 소중한 것들을 파괴해버렸다.

뉴욕의 가정재판소에 11년간 근무한 베시 햄버거가 수천 건의 이혼소송을 조사한 결과 남편이 가정을 떠나는 주요한 원인이 아내의 잔소리 때문이었다. 그리고 〈보스턴 포스트〉지는 다음과 같은 글이 실려 있다. "많은 아내들이 그들의 잔소리로 결혼을 무덤으로 만들고 있다."

규칙 1

잔소리를 하지 않는다.

2 사랑하며 살자

나는 일생동안 바보 같은 짓을 많이 저질렀지만 사랑 때문에 결혼하지는 않겠다." 라고 디즈레일리가 말했다.

그는 53세까지 독신으로 살다가 그보다 15살 많은 돈 많은 과부에게 청혼했다. 연애결혼일까? 아니다. 그녀는 그가 자신을 사랑하지 않는다는 것을 알았다. 그녀는 그가 돈을 보고 자신과 결혼한다는 것을 알았다. 그래서 그녀는 한 가지 제안을 했다. 그의 성격을 알기 위해 일 년을 기다려 달라는 것이었다. 1년이 지나자 그녀는 그와 결혼했다.

너무 밋밋하고 계산적이다. 하지만 역설적이게도 디즈레일리의 결혼은 성공적이었다.

디즈레일리가 선택한 부유한 과부는 젊지도 아름답지도 똑똑하지도 않았다. 그녀는 문학·역사적인 지식이 없어서 그녀가 말을 하면 사람들이 웃음을 터뜨리는 적이 많았다. 예를 들면 그녀는 그리스 시대와 로마 시대 중 어느 시대가 먼저였는지 모르고, 의상이나 가구에 대한 취향도 이상했다. 하지만 그녀는 결혼 생활에서는 천재였다. 남편 다루는 법을 잘 알았다.

그녀는 지적인 면에서 남편에 대항하겠다는 생각은 아예 하지 않았다. 그가 똑똑한 부인들과 오후 내내 지겹도록 재치 있는 대화를 주고받다가 지쳐 집에 들어오면 메리 앤은 가벼운 잡담으로 그가 편히 쉬게 해주었다. 집은 그가 정신적 긴장을 풀고 부인의 따뜻한 사랑을 느끼며 편히 쉴 수 있는 곳이었다. 아내와 함께 보낸 시간들이 그의 인생에서 가장 행복한 순간이었다. 아내는 그의 좋은 협력자이고 마음의 벗이고 조언자였다. 매일 밤 그는 그날 있었던 일을 아내에게 이야기하고 싶어 회의가 끝나자마자 서둘러 집에 갔다. 메리 앤은 남편이 하는 일에는 절대적인 신뢰를 가지고 살았다.

30년 동안 메리 앤은 남편을 위해 살았다. 그녀는 디즈레일리에게는 유일한 여자였다. 그녀가 죽은 후에 그는 백작이 되었다. 하지만 그 이전, 자신이 아직 평민이었을 때 그는 빅토리아 여왕을 설득해서 아내를 귀족의 서열에 올려주었다. 1868년 그녀는 귀족이 되었다.

부인이 사람들 앞에서 실수를 저질러도 그는 그녀를 나무라지 않았다. 그녀를 비웃는 사람이 있으면 그는 정색을 하고 아내를 옹호했다.

메리 앤은 완벽하지는 않았지만 30년 동안 남편 이야기만 하고 남편을 칭송했다. 결과 디즈레일리는 "우리는 30년이나 함께 살았지만 나는 아직 아내가 싫증나지 않는다."라고 말했다.

디즈레일리는 공공연히 아내가 자신에게 가장 소중하다고 말했다. 아내도 언제나 지인들에게 "남편 덕분에 내 삶은 언제나 행복해요."라고 말했다.

두 사람은 이런 농담을 자주했다.

"나는 당신 돈 때문에 결혼한 거야."

"맞아요. 하지만 다시 한 번 결혼한다면 당신은 나를 사랑하니까 나랑 결혼할거예요."

디즈레일리도 그것을 인정하고 있었다.

메리 앤은 완벽하지는 않았지만 디즈레일리는 그녀의 본 모습을 있는 그대로 사랑한 현명한 남편이었다.

헨리 제임스가 다음과 같이 말했다. "관계를 맺는 데 있어 먼저 알아야 할 것은 상대가 나의 행복 추구방식을 바꾸려 하지 않는다면 나도 상대의 방식을 인정해주어야 한다는 점이다."

〈가족으로 함께 성장하기〉라는 책에서 릴랜드 포스터 우드는 말했다. "자신에게 맞는 사람을 찾는다고 해서 결혼이 성공하는 것은 아니다. 자신도 상대에게 어울리는 사람이 되어야 한다."

규칙 2

상대를 바꾸려고 하지 마라.

3 이혼을 피하는 방법

디즈레일리의 정적은 글래드스톤이었다. 이 둘은 사사건건 대립하였지만 한 가지 공통점이 있었다. 행복한 가정생활을 유지하고 있었다는 점이다.

윌리엄과 케더린 글래드스톤은 59년간 함께 행복하게 살았다. 엄숙한 얼굴의 영국의 재상 글래드스톤이 아내의 손을 잡고 노래하면서 춤추는 모습이 좋아 보인다.

"건달 남편에 극성장이 아내, 우리 둘이 손을 맞잡고 가니 세상 풍파도 문제없네."

정적에는 무서운 존재였지만 일단 가정으로 돌아가면 절대 아내의 흠을 잡지 않았다. 아침 식사를 하러 내려왔을 때 가족들이 아직 자고 있으면 그는 자신만의 방식으로 식구들을 온화하게 꾸짖었다. 그는 큰 소리로 노래를 부르면서 영국에서 가장 바쁜 사람이 혼자 식탁에 앉아 식구들을 기다리고 있음을 알렸다. 사려 깊은 그는 집에서는 절대로 꾸중하지 않기로 마음먹었던 것이다.

러시아의 예카테리나 여제 또한 그랬다. 예카테리나 여제는 역사상 가장 큰 제국을 다스렸다. 그녀가 생사여탈권을 가지고 있는 국민의 수가 수백만 명에 달했다. 정치적으로 잔인한 폭군의 모습을 보였던 여제는 전쟁을 일으키거나 수많은 정적을 총살시키기도 하였다. 하지만 요리사가 고기를 태우면 아무 말 하지 않고 웃으며 고기를 먹었다.

가정불화의 원인에 관해 미국 최고의 권위자인 도로시 딕스는 절반 이상의 결혼이 실패라고 단언한다. 결혼이라는 달콤한 꿈이 이혼이라는 바위에 부딪쳐 깨지는 이유 중 하나가 쓸데없는 비판이라는 것이다.

규칙 3

비판하지 마라.

아이를 혼내고 싶으면 아마 여러분은 내가 '혼내지 말라'는 말을 기대할지 모른다. 하지만 틀렸다. 내가 말하려고 하는 것은 자녀를 혼내기 전에 미국 잡지에 실린 글 중 고전이라고 일컬어지는 "아버지는 잊어버린다"라는 글을 읽어보라는 것이다. 그 글은 원래 〈피플즈 홈 저널〉지의 사설형태로 개재되었다가 작가의 동의를 얻어 〈리더스 다이제스트〉지에 요약판의 형태로 실렸다.

"아버지는 잊어버린다"라는 글은 감정이 고조되었을 때 순식간에 써 내려간 짧은 글이지만 수많은 사람의 마음을 울려 아직도 많은 사람들이 즐겨 읽는다. 글의 저자인 리빙스턴 라니드는 "15년 전 처음 나온 이래로 이 글은 전국 각지의 잡지, 신문에 실렸다. 외국어로 번역된 것도 많다. 학교나 교회 강단에서 내 글을 읽고 싶다고 해서 허락한 경우도 수천 건에 이른다. 방송으로 나간 횟수도 많다. 신기하게 대학학보나 고등학교 잡지에도 실렸다. 때로는 짧은 글이 이상하게 잘 나가는 경우가 있는 것 같다."

아버지는 잊어버린다

W. 리빙스턴 라니드

아들아, 들어보아라. 네가 잠든 모습을 보면서 이 말을 하고 있단다. 작은 주먹이 뺨을 받치고 곱슬거리는 금발머리가 땀에 젖은 이마에 붙어있구나. 아빠는 네가 자는 방으로 살그머니 들어왔단다. 몇 분전에 서재에서 신문을 보고 있는데 후회가 들었단다. 미안해서 네 방으로 왔다.

네게 화를 내서 미안하단다. 학교에 갈 때 고양이 세수 한다고 화내고, 신발이 지저분하다고 혼내고, 물건을 바닥에 던져놓는다고 꾸짖었지.

아침 먹으면서도 잔소리를 했지. 흘리지마라, 꼭꼭 씹어 먹어라. 식탁에 팔 괴고 먹지마라, 빵에 버터를 너무 두껍게 발랐다하면서 말이야. 네가 놀러나가면서 손을 흔들며 "아빠, 안녕!" 했는데 아빠는 인상을 찌푸리며 "어깨 활짝 펴고!" 하고 대답했지.

저녁에도 또 잔소리를 한 것 같아. 퇴근길에 잠깐 보니 네가 바닥에 무릎을 꿇고 구슬치기를 하더구나. 양말에 구멍이 있었지. 너를 앞세우고 집으로 오면서 친구들이 다 있는데 '양말이 비싼데, 네가 벌어서 사면 이렇게 막 신겠니?' 라면서 너에게 창피를 주었구나.

저녁에 서재에서 책을 읽고 있는데 네가 상처받은 눈빛으로 내 눈치를 보면서 들어온 것 기억하니? 방해를 받아 짜증이 나 올려다보았는데 네가 문가에서 서성댔지. "무슨 일인데?" 아빠가 차갑게 말했지?

너는 아무 말 없이 내게 달려와서 내 목을 끌어안으며 내게 입 맞추고 조그만 팔로 나를 꼭 안아주었지. 그런 다음 너는 탁탁 발소리를 내며 네 방으로 갔단다.

아들아 네가 나가고 끔찍한 두려움이 몰려와 손에서 보던 신문을 놓치고 말았단다. 내가 무슨 짓을 하고 있는 것인가? 너는 아직 아이인데 습관적으로 나는 너의 잘못을 찾아 꾸짖고 있었던 거야. 내가 너를 사랑하지 않아서가 아니야. 단지 너는 아직 어린데 내가 그것을 잘 모르고 너무나 많은 것을 너에게 바란 거지. 내 기준으로 너를 재고 있었단다.

아들아 너는 너무 착하고 진실된 아이란다. 조그만 네 마음에 언덕너머로 밝아오는 새벽만큼 넓은 마음이 있다는 것을 안다. 네가 먼저 아빠에게 달려와 잘 자라고 키스해준 것을 보면 알 수 있지. 오늘밤 내게 이보다 더 중요한 것은 아무것도 없어. 아빠는 어둠속에 너의 침대 가에 앉아 부끄러운 마음으로 무릎 꿇고 앉아 있다.

이것은 작은 속죄에 불과해. 네가 아침에 일어나서 아빠가 이런 말을 해도 잘 이해하지 못할 것을 알지만 내일 아빠는 진짜로 아빠다운 아빠가 되어볼게. 신나게 놀아보자. 네가 아파하면 같이 아파하고 네가 웃으면 같이 웃을게. 잔소리가 나올 것 같으면 꾹 참을게. 의식적으로 이 말을 되뇌일거야. “아직은 아이일 뿐이야. 아직은 아이라고!”

아빠는 너를 어른으로 생각하고 있었나봐. 이렇게 작은 침대에서 웅크리고 자고 있는 너를 보니 아직은 아가구나. 엄마 품에 안겨있을 때가 바로 엊그제인데 너에게 너무나 많은 것을 바랬구나.

4 모든 사람을 행복하게 하는 비결

"대부분의 남자가 아내를 찾을 때 기업 임원을 찾는 것이 아니라 자신의 허영을 채워주고 자신을 우월하게 느끼도록 만들어줄 사람을 찾는다. 유능한 여성이 식사에 초대를 받으면 대학에서 배운 '현대철학사조' 이야기를 꺼내거나 자기가 먹은 밥값은 자기가 내겠다고 고집을 부릴 것이다. 그 결과 그녀는 그 이후 혼자 식사초대를 받지 못할 것이다. 반대로 대학을 나오지 못한 타이피스트가 식사 초대를 받으면 남자만을 바라보며 '당신에 대해 좀더 말해주세요.' 라고 재촉할 것이다. 그 결과 남자는 다른 사람에게 '엄청난 미인은 아니지만 정말 즐거운 시간이었어.' 라고 말할 것이다."

이 말은 로스앤젤레스 가족관계 연구소 소장인 폴 포피노가 한 말이다.

남자는 아름답게 보이려고 하는 여성의 노력을 칭찬해야 한다. 여성들이 얼마나 의상에 관심을 갖는지 알고 있다고 해도 잊어버리기 쉽다. 예를 들어 한 커플이 다른 커플을 길에서 만나면 여자들은 상대 남자를 잘 안 본다. 대신 그녀는 다른 여자의 옷차림을 유심히 본다.

몇 년 전 나의 할머니는 98세로 작고하셨다. 그런데 돌아가시기 직전에 30년 전 찍은 사진을 보여드렸다. 할머니는 눈이 잘 안 보이셔서 사진을 자세히 보실 수 없으셔서 우리에게 물으셨다. "내가 무슨 옷을 입고 있지?" 이제 임종이 얼마 안 남은 할머니가 정신이 가물가물해 자신의 딸도 알아볼 수 없는 할머니가 30년 전에 자신이 어떤 옷을 입고 있었는지에 관심이 있다니! 나는 할머니가 그 질문을 하실 때 할머니 침대 맡에 있었다. 그때 받은 인상은 너무 강해 잊혀지지 않는다.

이 글을 읽는 남자들은 자신이 5년 전에 무슨 옷을 입었는지 기억할 수 없고 기억하고 싶지도 않을 것이다. 하지만 여자들은 다르다. 우리 미국 남성들은 그 사실을 깨달아야 한다. 프랑스 상류층 남자들은 어려서부터 여성의 옷과 모자를 칭찬하도록 교육받는다.

여기에서 재미있는 일화를 하나 소개하겠다.

어느 농부의 아내가 고된 일을 끝내고 돌아온 남자들에게 저녁식사로 건초를 산더미처럼 놓았다. 남자들이 화내자 그녀는 대답했다. "어머나, 어떻게 알았어요? 20년 동안 요리를 계속 해왔는데 뭘 먹고 있는지 잘 모르는 것 같아서 건초를 준비했는데 알아버렸네!"

제정 러시아의 모스크바와 상트 페테르부르크의 귀족들은 그나마 나은 매너를 가지고 있었다. 맛있는 식사를 했으면 그들은 요리사를 식탁으로 불러내 요리에 대한 감사를 표하는 것이 관습이었다.

아내에게 이런 배려를 하는 것이 어떨까? 다음번에 구운 닭요리가 맛있다면 맛있다는 말을 꼭 해라.

칭찬할 때에는 아내가 얼마나 소중한 존재인지 말하는 것을 주저하지 마라. 영국의 위대한 정치가 디즈레일리도 공공연히 그렇게 말하고 다녔다.

얼마 전 잡지를 뒤적이다가 에디 캔터의 인터뷰를 읽게 되었다.

"나는 이 세상 누구보다 아내에게 감사하고 있습니다. 그녀는 어렸을 때부터 나의 소중한 친구였고 내가 바르게 살 수 있도록 도와주었습니다. 우리가 결혼한 후 그녀는 저축에 힘쓰고 요령 있게 투자하여 상당한 재산을 만들어 주었습니다. 우리는 사랑스러운 다섯 명의 자녀도 있습니다. 그녀는 항상 행복한 가정을 만들어 줍니다. 내가 조금이라도 성공했다면 이것은 전부 아내 덕분입니다."

할리우드는 런던의 로이드 보험사도 내기를 걸지 않을 정도로 결혼이 도박과 같은 곳이다. 거기서도 눈에 띄게 행복한 결혼생활을 이어나가는 얼마 안 되는 부부가 있는데 워너 백스터 부부가 그 중 하나다. 위니프렛 브라이슨이라는 이름으로 화려한 배우 활동을 하던 백스터 부인은 결혼을 하면서 연기를 접었다. 하지만 그녀의 희생이 그들의 행복을 막을 수는 없었다. "아내는 무대의 박수갈채를 그리워했지만 그녀는 나의 박수를 받고 있다. 남편이 자신에게 헌신하고 자신을 칭찬해준다고 느낄 때 아내는 행복하다. 그런 헌신과 칭찬이 진심이면 남편도 행복해 질 수 있다.

규칙 4

진심으로 칭찬하라.

5 여성들에게 작은 관심을 기울여라

옛날부터 꽃은 사랑의 언어로 여겨져 왔다. 꽃은 비싸지 않고 길거리에서 쉽게 살 수 있다. 그런데도 남편들은 수선화 한 다발 사다 주는 법이 없다. 남편들은 꽃이라면 난초처럼 비싸거나 알프스 절벽에 피는 에델바이스처럼 쉽게 얻을 수 없는 것으로 생각하나보다.

몇 송이 꽃을 아내에게 주는데 아내가 병원에 입원할 때까지 기다릴 필요는 없다. 당장 내일 밤에라도 장미 꽃 몇 송이를 사서 집에 가 봐라. 무슨 일이 생기나 한번 보자.

브로드웨이 스타 조지 M. 코핸은 어머니가 세상을 떠날 때까지 매일 두 차례 어머니에게 전화를 했다. 전화를 걸 때마다 깜짝 놀랄 소식을 전했을까? 작은 관심이란 바로 이것이다. 항상 상대에게 당신이 그녀를 생각하고 있다고 알려주는 것이다.

여성들은 생일이나 기념일을 중요하게 생각한다. 남자들은 많은 날짜들을 외우지 않고도 잘 살아간다. 하지만 콜럼버스가 미 대륙을 발견한 1492년, 미국이 독립을 선언한 1776년, 그리고 아내의 생일과 결혼기념일은 중요하다. 앞의 두 날은 잊어도 되지만 뒤의 두 날은 잊으면 안 된다.

4만 건의 이혼소송을 진행하여 2천 쌍의 조정에 성공한 시카고의 조셉 사베스 판사는 이렇게 이야기한다.

"사소한 것이 쌓여 가정불화로 이어집니다. 아내가 출근길 남편에게 손을 흔들어 주는 것만으로도 이혼을 피할 수 있습니다."

로버트 브라우닝은 아내 엘리자베스 브라우닝과의 결혼생활에 목가적인 아름다움이 있었다고 한다. 그는 아무리 바빠도 작은 칭찬과 관심으로 애정을 북돋아 주었다. 그가 병든 아내를 얼마나 극진히 살피는지 그의 아내가 언니에게 이렇게 편지를 썼다.

"요즘 나는 남편 말처럼 정말 천사가 된 것 같은 기분이 들기 시작했어."

너무나 많은 남편들이 이 사소한 관심의 가치를 과소평가한다. 게이너 매덕스는 〈픽토리얼 리뷰〉에 기고한 글에 이렇게 썼다.

"미국 가정은 새로운 습관이 필요하다. 예를 들어 침대에서 아침 식사하는 것은 아내에게 기분전환이 된다. 아내에게 침대에서 아침식사는 남자들이 술집에 가는 것과 비슷한 역할을 한다."

결혼의 행복은 사소한 관심이 쌓여서 이뤄진다. 이 사실을 간과하는 부부는 불행해질 것이다. 시인 에드나 세인트 빈센트 밀레이는 이런 사실을 짧은 시구절에 표현했다.

'내 하루가 고통스러운 것은
 사랑이 가버려서가 아니라
 사랑이 사랑한 일로 떠나버렸기 때문.'

이 구절은 기억하면 좋은 시구절이다. 라스베가스에서는 일주일에

6일 이혼소송이 진행되는데 대략 열쌍 중에 한 쌍이 이혼한다. 이 부부들 중 정말 비극적인 일로 헤어지는 커플이 얼마나 될까? 장담컨대 얼마 안 될 것이다. 며칠 앉아서 부부의 증언을 들어보면 사랑이 사소한 일로 가버렸다는 사실을 알 수 있을 것이다.

지금 칼로 이 구절을 오려 모자 안에 붙이거나 거울에 붙여서 자주 보아라.

"나는 이 길을 한번만 지날 수 있다. 그러므로 내가 다른 사람에게 친절을 베풀 수 있는 기회가 생긴다면 지금 해라. 미루거나 무시하지 마라. 다시 인생을 살 수는 없으니까."

규칙 5

관심을 기울여라.

6 행복하기 위해 잊으면 안 되는 것들

월터 댐로치는 대통령 출마한 일이 있는 웅변가 제임스 브레인의 딸과 결혼했다. 오래전 스코트랜드의 앤드류 카네기의 집에서 만난 이후로 두 사람은 정말 행복한 삶을 누려왔다.

비결이 무엇일까?

"배우자를 선택하는 것이 중요하지만 결혼 후에도 예의를 지키는 것이 중요합니다. 젊은 아내들이 다른 사람에게 하듯이 남편에게도 예의를 차린다면 얼마나 좋을까요? 어떤 남자라도 여자가 바가지를 긁으면 도망가고 싶을 겁니다."

무례함은 사랑을 파괴하는 암이다. 누구나 이 사실을 알지만 다른 사람에게는 잘하면서 우리 가족에게는 막 대한다.

다른 사람이 말하면 "아, 지긋지긋해. 또 그 이야기야!" 라고 말하지 않을 것이다. 친구의 우편물을 허락 없이 열어보거나 비밀을 캐는 일은 꿈도 꾸지 못할 것이다. 이런 사소한 잘못을 저질러 기분 나쁘게 하는 것은 언제나 가장 가깝고 소중한 식구뿐이다.

도로시 딕스는 이렇게 말하고 있다. "우리에게 비열하고 가슴 아픈 악담을 퍼붓는 사람들은 다름 아닌 우리 식구라는 것이 놀랍다."

헨리 클레이 리스너는 "예의는 부서진 문보다는 문 너머 마당에 보이는 꽃을 보자고 하는 마음가짐이다."라고 말한다.

예의는 결혼생활에서 윤활유와 같이 중요하다.

〈아침 식탁의 독재자〉의 저자 올리버 웬델 홈스는 자신의 집에서 결코 독재자가 아니었다. 사실 그는 기분이 우울하고 쳐져있으면 다른 식구들을 위해서 그 감정을 숨겼다. 그의 말에 따르면 다른 식구들이 그 기분에 전염되지 않게 감정을 숨기는 일은 아주 힘이 들었다고 한다.

올리버 웬델 홈스는 그렇게 했는데 우리는 어떤가? 회사에서 일이 안 되고 상사에게 꾸중을 듣는다. 머리가 아파오고 설상가상으로 통근버스를 놓쳤다. 그러면 식구들에게 분풀이를 하고 만다.

네델란드에서는 집에 들어가기 전에 문간에 신발을 벗어놓는다. 우리는 네덜란드 사람들에게 배울 점이 있다. 우리가 집에 들어가기 전에 직장에서의 고민은 벗어놓고 들어가자.

윌리엄 제임스는 〈인간의 무지에 관하여〉라는 글을 쓴 적이 있다. 근처 도서관에 가서 한번 읽어봐라. 이 글이 다루고자 하는 무지는 우리와 다른 사람들의 감정에 우리가 갖고 있는 무지다. 사업상 동업자나 손님에게 날카로운 말을 할 수 없는 남자들이 집에서는 아내에게 소리를 지른다. 하지만 그들의 행복을 위해서는 결혼이 사업보다 더 중요하다.

행복한 결혼생활을 하는 남자가 독신으로 사는 천재보다 행복하다. 러시아의 위대한 소설가 투르게네프는 어디에서나 칭송을 받았다. 하지만 그는 이렇게 말했다. "나는 내가 집에 돌아왔을 때 저녁식사를 준

비해서 기다려주는 아내만 있다면 내 재능과 모든 나의 책을 포기할 것이다."

행복한 결혼생활을 할 가능성은 얼마나 될까? 도로시 딕스는 절반 이상은 실패라고 말한다. 하지만 폴 포피노 박사의 생각은 다르다. "결혼에서 성공할 확률은 다른 어떤 사업에서 성공할 확률보다 높다. 야채가게를 하면 70퍼센트가 실패하는데 결혼에서는 70퍼센트가 성공한다."

도로시 딕스는 결혼에 대해 다음과 같은 결론을 내리고 있다.

"결혼에 비교하면 출생은 단순한 에피소드에 불과하고 죽음 역시 사소한 일일 뿐이다. 여자들은 남자들이 왜 사업에 쏟는 노력만큼 가정을 지키기 위해 노력하지 않는지 이해하지 못한다. 돈을 많이 버는 것보다도 아내와 평화롭고 행복하게 사는 것이 남자들에게 훨씬 의미가 있는 일인데도 가정의 평화를 위해 노력하는 남편은 백 명에 한 사람도 안 된다. 인생에서 가장 중요한 것을 팽개치고 있는 것이다. 아내에게 부드러운 태도를 보여주는 것이 효과적인데도 남자들이 왜 그렇게 하지 않는지 여자들은 이해할 수 없다. 아내를 마음대로 조종할 수 있는 기술을 모든 남자들은 알고 있을 것이다. 조금만 칭찬해주면 아내가 얼마나 좋아하는 지 남편들은 알고 있다. 낡은 옷이라도 잘 어울린다고 말해주면 아내가 최신 유행의 옷을 바라지 않을 것이다. 아내의 눈에 키스를 해주면 아내는 모든 일을 눈감아 주고 입술에 가볍게 키스를 해주기만 하면 아내는 군소리를 하지 않을 것이란 것을 안다. 모든 아내들이 남편에게 자신이 뭘 해주면 좋아하는 지 이야기 해주었기 때문에 남편들은 이 사실을 알고 있다. 아내의 바람대로 해주는 대신에 싸우고 나서 맛없는 음식을 먹고, 아내에게 옷이며 차며 보석을 사주느라 돈을 낭비하는 것을 보면 아내들은 남편에게 화를 내야 할지 어째야 할지 알지 못한다."

규칙 6

예의를 갖춰라.

7 결혼생활과 성(性)

사회위생국장인 캐서린 데이비스 박사가 천명의 기혼여성에게 결혼생활에 대한 설문조사를 실시했다. 그 결과 성생활에 불만을 가진 사람이 많다는 사실이 밝혀졌다. 이 조사에 따르면 이혼의 중요한 사유중 하나는 성생활의 부조화를 들 수 있다고 발표했다.

G. V. 해밀턴 박사의 조사도 이 사실을 입증하고 있다. 박사는 남녀 각각 100명의 결혼생활에 대해 4년간 연구를 했다. 그는 이 사람들과 개별적으로 면담하여 4백 개에 달하는 질문을 하고 결과를 검토하였다. 이 작업은 사회적으로 중요하다고 인정되어 많은 자선가들의 후원을 받을 수 있었다. 해밀턴 박사와 케네스 맥거번 박사의 공저인 "결혼생활의 문제"가 조사 결과이다.

결혼생활의 문제는 무엇인가? 해밀턴 박사는 이렇게 말한다. "성적 부조화는 가정불화의 원인이 되지 않는다고 말하는 의사는 대단한 선입견에 사로 잡혀 있는 것이다. 성생활만 순조로우면 사소한 마찰은 문제가 되지 않는다."

로스앤젤레스 가족관계 연구소 소장인 폴 포피노 박사는 수천 건의 결혼에 대해 검토했으며 가정생활에 관해서 최고 권위자로 인정받고 있다. 그에 따르면 결혼실패에는 대략 네 가지가 있는데 그가 제시한 순서는 다음과 같다.

1. 성생활의 부조화
2. 여가 활용에 대한 의견의 불일치
3. 경제적 곤란
4. 심신의 이상

성문제가 제일 처음이고 이상하게도 재정적 어려움이 목록의 세 번째에 오는 것을 주목해 보아라.

이혼문제 전문가는 누구나 성생활의 균형을 유지하는 것이 결혼생활에 절대적으로 필요하다고 말하고 있다.

수천 건의 이혼소송을 처리 해온 신시네티 가정법원의 호프만 판사는 "이혼의 90퍼센트는 성적 불만에서 비롯된다."라고 단언한다.

저명한 심리학자 존 왓슨은 이렇게 말한다. "섹스가 인생에서 가장 중요한 문제이다. 섹스는 인생의 행복을 좌우한다."

그리고 많은 개업의들이 내 강좌에서 이와 비슷한 말을 많이 했다. 문화가 발달한 20세기에 본능에 대한 무지로 결혼생활이 불행한 사람이 있는 것이 유감스러운 일이 아닌가?

올리버 M. 버터필드 신부는 18년 동안의 성직생활을 청산하고 가정상담소를 뉴욕에 열었다. 그만큼 많이 주례를 많이 본 사람은 없을 것이다.

"결혼식장의 신랑, 신부들은 열정에 불타고 있지만 결혼의 의미를 모르는 이들이 많다. 그런데도 이혼율이 16%에 그치고 있다는 것은 놀랍다. 대부분의 부부들은 그저 이혼하지 않고 있는 것뿐이다. 행복한 결혼은 되는 대로 놔두어서는 안 된다. 신중하게 계획해야 하는 점에서 행복한 결혼은 건축물과 같다."고 버터필드 박사는 말한다.

이런 계획을 돕기 위해 박사는 오랫동안 커플들이 장래 계획을 세우는 것을 도와왔다. 많은 상담을 한 결과 그는 결혼할 커플들이 결혼의 실제를 잘 모르고 있다는 결론에 도달했다.

"섹스는 결혼생활에서 만족시켜야 할 여러 요소 중 하나지만 이 관계가 제대로 되지 않으면 다른 모든 것들이 제대로 되지 않는다." 고 말했다.

하지만 어떻게 제대로 되게 만들까?

"감정적으로 입을 다무는 대신 객관적으로 결혼생활의 자세와 행동에 대해 이야기하는 능력을 키워야 한다. 이런 능력을 키우는 데는 책을 읽는 것 이상의 방법이 없다. 나는 늘 내가 지은 〈결혼과 성적조화〉라는 책을 나누어 주었다."

규칙 7

결혼생활의 성적인 측면에 관해 좋은 책을 읽는다.

성에 대해 책으로 배우는 것이 이상한가? 몇 년 전 콜롬비아 대학교는 미국 사회위생국과 공동으로 교육계 전문가들을 초청해서 대학생의 성과 결혼문제에 관해 토론했다. 이 토론에서 폴 포피노 박사는 이렇게 말했다. "이혼은 감소추세에 있습니다. 그 이유 중 하나는 사람들이 성과 결혼에 관해 좋은 책들을 더 많이 읽고 있기 때문입니다."

행복한 가정을 만드는 7가지 비결

규칙 1. 잔소리하지 마라.

규칙 2. 배우자를 바꾸려 하지 마라.

규칙 3. 비난하지 마라.

규칙 4. 진심으로 칭찬하라.

규칙 5. 작은 관심을 보여라.

규칙 6. 예의를 갖춰라.

규칙 7. 결혼생활의 성적인 측면에 관해 좋은 책을 읽어라.

결혼생활 평가설문

〈아메리칸 매거진〉 1933년 6월판에는 에멧 크로지어가 쓴 "왜 결혼생활에 문제가 생기는가?" 라는 글이 있다. 다음은 그 글에 실려 있던 설문지이다. 각각의 질문에 '그렇다' 라고 대답하는 경우 10점을 매긴다.

남편

1. 아내의 생일, 결혼기념일, 아니면 평소에 가끔 아내에게 꽃을 사다주는가?
2. 사람들 앞에서 아내를 절대로 비난하지 않는가?
3. 생활비 이외에 별도로 아내가 쓸 수 있는 돈이 있는가?
4. 당신은 감수성이 강한 여성의 기분을 이해하여 아내가 피곤하거나 화내거나 짜증낼 때 잘 도와주는가?
5. 여가시간의 반 이상을 아내와 함께 하는가?
6. 아내의 요리솜씨나 살림솜씨를 당신의 어머니나 친구부인과 비교하지 않는가?
7. 아내의 사교활동, 교우관계, 정치관 등을 잘 알고 있는가?
8. 아내가 다른 남자와 춤을 추거나 건전하게 교제하면 군말없이 허락하는가?
9. 기회만 있으면 아내를 칭찬하고 존경심을 표현하는가?
10. 단추를 달거나 양말을 다리거나 옷을 세탁소에 보내는 것과 같은 사소한 일에도 고맙다고 말하는가?

아내

1. 동료나 비서, 근무시간 등 남편의 사업에 참견하지 않는가?
2. 당신은 가정을 재미있고 즐겁게 하기 위해 노력하고 있는가?
3. 날마다 음식 장만에 신경 쓰고 있는가?
4. 남편의 직업을 이해하고 도움이 되도록 노력하는가?
5. 남편이 실패하더라도 불평을 말하지 않고 용감하게 역경을 헤쳐 나갈 수 있는가?
6. 당신은 시댁식구들과 친하게 지내기 위해 노력하는가?

데일카네기 인간관계론

초판 발행 2014년 04월 15일
초판 2쇄 발행 2016년 12월 12일
개정판 발행 2020년 03월 03일
개정판 10쇄 발행 2023년 01월 13일
2차 개정판 발행 2023년 10월 10일
2쇄 발행 2024년 11월 21일

지은이 데일 카네기
펴낸이 진수진
펴낸곳 책에 반하다

주소 경기도 고양시 일산서구 대산로 53
출판등록 2013년 5월 30일 제2013-000078호
전화 031-911-3416
팩스 031-911-3417